Sex-Geheimnisse

Susan Crain Bakos

Sex-Geheimnisse

für den ultimativen Lust-Trip

Aus dem Amerikanischen übersetzt
und für die deutsche Ausgabe bearbeitet
von Kirsten Nutto

Im FALKEN TaschenBuch sind zahlreiche Titel zum Thema Sexualität und Partnerschaft erschienen. Sie sind überall erhältlich, wo es Bücher gibt.

Dieses Buch wurde auf chlorfrei gebleichtem und säurefreiem Papier gedruckt.

Der Text dieses Buches entspricht den Regeln der neuen deutschen Rechtschreibung.

Sie finden uns auch im Internet unter: **www.falken.de**

Die Originalausgabe erschien 1996 unter dem Titel „Sexational Secrets" bei St. Martin's Press

Deutsche Erstausgabe
ISBN 3 635 68010 9

Umschlaggestaltung: Zembsch' Werkstatt, München
Gestaltung und Herstellung: Beate Müller-Behrens
Redaktion: Anja Schmidt, München / Susanne Krebs / Vera Baschlakow
Titelbild und U4: Image Bank, München / George Obremski
Satz: MGXMedia, Wiesbaden
Druck: Freiburger Graphische Betriebe

817 2635

Inhalt

Einleitung: Warum nicht auch Sie?

Gibt es tatsächlich Menschen, die multiple Orgasmen, verlängerte Orgasmen, nichtgenitale und Ganzkörperorgasmen, erregenden Oralsex sowie unglaublichen, äußerst intensiven Sex mit einem Partner erleben – und das stundenlang? So unglaublich es klingen mag: ja. Warum nicht auch Sie?

Die besten Gourmet-Ratschläge in Sachen Sex stammen nicht von Therapeuten, die sich in erster Linie mit Beziehungsproblemen und der Behandlung sexueller Störungen beschäftigen, sondern aus den unterschiedlichsten und exotischsten Quellen: von amerikanischen Callgirls, französischen Kurtisanen, japanischen Geishas, sanften europäischen Gigolos und Mätressen aus aller Welt; von Sexgurus aus Tibet und jenen, die tantrischen und taoistischen Sex praktizieren; von Leuten wie Betty Dodson und Joe Kramer, die in Kursen die Kunst der richtigen Selbstbefriedigung lehren oder von Stephanie Wadel, die „cherokesische Sexualität" lehrt, von Kutira Decosterd, Gründerin des Kahua-Instituts auf Hawaii, die das „ozeanische Tantra" – tantrische und indianische Rituale in Verbindung mit der Sprache der Delfine – lehrt; oder von ehemaligen Pornostars und Bauchtänzerinnen, die in Einrichtungen der Erwachsenenbildung wie dem Learning Annex in New York, Kurse über Verführungstechniken und Vorspiel abhalten.

Erotische Fortbildung dieser Art wird vornehmlich in Großstädten angeboten. Vielleicht haben Sie keine Möglichkeit, solche Kurse zu besuchen, zum Beispiel weil Sie zu weit weg wohnen, aus finanziellen oder zeitlichen Gründen oder weil Sie an einem öffentlichen Ort nicht gern über Sex reden. Viele Frauen, die es sich finanziell leisten könnten, nehmen beispielsweise deshalb nicht an Annie Sprinkles Workshops teil – in denen sie lehrt, wie man einen „Feueratmungsorgasmus" bekommt –, weil sie sich nicht trauen, sich mit fünfzig anderen Frauen auf den Boden zu legen und mit Annies Unterstützung in Ekstase zu atmen.

Als Journalistin beschäftige ich mich nun seit über zwölf Jahren ausschließlich mit dem Thema Sex. Ich biete Ihnen die Möglichkeit, Einblick in Workshops, Seminare, Kurse und Sitzungen zu erhalten, die garantiert nicht im VHS-Verzeichnis Ihrer Stadt zu finden sind und sicherlich auch nicht am schwarzen

Brett der Kirche neben den Eheaufgeboten angekündigt werden. An diesen Kursen, in denen provokante, aber faszinierende Menschen, die ultimativen Sex-Experten unserer Zeit, heiße Sextipps geben, könnten oder wollten Sie vielleicht gar nicht teilnehmen. Aber ich bin dort gewesen und ich habe meine Erfahrungen in diesem Buch verarbeitet, das unter anderem auch klare Anleitungen enthält. Sie können es nun im Bett zusammen mit Ihrem Partner lesen und müssen nicht einen Stapel esoterischer asiatischer Sexbücher durcharbeiten, um die prickelnden Stellen zu finden oder viel Geld für Seminare von Leuten ausgeben, die sich selbst ein klein wenig zu ernst nehmen. Hier geht es um Sex und nicht um Gehirnchirurgie. Und Sie müssen auch nicht inmitten fremder Menschen sitzen, um in Straßenkleidung etwas zu lernen, das man eigentlich nur nackt lernen kann.

Genau wie im *Kamasutra*, jenem klassischen Sexratgeber, der vor vielen Jahrhunderten verfasst wurde, werden auch in *Sex-Geheimnisse für den ultimativen Lust-Trip* Techniken und Stellungen sehr plastisch beschrieben. Möge es Ihnen und Ihrem Partner viel Spaß und Genuss bereiten.

Sex spielt sich hauptsächlich im Kopf ab

Wenn sich das Verlangen aufstaut

Dass sofortige Befriedigung nicht unbedingt immer das allein Seligmachende ist, bestätigt sich mir immer wieder und in vielen Varianten. Beispielhaft mag Lisas Geschichte stehen:

Lisa beschrieb mir ausführlich ihr unbändiges Verlangen nach Mac, ihrem Freund, mit dem sie schon sechzehn Jahre zusammen ist und der wochen-, manchmal sogar monatelang als technischer Berater bei Projekten im Nahen Osten arbeitet. Aufgrund der häufigen Trennungen ist ihr gegenseitiges Verlangen immer noch sehr groß. Beide waren Mitarbeiter im Außenministerium, als sie sich kennen lernten – das war sechs Wochen, bevor er aus beruflichen Gründen für drei Jahre nach Marokko zog und just an dem Tag, als sie befördert und nach Paris versetzt wurde. Es blieben ihnen nur vier Wochen in der gleichen Stadt, bevor sie voneinander Abschied nehmen mussten.
Allein ihre Bestimmungsorte beschworen romantische Gefühle herauf. Wie Liebenden, die sich in Kriegszeiten kennen lernen, blieb ihnen nur wenig Zeit bis zur Trennung und dies, zusammen mit ihrer heftigen Leidenschaft füreinander, schweißte sie noch mehr zusammen. Dass eben zu jener Zeit die Mitarbeiter des Außenministeriums dazu angehalten wurden, untereinander keine Beziehungen einzugehen, machte das Ganze noch prickelnder – da man sich heimlich treffen musste.
„Wir haben bereits bei unserem ersten Treffen miteinander geschlafen.“, sagte sie. „Ich konnte an jenem Tag gar nicht genug von ihm bekommen. Fast jede Nacht in diesen vier Wochen verbrachten wir zusammen – und das war noch lange nicht genug.
Das letzte Mal, als wir uns trafen, blieben uns nur noch zwölf Stunden. Ich wusste, dass ich ihn danach einen Monat lang nicht sehen würde. Auch heute ist das noch so: wenn ich weiß, dass er abreist – oder ich –, kann ich einfach nicht genug von ihm bekommen. Ich versuche wohl unbewusst, einen Vorrat anzulegen. Bevor ich diesen Mann traf, wusste ich nicht, was das Wort Sehnsucht bedeutet. Doch heute packt sie mich wieder und wieder. Mit Mac ist einmal nicht genug.“

Wenn sich das Verlangen aufstaut

Wie kann man aber das intensive Verlangen nach dem anderen in einer Beziehung aufrechterhalten, wenn nicht immer wieder einer von beiden nach Marokko oder ähnlich exotischen Orten abreisen muss?
Denkwürdige sexuelle Begegnungen lassen sich meist einer der beiden folgenden Kategorien zuordnen: entweder handelt es sich um das „allererste Mal“, dass man mit jemandem schläft oder ihn oral befriedigt oder es ist das erste Mal, dass man dies mit einem bestimmten Partner tut; oder es handelt sich um eine Zufallsbegegnung, bei der Partner sowie Ort stimmen und sich eine unerwartete Gelegenheit für ein ungehemmtes – noch besser: verbotenes – Vergnügen ergibt.
Wie viele erste Male oder Zufallsbegegnungen wird es in unserem Leben wohl geben? Fast jeder wünscht sich eine feste Beziehung; ob dies nun eine Ehe ist oder man sich nur regelmäßig jeden Samstagabend trifft, spielt dabei keine Rolle. Wir werden es müde, uns ständig mit Fremden an einen Tisch setzen zu müssen, die uns ebenso taxieren wie wir sie. Wir machen uns Gedanken über sexuell übertragbare Krankheiten. Und wir sehnen uns nach jener Wärme und Geborgenheit, die uns nur jemand geben kann, der uns kennt und liebt. Und dennoch sehnen wir uns gleichzeitig nach etwas Neuem, Aufregendem. Ist es möglich, beides bei derselben Person zu finden?
In einer festen Beziehung kann Sex mit der Zeit langweilig werden. Man weiß, dass man fast immer Sex haben kann, wenn man Lust darauf hat und zwar auf die gewohnte Art und Weise. Sex wird vorhersehbar. Wo bleibt das Geheimnisvolle? Wann kann hier Sehnsucht überhaupt aufkommen? Wie können zwei Menschen, die schon länger zusammen sind, jene Gefühle wiedererwecken, die ihre ersten Treffen so prickelnd machten?
Der kalifornische Autor Jack Morin behauptete in seinem Buch *The Erotic Mind*, dass die Formel für heißen Sex sehr einfach sei:

Gegenseitige Anziehung + Hindernisse = Erregung

Das heißt also, man sollte auf dem Weg zum Bett ein paar Hindernisse aufbauen – vielleicht streiten viele Paare deshalb so oft. Aber es gibt auch andere Möglichkeiten. Die alten Ägypter waren in Liebesangelegenheiten ebenso sentimental und romantisch veranlagt wie wir modernen westlichen Menschen. Ihr Wort für Liebe bedeutet sinngemäß übersetzt, „aufgestautes Verlangen“. Ägyptische Liebesgedichte, die von Trennungen und unglücklichen Umständen erzählen, die dafür sorgen, dass Liebende nicht zusammenkommen können, halten sich ebenso wie die modernen Liebesromane an die Formel „gegenseitige Anziehung + Hindernisse = Erregung", um die Aufmerksamkeit des Lesers wach zu halten. Allen diesen Geschichten ist Folgendes gemein: das fiktive Paar muss Hindernisse überwinden, wie räumliche Entfernungen, anfängliches Desinteresse eines Partners oder soziale Unterschiede. Beide sehnen sich nacheinander und schwelgen bereits in Vorfreude der körperlichen Vereinigung, wenn die Gelegenheit endlich kommt. Sie durchleben die Phase des *ragavat*, wie die leidenschaftliche Liebe, die aus großer körperlicher Anziehung entsteht, im *Kamasutra* bezeichnet wird.

Aber warum endet ein Liebesroman immer, sobald die beiden Helden heiraten? Weil sie kurz darauf in die Phase des *Aharyaraga* eintreten, jene Liebe, die aus Gewohnheit und Zuneigung nach langem Zusammenleben entsteht. Und wer will schon darüber etwas lesen?

Für großartigen Sex – bei anhaltendem *ragavat* – müssen sich Nähe und Distanz die Waage halten. In Amerika wird meist zu viel Wert auf Nähe gelegt – auf Kosten der Distanz. „Laß uns Freiräume in unserem Beisammensein schaffen“, sagte Kahlil Gibran in *Der Prophet*. Unabhängigkeit kann wie ein Aphrodisiakum wirken. Aber wer versucht nicht, den anderen festzuhalten, vor allem, wenn es scheint, als würde die Leidenschaft des Partners langsam erkalten – zu jenem Zeitpunkt also, an dem man ernsthaft erwägt, getrennt in Urlaub zu fahren?

Manche Paare glauben, dass sie wieder zu ihrer alten Leidenschaft füreinander zurückfinden, wenn sie an dem „Problem“ des nachlassenden Verlangens „arbeiten“. Solchen Paaren raten Ratgeberkolumnisten und Sextherapeuten meist, einen „Sextermin“ zu vereinbaren, also einen bestimmten Zeitpunkt, an dem sie miteinander schlafen wollen. Aber kann man Leidenschaft tatsächlich wieder entfachen, indem man daran arbeitet und zu festen Terminen Zuflucht nimmt? Es gibt einen viel besseren Weg, sexuelle Begierde aufkommen zu lassen: Verzicht.

Erfahrene Liebhaber wissen, dass durch ein Hinauszögern des Orgasmus die Befriedigung noch größer werden kann (und in den folgenden Kapiteln werden Sie viele Techniken finden, um dies zu erreichen). Mit etwas Geschick und Übung kann dies jeder: man stimuliert den Partner, bis dieser kurz vor dem Orgasmus ist, hält dann inne und lässt den anderen sozusagen auf dem Gipfel der Lust hängen –, stimuliert ihn dann erneut, hört wieder auf usw. Dadurch wird die Erregung immer mehr gesteigert, bis schließlich beide in einer Art orgastischer Ekstase explodieren. Und welchen Gipfel der Ekstase mögen beide erst erklimmen, wenn diese Taktik des Hinauszögerns erst nach einer Phase des Verzichts angewandt wird?

In China machten die taoistischen Priester der Ming-Dynastie (Mitte 14. bis ins 16. Jahrhundert hinein) am Kaiserhof eine bizarre Praktik populär, bei der dem Partner die Befriedigung verweigert wurde. Beim *Tsai-pu* (in etwa: „abzapfen und aufbewahren") versuchte jeder Partner, die beim Orgasmus abgesonderten Sekrete des anderen „abzuzapfen", da man glaubte, durch diese kostbaren Flüssigkeiten die eigene Sexualität sowie Gesundheit verbessern zu können. Man versuchte also, den anderen anzuzapfen, während man sich selbst aber nicht anzapfen ließ – auf gut Deutsch: man brachte seinen Partner zum Orgasmus, zögerte aber den eigenen Höhepunkt hinaus.

Laut Valentin Chu, einem Experten für altchinesische Sexuallehre aus San Francisco, war diese Praxis nur eine Abwandlung früherer taoistischer Lehren und verfolgte noch einen anderen Zweck als den der Verjüngung: ein Mann, der mehrmals weibliche Sekrete aufgenommen aber nicht ejakuliert hatte, sollte angeblich besseres Sperma produzieren und mit diesem schließlich einen überlegenen Sohn zeugen können. Anhänger des *Tsai-pu* waren äußerst wohlhabende und dekadente Männer mittleren Alters, die sich einen ganzen Harem Konkubinen zum „Anzapfen" halten konnten. So weit allerdings wollen wir in unserem Verzicht nicht gehen.

Denken Sie daran, aber tun Sie es nicht … noch nicht

Die meisten Paare praktizieren nur gelegentlich Enthaltsamkeit, wenn sie nämlich durch eine Trennung dazu gezwungen werden. Der Sex nach der Rückkehr des Partners ist für sie dann ein Vier-Sterne-Ereignis. Warum sollte man so etwas nicht auch erleben können, ohne vorher verreist zu sein?

Vor etlichen tausend Jahren entwickelten die chinesischen Taoisten eine Philosophie der Erotik, die auf einigen einfachen Grundsätzen basiert, unter ihnen auch der Verzicht, um den sexuellen Appetit zu stimulieren. Sie glaubten, dass guter Sex sowohl bei Männern als auch bei Frauen der Gesundheit und einem langen Leben förderlich sei. Die Anhänger dieser Philosophie wurden zu einem gesunden Mittelmaß angehalten, sie sollten also weder zölibatär noch sexuell ausschweifend leben. Die Taoisten wussten um den Wert gelegentlichen Verzichtes – dadurch konnte man das Verlangen schüren, weil der Erregungsphase nicht jedesmal die sexuelle Befriedigung folgte und auch den Orgasmus verlängern, indem man ihn beim Liebesakt hinauszögerte. Die Männer sollten ruhig häufig Sex haben, aber ohne dabei zu ejakulieren (entsprechende Techniken finden Sie auf Seite 22). Männer wie Frauen lehrte man, nicht immer ihren sexuellen Gelüsten nachzugeben, da hierdurch die Gefühle beim nächsten Mal intensiviert würden.

Ich habe selbst erlebt, dass die Macht des Verzichtes stärker sein kann als das Jetlag nach einem Siebzehn-Stunden-Flug von New York City nach Bombay – das hieß in diesem Fall, einen Zeitunterschied von zehneinhalb Stunden zu überwinden, wozu noch zwei Stunden für das Einsammeln der Koffer und das Passieren des Zolls kamen. Am Ende meiner Reise wartete mein Geliebter auf mich. Was würde wohl stärker sein, fragte ich mich: das Verlangen oder die Müdigkeit? Das aufgestaute Verlangen natürlich.

Es war völlig indiskutabel, bereits im Auto mit ihm zu schlafen, denn dies hätte unser Fahrer zu Recht als grobe Beleidigung aufgefasst. Aber ich befasste mich bereits in Gedanken mit dem kommenden Liebesakt, während wir an den männlichen und weiblichen Prostituierten sowie Eunuchen-Bettlern vorbeifuhren, die in der Juhu Beach Road standen, dann die Straße, die nach Bollywood – Indiens Hollywood – führt, überquerten und die Häuser der reichen und berühmten Mitglieder der Filmindustrie passierten. Während mein Geliebter mir die Gebäude aus der Radschazeit mit ihren Türmen, überdachten Balkonen, verzierten Gittern und gelegentlich einem Wasserspeier auf dem Dach zeigte, rief ich mir wieder das Bild in Erinnerung, wie er am letzten Morgen vor seiner Abreise nach Indien nackt in meinem Bett gelegen hatte. Ich sah ihn schlafend auf der Seite liegen, sah die weichen Rundungen seines muskulösen Hinterns und der Schenkel und die kleine, behaarte Stelle am unteren Ende seiner Wirbelsäule.

„Sieh mal den Elefanten neben der Straße, der Holz schleppt", sagte er und ich dachte daran, wie ich aufgewacht war, mich von hinten an ihn gekuschelt, die behaarte Stelle berührt und sanft mit meinen Lippen seine festen Rundungen gestreift hatte.

Nachdem wir im Taj Mahal Hotel angekommen waren, nahm ich mir noch einige Minuten unter der Dusche, um diese erotischen Knospen in meinem Kopf voll erblühen zu lassen. Allein stand ich im Bad, ignorierte die Mottenkugeln im Ausguss, die riesige Käfer davon abhalten sollten, herauszukrabbeln, schloss meine Augen und stellte mir vor, wie sein Körper auf meinem lag, wie er mich fest um die Hüften fasste.

Ich ließ meine eigenen Hände liebkosend über den Körper gleiten. Mit meinen seifigen, glitschigen Fingern zog ich nasse, große Kreise um meine Brustwarzen. Ich streichelte meinen

Bauch, meine Hüften, meine Schenkel und drückte meine Schamlippen sanft mit meiner Hand. Es erregte mich noch mehr zu wissen, dass seine Hände bald an Stelle der meinen treten würden. Das Verlangen nach ihm ließ meine Müdigkeit verschwinden.
Für meine Reise nach Indien hatte ich auch den schwarzen Seidenbody eingepackt, in dem ich mich begehrenswerter fühle als in jedem anderen Kleidungsstück, das ich besitze. Nach dem Duschen schlüpfte ich hinein und zog die spitzenverzierten Seidenstrümpfe an, die er so liebt. Als ich aus dem Bad kam, hatte er bereits mehrere dicke Kerzen angezündet. Neben dem Bett stand Sekt in einem Eiskühler. Auch wenn ich keinen Sekt trank – sonst wäre ich eingeschlafen – fühlte ich mich allein schon durch die Tatsache, dass er dort stand, großartig.
Später lag ich gesättigt in den Armen meines Geliebten und sah schläfrig zu, wie der Himmel draußen vor dem Hotelzimmerfenster jene graurosa Färbung annahm, die auf dem Subkontinent die Morgendämmerung ankündigt. Schemenhaft tauchten die honigfarbenen, basaltenen Umrisse des „Tores nach Indien", des malerischen Wahrzeichens der Stadt aus dem Dämmerlicht in der Bucht auf, während er zärtlich mein Gesicht streichelte und ich einschlief.
Wie hatte ich das geschafft? Noch wichtiger, wie können Sie das schaffen? Beginnen wir mit dem wahrsten aller alten Klischees: Sex spielt sich hauptsächlich im Kopf ab.

Die gedankliche Einstimmung auf Sex

Sich den Liebesakt lebhaft und detailliert vorzustellen, ihn also in Gedanken vorwegzunehmen, nennt man mentale Einstimmung. Diese Technik, die viele orgasmische Frauen anwenden, ließ meine erste Nacht in Bombay so denkwürdig werden. Mit ihrer Hilfe kann man Müdigkeit, Spannungen und Stress überwinden und sich in die richtige Stimmung für Sex versetzen.
Also „orgasmische Frauen" definieren die meisten Forscher diejenigen, die in über neunzig Prozent aller Fälle einen Orgasmus bekommen, wenn sie mit einem Partner schlafen. Sie haben bestimmte Verhaltensweisen gemein, die zuerst von Marc und Judith Meshorer in ihrer Aufsehen erregenden Studie über orgasmische Frauen, *Schöner als Fliegen*, definiert wurden. Einige davon sind:

Der „Warmstart". Lassen Sie auch während der Arbeit Gedanken an Sex zu. Lassen Sie sich beim Duschen und Anziehen Zeit und streicheln Sie dabei Ihren Körper, bevor Sie mit Ihrem Mann oder Geliebten schlafen. Orgasmische Frauen heizen ihren Körper sozusagen selbst auf und warten nicht darauf, bis der Mann den Sex einleitet.

Sich erotischer Unterhaltung hingeben. Lesen Sie erotische Literatur, sehen Sie sich erotische Filme an, auch zensierte, und betrachten Sie erotische Bilder, von klassischen Kunstwerken bis hin zu Anzeigen für Calvin-Klein-Unterwäsche.

Absichten übermitteln. Haben Sie schon einmal Ihren Mann im Büro angerufen, um ihm zu sagen, Sie hätten gerade Ihr Höschen ausgezogen und befänden sich auf dem Weg nach Hause? Das mag sich anhören wie ein Tipp von einem Playboy-Mädchen, aber, um die Wahrheit zu sagen: Diese Mädchen haben wahrscheinlich besseren Sex als die meisten anderen Menschen.

Mentale Einstimmung. Stellen Sie sich ganz bewusst mental auf den Beischlaf ein, das heißt, lassen Sie unanständigen Fantasien freien Lauf, ohne jegliche Einschränkung. Sie müssen buchstäblich fühlen können, was sie vor Ihrem geistigen Auge sehen. Wenn Sie sich seinen Mund an Ihrer Klitoris vorstellen, dann müssen Sie dabei auch seinen Mund an Ihrer Klitoris *spüren* können.

Ich bat acht orgasmische Frauen, die an einer Forschungsstudie teilnahmen, oben genannte Ratschläge, falls möglich, zwei bis drei Tage die Woche zu befolgen, anschließend aber keinen Sex zu haben! Die Frauen waren zwischen achtundzwanzig und vierundvierzig Jahre alt, fünf verheiratet oder mit einem festen Partner zusammen und drei weder noch. Alle berichteten, ihre mentale Einstimmung gegenüber Sex sei entschieden besser geworden und dies wiederum hätte zu einem akuten Verlangen nach Sex mit ihren Partnern geführt. Das aufgestaute Verlangen ...

Eine Frau berichtete: „Eine Woche lang habe ich diese ‚Erregungshilfen' ausprobiert, ohne anschließend mit meinem Partner zu schlafen – und ich erlaubte mir auch nicht, mir durch Selbstbefriedigung Erleichterung zu verschaffen. Am Ende der Woche war das Verlangen nach meinem Partner so heftig wie seit Jahren nicht mehr. Am liebsten hätte ich alles auf einmal gehabt. Ich wollte, dass er mich am ganzen Körper streichelt, mich gleichzeitig küsst und in mich eindringt. Und ich wollte ihn berühren, küssen, lecken und saugen. Ich konnte gar nicht genug von ihm bekommen."

Und eine andere: „Mein kleines Verzicht-Experiment dauerte zehn Tage. Eigentlich hatte ich gar nicht vor, es so lange auszudehnen, aber gegen Ende musste mein Mann auf eine Geschäftsreise. Als er zurückkam, war ich ganz wild auf ihn. Am letzten Tag stürzten ungehemmt Sexfantasien auf mich ein. Die Orgasmen waren ungeheuerlich."

Die Kombination von mentaler Einstimmung und Verzicht kann zu „explosivem“ Sex führen. Denken Sie daran, wie gut das Essen schmeckt, wenn man eine Zeit lang gefastet hat. Nun, bei Sex ist das noch besser.

Nur für Frauen: Der spontane Orgasmus

Als ich zum ersten Mal von einem Workshop hörte, in dem Frauen lernen konnten, einen spontanen Orgasmus zu bekommen, klang das für mich wie ein Widerspruch in sich. Wenn etwas spontan ist, wie soll man es dann lernen können? Vor meinem geistigen Auge erschien das Bild, wie tausende von Frauen an den unmöglichsten Orten in Ekstase gerieten; wie Frauen, die sich nicht mehr zurückhalten konnten, reihenweise in Redaktionskonferenzen oder im Zahnarztstuhl kamen; Frauen mit make-up-verschmierten Augen, denen Haarsträhnen an der Stirn und feuchte Seidenblusen am Körper klebten, eine wogende Masse orgasmischer Frauen, deren Kostüme aus den Nähten platzten. Ich sah dies förmlich vor mir, wie ein lebensgroßes *Penthouse*-Wandgemälde an einem öffentlichen Gebäude.

Ich beschloss, an diesem Workshop teilzunehmen. Die anderen Teilnehmerinnen sahen nicht so aus, als würden sie gleich einen stürmischen Orgasmus erleben. Zwischen Zwanzig und Anfang Sechzig, unterschieden sich diese Frauen in keiner Weise von anderen, die sich zu einer Literaturlesung, einer Kunstausstellung oder zum Chinesisch-Kochkurs trafen. Manche trugen Kostüme mit hohen Schuhen, andere Kostüme mit Socken und Turnschuhen. Letztere hatten ihre hohen Hacken in geräumigen Einkaufstüten verstaut – die „Überlebensstrategie für Füße“ der Frauen in der Großstadt. Einige trugen Freizeitkleidung. Alle trugen jenen eifrigen, offenen Gesichtsausdruck von Leuten zur Schau, die etwas lernen oder das perfektionieren wollen, was sie bereits kennen. Die meisten von uns hatten noch nie versucht, einen „Feueratmungsorgasmus“ zu bekommen – mit Ausnahme von sieben Frauen. „Ich habe versucht, es mit einem Buch zu lernen“, sagte eine Universitätsprofessorin, „aber ich bin noch nicht so weit.“

„Ich kenne eine Frau, die behauptet, sie könne es“, sagte eine Kaufhaus-Angestellte. „Ich möchte es lernen, damit ich beim Sex einen Orgasmus bekommen kann, ohne mich selbst zu berühren – dann denkt mein Freund, er hätte es ganz allein geschafft.“

Annie Sprinkle, die Leiterin des Workshops und ehemalige Pornodarstellerin und Stripperin, versicherte uns, dass unser Körper durch das Erlernen des Feueratmungsorgasmus ohne Hilfe von Berührungen nicht automatisch so „umprogrammiert" werden würde, dass wir zum falschen Zeitpunkt spontan einen Orgasmus bekommen und unkontrolliert „dahinschmelzen". Nein, dies sei nur eine Technik, mit deren Hilfe man jederzeit ohne Berührung einen Orgasmus haben konnte.
„Warum ist das so wichtig?", fragte jemand. „Ich mag Berührungen." „Warum sollte man nicht mal etwas Neues ausprobieren, um seinen Spaß zu haben?", konterte Annie und fuhr fort, dieser Orgasmus sei als Ergänzung, nicht als Ersatz für den durch Berührungen ausgelösten Orgasmus gedacht.
Wir könnten, versicherte uns Annie, einen umwerfenden Orgasmus allein dadurch bekommen, dass wir unserer Fantasie keine Grenzen setzten. Warum nicht Orgasmus nur im Kopf? Manche Frauen können dies durchaus, auch wenn in der Forschungsliteratur nur äußerst wenig Beispiele von spontanen Orgasmen, so der klinische Ausdruck für einen ohne Berührung ausgelösten Höhepunkt, aufgeführt werden. Kinsey berichtete, dass nur zwei Prozent der von ihm befragten Frauen einen Orgasmus durch Fantasieren bekommen konnten, Shere Hite sprach von weniger als einem Prozent. Masters und Johnson, deren Studie sich vorwiegend mit Menschen mit sexuellen Störungen beschäftigte, berichteten, dass keine ihrer Versuchspersonen je einen spontanen Orgasmus erlebt hatte.
Marc und Judith Meshorer hingegen dokumentierten mehrere spontane Orgasmen. Und Dr. phil. Gina Ogden behauptete, 64 Prozent der von ihr für ihr Buch *Ich liebe Sex* interviewten Frauen hätten von einem Orgasmus ohne jegliche Berührung berichtet.
Ich besuchte Annies Workshop relativ unvoreingenommen, versprach mir aber nicht sonderlich viel davon. Ich glaubte zwar, dass ein spontaner Orgasmus möglich sei, aber nicht, dass ausgerechnet ich unbedingt zu jenen gehörte, die einen bekamen.
Umgeben von fünfzig Frauen, die sich aufmerksam nach vorn beugten, legte sich Annie rücklings auf den Boden, spreizte die angewinkelten Beine – ihr riesiges Baumwollhemd bauschte sich dekorativ zwischen den Knien – und demonstrierte die Technik des Feueratmens. Sie sog die Luft tief ein, atmete wieder aus und stellte sich dabei vor, ihre Atemzüge seien Feuerbögen, die in einem Kreis, von Mund und Nase ausgehend, durch ihre Genitalien flossen. Da-

bei verzog sich ihr Gesicht zu einer Grimasse und ihr Körper verkrampfte sich. Sie hatte einen Orgasmus. Oder täuschte sie nur einen vor?

Nachdem sie wieder zu Atem gekommen war, führte uns Annie in die Übung ein, die sie von einem amerikanischen Indianerstamm übernommen hatte. Die Frau neben mir begann bereits beim ersten Atemzug zu stöhnen. Ihr Ego fand vermutlich Gefallen an ihrer sofort aufwallenden Leidenschaft, aber ich fand es lediglich aufdringlich. Bald war der Raum erfüllt von Keuchen, Stöhnen und Ächzen. Dies war meine erste Erfahrung mit Gruppensex und ich hatte noch nicht einmal mein Höschen ausgezogen. Drei Frauen behaupteten anschließend, sie hätten einen Orgasmus gehabt. Hatten sie vielleicht nur hyperventiliert? Andere meinten, sie seien kurz davor gewesen. Wie kurz davor? Ich hatte noch nicht einmal einen beschleunigten Puls. War ich unfähig oder zu ungeschickt?

Nach einer Pause ging Annie die Übung noch einmal mit uns durch, bei mir mit gleichem Ergebnis: Null. Ich ließ mir den Namen und die Telefonnummern von den Frauen geben, die behaupteten, einen Orgasmus gehabt zu haben und bat sie um Rat.

Als erstes rieten sie mir, wie ein Mann zu denken. Wir wissen, dass Männer primär auf visuelle Reize reagieren, das heißt von erotischen Bildern erregt werden, während man annimmt, dass Frauen mehr durch Worte und Berührungen in Fahrt kommen. Bei Frauen, die einen spontanen Orgasmus haben können, ist das Vorstellungsvermögen sehr stark ausgeprägt. Sie können in heißen Fantasien schwelgen und stellen sich alles sehr plastisch vor – deftigen, genitalen oder oralen Sex oder sogar Sexpraktiken wie Analverkehr, Gruppensex, Fesselungen (Bondage) oder SM-Szenarien – alles, nur keine zarten, verschwommenen Bilder romantischen Umwerbens, solche, die bereits verblassen, bevor der Mann sich seiner Unterhose entledigt hat.

Christine beispielsweise legt sich nackt auf ihr Bett und stellt sich vor, sie würde mit ihrem Freund schlafen, „bis ich ihn auf meiner Haut und schließlich in mir drin spüren kann“. Sie kontrolliert oder steuert dabei zwar nicht bewusst ihre Atmung, aber sie beginnt mit tiefen Atemzügen, wie sie bei Yoga-Atemtechniken verwendet werden. Mitten in ihren Fantasien fällt ihr manchmal auf, dass sie keucht und dies wiederum verstärkt ihre Erregung.

Lisa führt ihre Fähigkeit, einen spontanen Orgasmus zu haben, auf die äußerliche Unterdrückung der Sexualität in der Kindheit zurück. Da sie sich nicht traute, sich zu berühren, aber von unstillbarem sexuellem Verlangen erfüllt war,

stellte sie sich einfach vor, sie würde einen Orgasmus bekommen. Sie kombiniert Fantasieren mit Atemkontrolle. Wie Annie Sprinkle stellt sie sich vor, sie atme von ihren Genitalien aus und zieht dabei ihre *musculi pubococcygeus* (Muskeln, die unter anderem den Urinfluss kontrollieren und einen Teil der Beckenbodenmuskulatur sind), kurz PC-Muskeln genannt, beim Atmen zusammen. Ihre Fantasien drehen sich um verschiedene Arten von oralem Sex – sowohl aktiv als auch passiv. Der beteiligte Mann hat einen herrlichen Körper und das Ganze passiert an einem exotischen Ort in den Tropen. Auch wenn sie noch nie Sex mit einem Mann einer anderen Rasse hatte, stellt sie sich dies häufig vor, um ohne Berührung einen Orgasmus herbeizuführen. „Der Tabu-Faktor erregt mich dermaßen, dass ich keine Berührung mehr brauche", sagt sie.
Andere Frauen konzentrieren sich mehr auf ihre PC-Muskeln als auf die Atmung. Wenn Cassie sich in höchste Erregung versetzt hat, indem sie sich ihren eigenen Körper – Brüste, Vulva, Klitoris und Schenkel – vorstellt, spannt und entspannt sie ihre Muskeln in schnellem Wechsel, bis sie einen Orgasmus hat. Sie sieht im spontanen Orgasmus die ultimative Erfahrung der Selbstliebe, denn „man muss ganz tief in sich hineingehen, um einen zu bekommen".
Schon bald fielen mir bestimmte Verhaltensmuster auf, die alle orgasmischen Frauen gemein hatten (siehe Seite 13) und ich versuchte, es ihnen nachzumachen. Als ich den Anweisungen der „orgasmisch Fortgeschrittenen" folgte, erlebte ich tatsächlich verlängerte Orgasmen, multiple Orgasmen und extragenitale Orgasmen, das heißt solche, durch Berührungen anderer Körperstellen wie der Brüste, die Innenseite der Oberschenkel, der Ohren oder des Nackens ausgelöst wurden. Jede orgasmische Frau kann diese Fähigkeit noch steigern – vorausgesetzt, sie weiß wie.
Angie, eine andere Teilnehmerin des Workshops, die keinen Orgasmus bekommen hatte, war ebenfalls davon überzeugt, diese Technik lernen zu können. „Als Teenager hatte ich mehr vom Petting als meine Partner: ich kam immer schon bei der heftigen Umarmung, die den Abschiedskuss an der Tür begleitete", sagte sie. „Manchmal habe ich auch im Schlaf einen Orgasmus. Ein ehemaliger Freund sagte einmal zu mir, dass er mir auch zutrauen würde, beim Überfahren von Eisenbahnschienen zu kommen."
Wenn wir keinen spontanen Orgasmus bekommen können, wer dann? fragten wir uns.

Um mich in Stimmung zu versetzen, zog ich das Telefon aus der Steckdose, zündete nach Gardenien duftende Kerzen an, schenkte mir ein Glas Sekt ein und genehmigte mir ein Schaumbad. Dann saß ich eine halbe Stunde lang im Wasser, ließ mich aufweichen, nippte an meinem Sekt und ließ im Geist meine Augen über den Körper meines Geliebten schweifen, zuerst mit bewundernden, dann mit begehrlichen Blicken. Als ich meinen Körper mit langsamen Bewegungen einseifte und anschließend meine Haut eincremte, fragte ich mich, ob ich nicht bereits schummelte, weil ich mir ein „präspontanes" Streicheln gestattet hatte.
Schließlich nackt und wohlduftend auf meinem Bett liegend, die Hände brav neben mir, konzentrierte ich mich darauf, tief zu atmen, ein durch die Nase, aus durch den Mund, als würde ich die Kerzen auf einem Geburtstagskuchen auspusten. Ich stellte mir vor, mit meinem Geliebten zu schlafen und verlor die Kontrolle über meine Atmung. Ich begann, mein Becken vor und zurückzuschieben. Wie ich mich danach sehnte, ihn zu berühren, nein, wie ich mich danach sehnte, mich zu berühren, denn er war ja gar nicht da. Ich stellte mir vor, ihn in den Mund zu nehmen. Ich spürte, wie seine Lippen sich um meine Klitoris legten. Ich spannte meine PC-Muskeln an, schnell und kräftig. Ich wünschte mir diesen Orgasmus so sehr, ich half nach – mit meiner Hand – und kam bereits Sekunden, nachdem ich mich berührt hatte. Der Höhepunkt schien ewig zu dauern und war stärker, als ich es vorher je beim Masturbieren erlebt hatte.

Ich hatte nie einen Orgasmus gehabt, der mir nicht gefiel und dieser gefiel mir mit Sicherheit. Aber es war kein Orgasmus ganz ohne Berührungen gewesen. Ich rief Angie an um zu erfahren, welche Fortschritte sie machte. Auch sie hatte mit den Händen „geschummelt".
„Wie gelingt es dir, dich nicht zu berühren, wenn du kurz vor einem Orgasmus bist?", fragte ich die Expertinnen, jene Frauen, die einen spontanen Orgasmus bekommen konnten.
Die meisten antworteten, sie seien nicht einmal versucht, sich zu berühren. Als sie mir empfahlen, mich mehr anzustrengen, mehr zu konzentrieren, fühlte ich mich, als würde ich ermahnt, mich nicht so anzustellen. Sie erinnerten mich an jene Mütter, die bei der Geburt auf Schmerzmittel verzichteten, die weiter stillten, obwohl die Brustwarzen entzündet waren und die das Karottenpüree – selbstverständlich aus Bio-Karotten – selbst machten, während sie in mir eine Frau sahen, die um Schmerzmittel bettelte, das Fläschchen gab, statt zu stillen und bereits im neunten Monat der Schwangerschaft anfing, Coupons für Babynahrung zu sammeln. Sie waren die Heldinnen des Orgasmus. Ich war eine Null.

„Tu so, als würdest du dir die Finger verbrennen, wenn du dich berührst", riet mir Lisa. Doch wann immer ich versuchte, einen spontanen Orgasmus zu bekommen, konnte ich mich nicht zurückhalten und berührte mich, sobald das Verlangen nach Erlösung zu groß wurde. Dann entdeckte ich, dass ich einen Orgasmus haben konnte, ohne mich selbst zu berühren, kurz nachdem ich bereits einen durch Masturbation bekommen hatte. Dann nämlich befindet sich mein Körper in einem Stadium höchster Erregung und ist äußerst empfänglich für multiple Orgasmen und so kann ich auch einen spontanen Höhepunkt ohne jegliche Berührung bekommen, indem ich lediglich meine PC-Muskeln anspanne und mir vorstelle, wie mich mein Geliebter mit seinem Mund berührt. An diesem Punkt habe ich allerdings auch schon einen Orgasmus bekommen, wenn ich nur den Rücken durchbog und meine Schenkel zusammenpresste. Wieder beriet ich mich mit Angie. Sie hatte ebenfalls einen zweiten Orgasmus ohne Berührung bekommen, indem sie einfach die Schenkel zusammengepresst, ihre PC-Muskeln angespannt und sich dabei ihren Fantasien hingegeben hatte.

Aber lohnt sich die ganze Mühe überhaupt? Ein selbst herbeigeführter Orgasmus lohnt sich immer. Sexuelle Erfüllung zu suchen, ohne das Risiko abgewiesen zu werden, sich sexuell übertragbare Krankheiten einzufangen oder am Morgen danach Reue zu verspüren, kann nichts Schlechtes sein.

Ich glaubte zwar damals nicht, dass ich in Zukunft viel Zeit investieren würde, um einen spontanen Orgasmus zu bekommen, aber die Atemtechniken wollte ich weiterhin anwenden und mir vor dem Masturbieren und dem Sex mit meinem Partner mehr Zeit für Fantasien nehmen. Auf diese Weise bekam ich stärkere Orgasmen als zuvor – auch wenn ich das eigentliche Ziel nicht erreicht hatte.

„Es hat sich auch für mich gelohnt", stimmte mir Angie zu. „Zum einen habe ich gemerkt, dass meine PC-Muskeln besser trainiert werden müssen. Und ich habe auch das Gefühl, dass durch die Atem- und Muskelanspanntechniken während des Verkehrs die Orgasmen ein ganzes Stück besser geworden sind."

Können auch Sie einen spontanen Orgasmus bekommen? Es ist nicht so einfach, wie das Wort *spontan* vielleicht vermuten lässt, aber es ist durchaus möglich – vorausgesetzt, sie trauen sich, in unzensierte Fantasien abzutauchen. „Heiße Fantasien sind der Schlüssel", meinte eine Frau, die diese Technik erfolgreich anwendet. „Wenn es einem nicht gelingt, sich wirklich scharfe Szenen auszumalen, dann schafft man es nicht."

Außerdem: Warum sollten Sie es nicht einfach probieren? Ob Sie nun lernen, einen spontanen Orgasmus zu bekommen oder sich allein durch Ihre Fantasien in große Erregung zu versetzen, Sie erfahren auf alle Fälle mehr über Ihren Körper und seine Reaktionen – Sie erhalten Informationen, die Ihnen bei der Selbstbefriedigung oder beim Geschlechtsverkehr sehr nützlich sein können. Und Sie werden ebenfalls entdecken, dass Sie fähig sind, sich herrliche, wilde Sexszenen auszumalen, die Sie sich niemals trauen würden auszuleben.
Warum sollte man denn keinen Spaß haben, während sich das Verlangen aufstaut ...?

Wie Sie als Frau einen spontanen Orgasmus bekommen

Versetzen Sie sich in erotische Stimmung. Stellen Sie sich vor, Sie wollten gleich masturbieren oder mit Ihrem Partner schlafen. Alles ist erlaubt: Musik, Kerzen, ein Schaumbad, Wein, sexy Kleidung – was immer Sie brauchen, um sich sexy zu fühlen. Stimmen Sie sich ein.
Beschwören Sie heiße, leidenschaftliche Fantasien herauf. Wenn Sie sich Sex-Szenarien nicht besonders gut plastisch vorstellen können, lesen Sie erotische Literatur, um sich in Stimmung zu bringen.

Legen Sie sich auf den Rücken. Winkeln Sie dann die Beine an, spreizen Sie weit die Schenkel und kontrollieren Sie Ihren Atem. Beginnen Sie mit tiefen Atemzügen. Ziehen Sie die Luft so tief in Ihren Körper ein, bis Sie spüren, dass ihr Zwerchfell sich ausdehnt und Sie sich vorstellen können, wie die Luft zu Ihren Genitalien vordringt. Sorgen Sie dafür, dass die Luft beim Ausatmen den gleichen Weg zurück nimmt – stellen Sie sich vor, wie die Luft durch Ihre Genitalien und den ganzen Körper wieder hochgesaugt wird. Nach etwa einem Dutzend Atemzügen fangen Sie an zu keuchen. Atmen Sie mit offenem Mund schnell aus dem Bauch heraus. Wenden Sie nun die Technik des Feueratmens an. Beginnen Sie mit entspannenden, flachen Atemzügen und vertiefen Sie dann die Atmung. Atmen Sie durch die Nase ein und durch den Mund aus. Atmen Sie regelmäßig oder kreisförmig. Stellen Sie sich vor, ein kleiner Kreis aus Feuer würde sich durch Nase und Mund bewegen, weiten Sie diesen dann aus, bis er Brust, Bauch und schließlich die Genitalien mit einschließt. Sie müssen spüren, wie sich die erotische Wärme beim Atmen kreisförmig durch Ihren Körper bewegt.

Spannen Sie die PC-Muskeln parallel zur Atmung an. Die PC-Muskeln steuern auch den Urinfluss. Lokalisieren Sie diese Muskeln und trainieren Sie sie beim Wasserlassen – anspannen, halten, loslassen. Koordinieren Sie das Anspannen der Muskeln mit der Tiefenatmung. Wechseln Sie von keuchendem Atmen zur Tiefenatmung und dann zur Feueratmung, während Sie dabei, falls möglich, die Muskeln anspannen. (Es bedarf wahrscheinlich einiger Übung, bis Sie gleichzeitig „feueratmen" und die Muskeln anspannen können.)

Der Erfolg ist weitgehend davon abhängig, wie kräftig Ihre PC-Muskeln sind. Das gilt übrigens für die meisten Techniken in diesem Buch. Um die Muskeln zu kräftigen, sollten Sie eine Reihe einfacher Beckenbodenübungen absolvieren. (Die Anleitung dazu finden Sie auf Seite 98.)

Nur für Männer: Die E-Technik

Auch Männer können einen Orgasmus im Kopf bekommen. Dies behauptet jedenfalls Graham Masterton, der bekannte englische Sexualwissenschaftler, der zwei der größten Sex-Bestseller aller Zeiten geschrieben hat – *How To Drive Your Woman Wild In Bed* und *How To Drive Your Man Wild In Bed*. Angeblich steht er auch hinter dem „M", dem geheimnisvollen Autor von *The Sensuous Man*, das 1971 dem äußerst erfolgreichen Buch *Die sinnliche Frau* von „J" folgte.

„Warum sollte ein Mann dies wollen?", fragte ich ihn. „Wäre das nicht so, als wolle er sich eine vorzeitige Ejakulation ‚herbeidenken'?" Es war einer jener typischen, düsteren Nachmittage in London und wir tranken Tee in einem kleinen Geschäft in der Nähe des Kensington Palastes. Ich gestehe, dass ich voreingenommen war, weil ich den spontanen Orgasmus eher den Frauen gönnte – alles ist gut, was einer Frau hilft, schneller in Erregung zu kommen. Aber warum sollten die Männer schneller werden? Das fragte ich den Erfinder der E-Technik. Sollten die Männer nicht lieber ihren Hintern zusammenkneifen, an Gott und Vaterland denken und ihn so lange wie möglich hinauszögern?

„Bei dem Versuch, einen Höhepunkt ohne körperliche Stimulation zu erreichen, lernt ein Mann, wie er seinen Penis besser mit dem Kopf steuern kann", antwortete Masterson geduldig. „Statt schnell zur Ejakulation zu führen wie die Selbstbefriedigung, lehrt ihn die E-Technik („E" steht für Ejakulation), wie er in der Erregungsphase die Zeit besser einteilen kann."

Wenn man sich buchstäblich zu einem Höhepunkt hindenken kann, dann kann man wohl auch bewusst eine Ejakulation verhindern. Aber geht das überhaupt? Erfordert die männliche Physiologie nicht die direkte Stimulation des Penis? „Nun“, gab er zu, „der Mann muss ihn schon in die Hand nehmen, aber er streichelt ihn nicht.“ Auch nicht ein ganz kleines bisschen?

„Einige der Männer, denen ich diese Methode beigebracht habe, meinten, sie hätten eine Ejakulation nur auslösen können, indem sie den Penis hinabgebogen, einen Finger in den After geschoben oder den Penis ein-, zweimal mit der Hand gestreichelt hätten. Das ist noch kein Schummeln. Ein paar Streicheleinheiten beeinflussen dieses psychosexuelle Training nicht.“

Als ich wieder zu Hause in den Staaten war, bat ich einige männliche Freunde, Mastersons schriftliche Anleitungen auszuprobieren. Nach sieben bis acht Anläufen – laut Masterson „ganz normal während des Lernprozesses“ – gelang es drei von sieben, durch Anwendung der E-Technik (nur mit wenigen Berührungen) erst nach zehn bis fünfzehn Minuten zu ejakulieren. Sie berichteten, die Orgasmen seien sehr intensiv und befriedigend gewesen. Die anderen vier hatten nach zwei bis drei Versuchen frustriert oder gelangweilt aufgegeben. Einer von letzteren meinte: „Vielleicht habe ich etwas über meinen Penis gelernt, aber ich bin mir nicht ganz sicher.“ Später rief er mich zurück und ergänzte: „Ich glaube, ich habe mich dabei nicht wohl gefühlt. Frauen werden ermutigt, sich für so etwas eine stimmungsvolle Umgebung zu schaffen. Männer nicht. Ich kam mir ein bisschen weibisch vor, als ich eine Kerze angezündet und Musik aufgelegt habe und zwar nicht für eine Frau, sondern nur für mich allein.“ Ein anderer Mann, vierzig Jahre alt und seit kurzem geschieden, sagte: „Ich kann jetzt meinen Ejakulationsprozess besser steuern. Das ist für mich wichtiger als mich zu einem Orgasmus hindenken zu können. Für so etwas habe ich keine Zeit!“

Zwei Männer, die mit dieser Technik keinen Erfolg verbuchen konnten, baten mich, sozusagen als Mittelsmann, einige Ratschläge von den Erfolgreicheren einzuholen. Ryan meinte: „Die ersten sechs Male probierte ich die E-Technik flach auf dem Rücken liegend aus. Schließlich legte ich mich auf die Seite und erst dann klappte es. Der Druck, den meine Schenkel auf die Genitalien ausübten, hat dabei sehr geholfen. Der Höhepunkt war einfach großartig.“ Und Bill sagte: „Durch das Perfektionieren dieser Technik habe ich eine bessere mentale Kontrolle über meine Erregungsphase bekommen. Und ich war gezwungen, meine PC-Muskeln wieder in Form zu bringen. Vorher hatte ich gedacht, das sei nur etwas für Frauen. Aber es hat mir sehr geholfen und meine Orgasmen sind generell viel stärker geworden. Aber es hat mich wirklich umgehauen, wie intensiv der Höhepunkt mithilfe dieser Technik war. Ich hatte das Gefühl, meine Schwanzspitze würde gleich explodieren. Ich habe tausend Sternchen gesehen.

Ich wette, dass die meisten Jungs, die es nicht geschafft haben, die Beckenbodenübungen nicht gemacht haben. Du weißt, wie wir Männer sind: Wir glauben, wir müssten keine Anleitung ganz durchlesen." Und tatsächlich – die beiden Männer, die um Rat gebeten hatten, gaben zu, dass Bill Recht hatte. Sie hatten die Übungen nicht gemacht. („Ich dachte wirklich, das sei nur etwas für Frauen", sagte der eine, „... bis ich es ausprobiert habe. Echt was für Machos!")

Die gute Nachricht ist, laut Masterton, dass ein Mann durch das Üben der E-Technik grundsätzlich ein besserer Liebhaber wird, selbst wenn er sie nur teilweise beherrscht.

„Sie werden sehen, dass Sie Ihren Höhepunkt hinauszögern oder beschleunigen können, indem Sie einfach die richtige Fantasie und den richtigen Grad an Konzentration wählen und dies dann mit dem Gefühl in Ihren Genitalien in Verbindung bringen, das sie nun viel intensiver spüren können."

Wie Sie als Mann einen spontanen Orgasmus bekommen können

Entspannen Sie sich. Nehmen Sie eine Dusche, trinken Sie ein Glas Wein und legen Sie Musik auf. Legen Sie sich nackt auf Ihr Bett. „Denken Sie an die Frauen, mit denen Sie gern schlafen würden", sagt Masterton. „Denken Sie an die Frauen, mit denen Sie geschlafen haben – aber nur an die, mit denen es wirklich schön war."

Halten Sie Ihren Penis leicht mit einer Hand und legen Sie Zeigefinger und Daumen um die Eichel. Sie können mit der Fingerspitze leicht das Frenelum oder den Rand um die Eichel zusammendrücken. Dadurch spüren Sie besser, wie er hart wird, wenn Ihre Fantasien Gestalt annehmen.

Stellen Sie sich die wildesten erotischen Szenarien vor. Unzensiert. „Legen Sie sich bei Ihren Fantasien keinerlei Beschränkungen auf und Sie werden in kürzester Zeit so erregt sein, dass Sie eine vollständige Erektion haben", sagt Masterton. „Wenn Sie Ihre Gedanken wandern lassen, wird Ihre Erektion bald abklingen; also müssen die Fantasien schon etwas außergewöhnlich sein."

Bewegen Sie die Hand nicht, in der Ihr Penis liegt. Weder rubbeln noch streicheln noch drücken Sie ihn.

Spannen Sie mit steigernder Erregung die PC-Muskeln an. Versuchen Sie, langes und kurzes Anspannen der Muskeln zu kombinieren, um zu sehen, was bei Ihnen am besten funktioniert. (Lesen Sie dazu die Anleitung für die Beckenbodenübungen, Übungen für den Mann, um die PC-Muskeln zu stärken, auf Seite 101.) Spannen und entspannen Sie die Muskeln, während Sie sich vorstellen, zu einem außerordentlichen Höhepunkt zu kommen.

Richten Sie Ihre gesamte mentale Energie auf die Eichel. Sehen und fühlen Sie die Ejakulation in Ihrem Kopf, vor Ihrem geistigen Auge. (Vielleicht müssen Sie den Penis ein paarmal leicht drücken, um zu einer Ejakulation zu kommen, aber je weniger Sie ihn berühren, desto besser.)

Sagen Sie, was Ihnen gefällt

Karen und ihr Ehemann haben sehr anstrengende Jobs – sie arbeiten als regionale Verkaufsleiter für zwei verschiedene Firmen. Sie ist drei Wochen im Monat unterwegs, er zwei bis drei Wochen. Karen erzählte mir, sie würden hauptsächlich Telefonsex praktizieren und zwar seit sie Vox, einen Roman über Telefonsex von Nicholson Baker, gelesen hätten.
„,Was hast du an?', fragt er immer zuerst", erzählte sie. „Ich sage dann, ich trage etwas Hübsches, beispielsweise ein großes, schwarzes Hemd und sonst nichts, selbst wenn ich gerade den hoteleigenen Frottee-Bademantel anhabe."

Sehr klug von Karen. Männer müssen sich etwas plastisch vorstellen können, damit es sie erregt. Um ihn auf den Telefonsex einzustimmen, packt Karen sogar Unterwäsche in ihre Reisetasche, die sie gar nicht trägt, damit er sie am Telefon in Seide und Spitze vor sich sieht, die sie vor seinen Augen eingepackt hat. Doch das war nicht immer so: einmal hatte ihm Karen am Telefon gesagt, sie trüge einen Pullover und Strumpfhosen.

„Das erregte ihn einfach nicht", erzählte sie. „Er sagte, ‚Nein, das funktioniert bei mir nicht. Zieh die Strumpfhose aus'. Ich sagte dann, ich hätte es getan, obwohl es gar nicht stimmte."
Wenn er Karen dann in ihrer verführerischen Spitzenwäsche vor sich sieht, fragt er: „Was tust du jetzt?"
„Ich sage etwas wie ‚Ich halte den Hörer in der linken Hand. Meine rechte Hand liegt zwischen meinen Beinen auf meinem Venushügel. Ein Finger ist ausgestreckt, bereit, in meinen Slip zu schlüpfen, sobald ich meine Hüften kreisen lasse. ‚Bist du feucht?' fragt er. ‚Ja, ich bin feucht', antworte ich. ‚Sobald ich meine Schamlippen auseinanderziehe, sitze ich in einer Pfütze und lechze danach, dass du in mich eindringst.'
Dann entgegnet er etwas wie ‚Ich liebe es, wenn du feucht bist. Ich will dich berühren, mein Gesicht in dich hineindrücken, ich will spüren, wie deine Flüssigkeit an meinem Kinn hinunterläuft ...'
Daraufhin werde ich wirklich feucht und dann ist es leicht, weiterzumachen."

Karens Mann sagt am Telefon – wenn die räumliche Distanz zwischen ihnen groß ist – Dinge zu ihr, die er nicht sagt, wenn sie sich in den Armen liegen. Vielleicht hat er aufgrund der Entfernung keine Hemmungen mehr, über seine Gefühle zu sprechen. Oder er setzt unbewusst mehr die Sprache ein, weil er seine anderen Fähigkeiten nicht ins Spiel bringen kann, um sie zu befriedigen. „Es sind aber nicht nur die Worte", meint sie. „Seine Stimme verändert sich, wird tiefer und perlt sozusagen über meinen ganzen Körper. In einer länger anhaltenden Pause ist sein Verlangen förmlich spürbar, vor allem, wenn er heftig atmet. Wenn er sich räuspert oder stöhnt, vibrieren mein Unterleib und meine Klitoris manchmal wie eine Stimmgabel."
Worte, Geräusche und sogar Stille sind eine besondere Form des Liebesspiels. Mithilfe seiner verbalen Fähigkeiten kann man sich und seinen Partner in höchste Erregung versetzen, ob man nun zusammen in einem Bett liegt oder tausende von Kilometern voneinander entfernt ist. Die richtigen Worte – auch eine Form von „erotischen Geräuschen" – können beim Verkehr höchst erregend sein, ihn aus dem Gewöhnlichen herausheben und zu etwas Außergewöhnlichem werden lassen.
Viele Männer lieben den „dirty talk", das heißt, unanständige Worte zu benutzen. Sie lieben es, wenn ihre Partnerin mit Worten wie „Leck' meine Muschi" oder „Lass mich deinen großen, harten Schwanz lutschen" betteln. Manche Frauen rümpfen angewidert die Nase bei dem Gedanken, etwa sagen zu müssen: „Reib deine Eichel an meiner Klitoris". Andere verwenden sehr plastische

Ausdrücke, um sich und ihren Partner zu erregen – und finden dies erregend, ja manchmal sogar befreiend. Wie wichtig ist die verbale Stimulation?
Bob Berkowitz, der bekannte Talkmaster von *Real Personal*, einer sehr beliebten Talkshow von CNBC, meint dazu: „Aufgrund der Briefe und Anrufe, die wir nach jeder Sendung erhalten, würde ich sagen, dass auf der Wunschliste der Männer ‚dirty talk' von ihren Partnerinnen genauso weit oben steht wie Oralsex."

Unanständig reden will gelernt sein

Haben Sie keine Schuldgefühle. Schämen Sie sich keinesfalls für unanständige Worte! Eine „Trophäensammlerin" aus Manhatten, deren Name regelmäßig in den Klatschkolumnen auftaucht, da sie häufig bei Galaveranstaltungen als Gastgeberin fungiert, erzählte mir, dass sie ihren jetzigen Ehemann von seiner ersten Frau weggebracht habe, weil sie keine Hemmungen hatte, unanständige Wörter in den Mund zu nehmen und sein Sperma zu schlucken. Sie mögen diese Frau – oder jede Frau, die durch Sex das bekommt, was sie will – verachten, aber bis zu einem gewissen Grad kommt jeder in einer Beziehung den Wünschen seines Partners entgegen, damit er auch auf die eigenen Bedürfnisse eingeht. Man will großartigen Sex – und man weiß, dass großartiger Sex dann stattfindet, wenn zwei Menschen das tun, was beide erregt und befriedigt. Man kann seine Stimme genauso einsetzen, um den anderen zu erregen, wie Mund, Lippen, Zunge, Hände oder den ganzen Körper.

Lernen Sie die richtigen Worte. Erotische Literatur ist ein Fundus für Umschreibungen von Genitalien und sexuellen Handlungen. Zum Beispiel: Er drang in sie ein, sein Schwanz glitt weich in die feuchte Wärme ihrer Möse, die ihm entgegenfieberte. Lesen Sie sich laut vor. Wenn Sie die plastischeren Ausdrücke nicht mögen, verwenden Sie Worte, die Ihnen mehr zusagen, zum Beispiel Penis statt Schwanz. Welche Worte erregen Sie? Welche vermitteln Ihnen das Gefühl, unanständig zu sein? Ist dies ein gutes Gefühl? Lesen Sie diese Wörter Ihrem Partner vor. Bilden Sie mit ihnen einen Satz.

Leihen Sie sich Filme aus, die Sie erregen. Hören Sie ihnen zu. Verbinden Sie sich zur Not die Augen, damit Sie nicht hinschauen. Notieren Sie sich jene Ausdrücke, die in den Dialogen der gängigen Softpornos oder auch Hardcore-Filme verwendet werden, die Sie erregen. Verwenden Sie Ausdrücke im Dialog mit Ihrem Partner. Stellen Sie sich einfach vor, Sie seien Schauspielerin. Sobald Sie sich nicht mehr unwohl fühlen, wenn Sie die Ausdrücke aus den Filmen aussprechen, passen Sie diese ihrer eigenen Ausdrucksweise an, damit sie natürlicher klingen.

Rufen Sie eine Telefonsex-Nummer an. Tun Sie das auch, wenn Sie eine heterosexuelle Frau sind und wissen, dass am anderen Ende der Leitung eine Frau sitzt. Für die Schilderung der heißesten Sexszenen bezahlen Sie etwa 30 bis 80 DM. Stellen Sie Fragen wie „Was sagen Sie, um einen Mann zu erregen?“ oder „Welche Szene wollen die Männer am häufigsten von Ihnen geschildert haben?“

Lesen Sie erotische Literatur laut vor. Ist Ihnen das im Beisein Ihres Partners unangenehm, tun Sie es, wenn Sie allein sind. Vermutlich fühlen Sie sich wohler, wenn Sie unanständige Worte mit Ihrer eigenen Stimme gesprochen hören. Und vielleicht finden Sie ja bestimmte erotische Passagen dadurch noch erregender.

Ein Gespräch für vier Dollar pro Minute

Nennen Sie sie Mandy. Sie kommt jedem Wunsch entgegen, liefert Ihnen heißen Sex in allen Variationen. In Wirklichkeit heißt sie Michelle, ihre Familie nennt sie Mikey. Aber zu ihren Anrufern sagt sie: „Nenn mich Mandy – und ruf‘ wieder an.“

„Ich verdiene nichts, wenn ich nicht rede“, sagt sie. „Ich kann heißes Zeug erzählen, auch wenn ich im Jogginganzug dasitze, mit Wattebällchen zwischen den Zehen, während der Nagellack trocknet.“ Die männlichen Anrufer sehen die Wattebällchen natürlich nicht, auch nicht in ihren Fantasien. Sie stellen sich Mandy als Blondine vor, mit langem Haar, großen blauen Augen, unendlich langen Beinen mit Füßen, deren Zehen scharlachrot lackiert sind und Brüsten mit Körbchengröße 80 C. In Wirklichkeit ist Mandy eine kleine Frau mit kurzen, braunen Haaren, die nur wenig Make-up auflegt und „keinen BH tragen muss“, aber sie hat eine verführerische Stimme, die blond, lange Beine und einen großen Busen verspricht.

„Die Anrufer fragen immer ‚Wie siehst du aus?‘ und ‚Was hast du an?‘“, erzählt sie, „denn Männer erregen optische Reize. Sie müssen sich zuerst ein Bild von mir machen können, bevor sie in Gedanken etwas mit mir tun.“ Mandy meint, sie würde weniger verdienen, wenn mehr Frauen unanständig reden würden. „Männer lieben es zu glauben, dass eine Frau nur mit ihnen so redet. Ihre Frauen und Freundinnen nehmen solche Worte nicht in den Mund. Ich erzähle ihnen, ich sei jung und blond und hätte große Brüste, denn das wollen sie hören. Jung, um nicht zu erfahren zu wirken. Blond impliziert etwas Engelhaftes. Und große Brüste – nun, Sie wissen schon."

Welche Szenarien sind bei Männern am beliebtesten? „Oral- und Analsex. Sie wollen, dass ich ihnen einen blase oder sie wollen mich in den Hintern ficken. Auch mein Freund will mindestens einmal die Woche Analsex, ich hingegen höchstens einmal im Monat. Manchmal rede ich mit ihm beim Verkehr über seine Analfantasien. Das funktioniert hervorragend. Andere Frauen könnten das mit ihren Männern auch so machen."

Mandy lernte ihr Handwerk, indem sie zunächst anderen Frauen beim Telefonsex zuhörte und es dann schließlich selbst mit ihrem Freund am Telefon ausprobierte.

„Wenn Sie sich beim ‚dirty talk' nicht wohl fühlen, beginnen Sie am Telefon", rät sie. „Hinterlassen Sie einfach eine heiße Nachricht auf seinem Anrufbeantworter wie ‚Baby, ich denke gerade an dich. Ich will deinen harten Schwanz in den Mund nehmen. Ich möchte mit meiner Zunge um den Rand deiner Eichel fahren.' Gehen Sie ins Detail. Männer wollen so etwas hören. Deshalb ist es auch leichter, mit einer Nachricht am Telefon anzufangen. Viele Frauen sind zu schüchtern, um mehr als ein paar Sätze zu sagen. Aber wenn Sie das einmal überwunden haben, sollten Sie ihn eines Nachts einfach anrufen und ihm sagen, Sie wollten jetzt über ihre sexuellen Fantasien reden. Denken Sie sich etwas aus, das ihn Ihres Wissens erregen wird, aber es muss wirklich heiß und sehr detailliert beschrieben sein. Und Männer wollen große Worte hören wie ‚Ich fühle deinen Schwanz in mir. Er ist riesig. Du füllst mich ganz aus, das ist mir vorher noch nie passiert.'

Und sie wollen auch, dass man sie anfleht, einen zu ficken. Sagen Sie ‚Ich will dich so sehr. Ich will, dass du mich fickst, richtig durchfickst.' Spielen Sie mit ihren heimlichen Fantasien. Männer wünschen sich, auf den Körper einer Frau ejakulieren zu dürfen oder jedenfalls denken sie das, aber sie würden ihre Frau nie darum bitten. Sie wollen sich selbst dabei zuschauen, wenn sie kommen und sie wollen von ihren Frauen trotzdem akzeptiert werden.' Sagen Sie ‚Ich will, dass du auf meinen Brüsten kommst. Ich will deine heiße, cremige Soße auf meinen Titten verreiben.'

Und das Schlucken des Spermas. Das ist der größte Wunsch vieler Männer. Sagen Sie ‚Ich will, dass du in meinem Mund kommst. Ich will schmecken und fühlen, wie es mir den Hals hinabläuft. Ich will dich schlucken, Baby.‘
Geben Sie vor, sich selbst zu befriedigen. Sagen Sie ‚Ich berühre mich jetzt. Meine Finger spielen mit meinen Schamlippen. Ich streichle meine Klitoris. Ohh, oh, das fühlt sich so gut an‘ – und vergessen Sie nicht, dabei zu keuchen und nach Luft zu schnappen! – ‚Jetzt habe ich einen Finger in mir drin und den anderen auf meiner Klitoris. Ich reibe sie.‘
Wenn er jemals von Fantasien oder Wünschen gesprochen hat, die Sie im Bett nicht nachvollziehen wollen, dann verwenden Sie diese in einem heißen Gespräch, zum Beispiel Sie würden Sex mit zwei Frauen machen. Sagen Sie ‚Oh, Baby, sie leckt meine Möse. Ich habe ihre Titte in meiner Hand. Sie reibt sich an mir, Baby. Kannst du uns zusammen sehen? Macht dich das heiß?‘
Oder rufen Sie ihn an und tun Sie so, als seien Sie die Frau aus dem Haus nebenan. Sagen Sie ihm, Sie seien gerade dabei, sich auszuziehen und er solle dasselbe tun. Wenn Sie nicht wissen, was Sie sagen sollen, kaufen Sie sich einige einschlägige Bücher oder Zeitschriften und lesen Sie ihm deftige Stellen vor. Das funktioniert aber genauso gut, wenn Sie bei ihm sind. Sexzeitschriften veröffentlichen zum Beispiel Texte über Analverkehr. Lernen Sie einen auswendig, so dass Sie ihm diese Szene schildern können, während er mit Ihnen schläft. Oder tun Sie so, als würde Ihnen jemand zusehen, wenn Sie miteinander schlafen. Beschreiben Sie die andere Person und was er oder sie gerade tut. Ist es ein er, bekommt er einen Steifen, ist es eine Frau, masturbiert sie.
Ich verspreche Ihnen, Sie werde eine heiße Zeit miteinander haben!“
Erinnern Sie sich an *Märchen aus 1001 Nacht*, an Scheherazade? Die Gefangene Scheherazade rettete ihr Leben, indem sie dem König jede Nacht eine andere erotische Geschichte erzählte. Sie verwob geschickt Tatsachen und Fantasien miteinander, um ihn bei der Stange zu halten, bis er ihr schließlich hörig geworden war und sie zur Frau nahm. Mandy erinnerte mich sehr an Scheherazade.

Der erotische Lesezirkel: Elf Frauen und ein Buch mit unanständigen Geschichten

Wenn Ihnen literarische Erotika mehr zusagen, probieren Sie es doch einmal mit einem Lesekreis. Viele literarische Diskussionsgruppen besprechen keine Romane von Autoren wie Anthony Trollope oder John Updike. Aber eine Gruppe heterosexueller Frauen trifft sich seit zwei Jahren einmal im Monat, um erotische Bücher, Gedichte oder deftige Passagen aus Zeitschriften vorzulesen. Laut Aussage der „Organisatorin" Darla, einer kleinen, blonden leitenden Angestellten Mitte Dreißig, variiert die Zahl der Teilnehmerinnen zwischen fünf und zwanzig, ihr Alter zwischen zwanzig und fünfzig.
Darla und zwei andere Frauen, die inzwischen in eine andere Stadt gezogen sind, gründeten die Lesegruppe im „Gegenzug zur neuen Welle der Prüderie, die über San Francisco und das ganze Land schwappte".

„Eines Abends, nachdem wir in der Stadt zusammen gegessen hatten, schauten wir in einem Frauenbuchladen vorbei. Wir sahen, dass sich um eine Autorin, die aus ihrem Buch vorlas, ein kleiner Kreis von Zuhörern gebildet hatte und gesellten uns dazu. Es war ein Buch über lesbische Liebe. Da uns lesbische Erotikliteratur nicht sonderlich reizte, gingen wir wieder. Später sagte Jane: ‚Weder in diesem noch in einem anderen Buchladen würde man eine Lesung mit heterosexuellen Erotika veranstalten – außer vielleicht mit Annie Rice. Die ist berühmt genug, dass man ihr alles durchgehen lässt. In der Frauenbewegung wird für heterosexuelle Erotikliteratur nicht besonders viel getan.'
Ich sagte: ‚Warum gründen wir nicht selbst einen Lesezirkel für heterosexuelle Frauen, die gern erotische Literatur lesen wollen?' Wir lachten und taten die Idee mit einem Schulterzucken ab. Aber als wir das nächste Mal zusammen aßen, meinte Jane ‚Warum eigentlich nicht?' Und so hat alles angefangen. Wir lesen alles Mögliche: von John Keats und Percy Shelley bis hin zu Anne Rice, einige andere Romanschriftsteller sowie diese kleinformatigen Taschenbücher, die jeder Buchladen in einer Ecke versteckt hat", erzählte sie mir am Telefon. Dann senkte sie dramatisch die Stimme und fügte hinzu: „Wir lesen sogar Pornos."

Warum treffen sie sich, um laut vorzulesen? Um sich „unter dem Deckmantel der Erweiterung unseres Wissens über erotische Literatur" in Erregung zu versetzen. Gehen sie dann erregt nach Hause zu ihren wartenden Partnern? Oder, falls nicht, suchen sie Erlösung durch ihre eigenen Finger? Ja und ja.

Bei dem Treffen, an dem ich teilnahm, hatten sich elf attraktive, gut gekleidete Frauen zwischen einundzwanzig und siebenundvierzig in einem geräumigen Appartement eingefunden, das bis hin zu den Kakteen im typischen Southwest-Stil ausgestattet war. Jede hielt eine Taschenbuchausgabe von *The New Olympia Reader*, das Maurice Girodias herausgegeben hatte, in der Hand. *The Reader*, 1970 erstmals erschienen, ist eine Sammlung erotischer Geschichten aus den Sechzigern, von Autoren wie Diane di Prima, Jack Kerouacs Geliebte, William Burroughs und anderen. Das Umschlagbild zeigte eine Frau von den Hüften abwärts, die einen spitzenbesetzten Schlüpfer mit langem Bein und Netzstrümpfen trug. Das Bild wirkte gleichzeitig prüde und provokativ, diesen Frauen in ihren Kostümen mit den kurzen Röcken und hohen Hacken also durchaus angemessen.

„‚Unsere Zungen fochten nun einen köstlichen, erregenden Kampf aus, berührten sich, wanden sich, während wir uns aneinander rieben, um noch mehr Hautkontakt zu bekommen'", begann Darla aus den *Memoires of a Beatnik* von di Prima vorzulesen. „‚Ich zwängte mein Knie zwischen seine Beine, bewegte es sanft hin und her und massierte so seine Eier, während ich mit meiner Zungenspitze gründlich seinen Gaumen erforschte. Im Gegenzug presste er seinen Oberschenkel linkisch zwischen meine Beine, so dass er genau meine Klitoris berührte ...'"

Offensichtlich war Darla nicht die Einzige, die Erotika mochte, die sich wie ein aufgepepptes Sexanleitungsbuch lasen. Ich sah, wie sich unter den Seidenblusen Brustwarzen aufrichteten. Hier und da überzog Röte eine blasse Wange. Zwei Frauen entkreuzten ihre Beine, rutschten auf ihren Stühlen hin und her und schlugen die Beine wieder über.

„‚Ich ließ meine Zunge kurz über seine harten, kleinen Brustwarzen gleiten ...'" fuhr Darla fort.

Vor meinem geistigen Auge erschien mein Geliebter, dessen kleine Brustwarzen wie weiche Kieselsteine aussehen und äußerst empfindlich sind. Ich sah, wie sich sein Körper vor Wollust aufbäumte, als ich sanft eine Brustwarze mit Zähnen und Zunge bearbeitete. Und nun konnte ich verstehen, warum sich diese Frauen hier versammelt hatten, um schmutzige Geschichten laut vorzulesen. Während eine nach der anderen ihre Lieblingspassagen vorlas, hatte ich das Gefühl, als seien ihre Worte und die jeweils gewählte Betonung, mit denen sie die Bedeutung der Stelle hervorheben wollten, eine Meeresbrise, die mein Fantasie-Segelbötchen auf einem See der Lust vorantrieb. Wenn Sie von Muskeln sprachen, die sich auf dem Rücken eines Mannes anspannten, von männlichen Händen, die weibliche Haut liebkosten, dann sah ich die Haut, die ich kannte oder die ich begehrte, förmlich vor mir und ließ mich davontragen. Sie unterlegten meine alten Lieblingsfantasien sozusagen mit einer neuen Filmmusik – und gaben mir dadurch ein paar neue Ideen ein. Ich konnte mich tatsächlich besser in laut vorgelesene Literatur einfühlen als beispielsweise in einen Hardcore-Porno auf Video – der erregt mich zwar auch, aber nicht auf einer so intimen Ebene.

Während einer Lesepause fragte ich die Frauen neben mir, ob sie sich beim Zuhören genauso in die Geschichte hineingefühlt hätten wie ich. Sie bejahten. „Jemand anderem beim Lesen zuzuhören ist, als würde man auf eine erotische Reise gehen“, sagte eine extravagant gekleidete Public-Relation-Beraterin mit kastanienbraunen Haaren. „In Gedanken läuft man exotische Häfen an, auf die man von allein nie kommen würde.“

Und Christie, eine Rechtsanwältin, die seit Gründung der Gruppe dabei war, meinte: „Manchmal kommen mir beim Zuhören neue Ideen. Wie in dieser Geschichte mit den Brustwarzen. Ich hörte zu und überlegte, ob der neue Mann in meinem Leben wohl empfindliche Brustwarzen hat und wie er wohl reagieren würde, wenn ich an ihnen herumspielte. Andere Geschichten erregen mich zwar auch, handeln aber von Dingen, die ich nie tun würde, zum Beispiel SM. Es ist aufregend, davon zu hören, aber sehen – Videos mit SM-Sequenzen beispielsweise – möchte ich es nicht. Das ist mir zu heftig, damit kann ich nichts anfangen.“

Die Lesung wurde mit einer weiteren erotischen Geschichte fortgesetzt, nach der eine geistreiche und lebhafte Diskussion über den Reiz von Dominanz und Unterwerfung aufkam. Die einhellige Meinung ging dahin, dass solche Geschichten Fantasien mit Vergewaltigungsszenarien auf unterschiedlichste Art Nahrung gaben, Fantasien, die sowohl bei Männern als auch bei Frauen weit verbreitet sind. Vergewaltigungsfantasien weisen auf den Wunsch nach Sex ohne Schuldgefühle hin, nicht auf das Bedürfnis, vergewaltigt zu werden. Die einzige Frau, die sich bei dieser Geschichte unangenehm berührt fühlte, meinte, das käme vermutlich von uneingestandenen und unterdrückten Gefühlen zu diesem Thema.

„Nach der Lektüre dieses Kapitels aus *Die Geschichte der O* bei unserem letzten Treffen hatte ich so heißen Sex mit Ken, dass ich mich schämte ihm zu gestehen, was wir gelesen hatten“, sagte Kelly, eine schlanke, braunhaarige Karatelehrerin Ende zwanzig. „Ich wollte bei ihm nicht den Eindruck erwecken, dass mir Sadomasochismus gefiel."

„Was hast du denn gesagt, was wir gelesen hätten?", fragte Darla, die sich gerade eine Trüffelpraline in den Mund steckte. „Leserbriefe aus dem Penthouse Forum", sagte Kelly. „Das, was er hören wollte." Die Frauen brachen in schallendes Gelächter aus, während ein Tablett mit Pralinen herumgereicht wurde. Die bei den Treffen angebotenen Erfrischungen müssen aus Schokolade und „sexy" sein, vorzugsweise Trüffelschokolade, sahnegefüllte Eclairs und schokoladenüberzogene Diät-Doughnuts. Dazu gibt es verschiedene Sorten Kaffee, Sekt oder Sherry.

„Es geht nichts über einen Abend mit Schokolade, Sekt und unanständigen Büchern, wenn man sein Sexleben verbessern will" scherzte eine verheiratete Frau Mitte dreißig. „Mein Mann meint, diese Gruppe sei das beste, was mir passieren konnte."

Alle elf Frauen erklärten, die Gruppe hätte einen positiven Einfluss auf ihr Sexleben. Viele nannten den nahe liegendsten Grund: erregt zu einem sehnsüchtig wartenden Partner nach Hause zu kommen. Die meisten meinten jedoch auch, sie würden sich nun freier und wohler fühlen, weil sie wüssten, dass auch andere „normale" Frauen ähnliche Fantasien hätten.

„Dies ist der einzige Ort, wo ich hingehen und offen über Sex reden kann", sagte Christie. „Überall sonst wird man von anderen Frauen gleich abgeurteilt. Und in der öffentlichen Diskussion wird Sex sehr negativ dargestellt. Sexuelle Belästigung, sexueller Missbrauch, sexuelle Ausbeutung von Frauen, usw. Diese Gruppe hier bringt mich auf Touren. Ich fühle mich wohl bei dem Gedanken, eine erotische Frau zu sein, wenn ich hier weggehe. In unserer modernen Welt brauche ich diese Bestätigung."

Warum lesen sie zu Hause nicht allein oder mit ihren Männern zusammen? Manche tun das. Aber sie meinen, es sei anders als in der Gruppe hier. Und andere, wie Kelly, die behauptete, sie erlaube sich außerhalb dieses Kreises nie, in Fantasien „zu schwelgen", brauchen offenbar die Sicherheit der Gruppe, um dies zu tun.

Warum ist wohl das Lesen zusammen mit einem Partner anders? Vielleicht aus dem gleichen Grund, weshalb ein Orgasmus bei der Selbstbefriedigung oft intensiver ist als einer, den man beim Sex mit einem Partner bekommt. In der Lesegruppe müssen sich die Frauen nicht mit dem Partner beschäftigen, müssen nicht seine Reaktionen beobachten oder versuchen, ihn durch den Tonfall ihrer Stimme bzw. die Wahl der Passagen noch mehr zu erregen. Sie werden nicht abgelenkt und müssen über ihre eigenen Reaktionen keine Rechenschaft ablegen.

„Wenn ich zusammen mit meinem Partner lese", sagte eine Frau, „benutze ich das Geschriebene oft als erotisches Hilfsmittel. Es soll uns erregen, unseren Sex verbessern. Wenn ich jedoch allein oder in der Geborgenheit dieser Gruppe lese, fühle ich mich überhaupt nicht unter Druck gesetzt. Ich kann meine Gedanken schweifen lassen, muss mich nicht seinen Wünschen anpassen und nicht darüber nachdenken, was er nun glaubt, was mir gefallen könnte."

„Es ist politisch nicht korrekt, solche Sachen hier zu mögen", sagte Darla. „Wer sagt einem denn heute schon, dass heißer Sex etwas Schönes ist? Sex ist wieder tabu. Das erregt mich. Ich weiß nicht, wie es anderen geht, aber ich komme nach Hause und habe das Gefühl, verworfen und lüstern zu sein – etwas, wozu ich im normalen Leben nicht den Mut hätte."

Auch wenn auf political correctness nicht mehr so viel Wert gelegt werden mag wie früher, ist der Begriff immer noch in den Köpfen vieler Leute in San Francisco, wo dieser Terminus „politische Korrektheit" geprägt wurde, fest verankert. Und Prüderie scheint sich wieder einmal wie eine dichte Wolkendecke über das ganze Land gelegt zu haben.

Ah, dieses süße Prickeln der Erregung, das man spürt, wenn man ein Tabu bricht ...

Wie gründet man einen Erotik-Lesezirkel?

Beschränken Sie das Lesematerial auf erotische Literatur. Wenn sich die Gruppe etabliert hat, können Sie auch einen Roman hinzunehmen, in dem ein paar richtig gute Bettszenen vorkommen. Aber konzentrieren Sie sich am Anfang auf rein erotische Literatur.

Beschränken Sie die Mitgliedschaft auf Frauen, die Erotika lesen und ihre erotische Bibliothek erweitern wollen. Es kann sein, dass Sie solche Frauen nicht unter Ihren engsten Freundinnen finden. Setzen Sie eine Annonce in die Regionalzeitung, um Frauen mit derselben Wellenlänge zu finden.

Bestimmen Sie eine Person, die die Treffen organisiert. Gewechselt wird im Halbjahresrhythmus. („Zuerst haben wir uns immer abgewechselt und keiner fühlte sich richtig verantwortlich“, meinte Darla zu diesem Thema. „Das hat nicht funktioniert, denn jemand muss verantwortlich sein, damit auch diejenigen Informationen bekommen, die am letzten Treffen nicht teilgenommen haben.) Die Organisatorin kann auch bestimmte Pflichten verteilen, zum Beispiel wer die Doughnuts einkaufen soll.

Bei jedem Treffen sollten Bücher für das nächste Treffen vorgeschlagen werden. Jede, die ein Buch vorschlägt, muss Informationen dazu besorgen: wo man es kaufen kann sowie Exemplare von eventuell vorhandenen Rezensionen. Die Mitglieder wählen dann unter den Vorschlägen aus.

Planen Sie vor und nach der Lesung noch Zeit ein. Jetzt können sich Gespräche entwickeln.

Die Kunst der Verführung

Eine Zeit lang bewohnte ich ein Appartement in einem der obersten Stockwerke eines Hochhauses in Manhattan. Obwohl ich in die Wohnungen auf der anderen Straßenseite hineinsehen konnte, zogen viele Bewohner dort nur selten die Vorhänge zu. Für jemanden, der in einem hohen Gebäude in der Großstadt lebt und es gewohnt ist, auf Gehsteigen und in U-Bahnen mit Fremden zusammengepfercht zu werden, mit denen man jeden Augenkontakt vermeidet, ist dies wohl durchaus normal.

„Ich hatte gar keine Vorhänge, als ich in der siebenunddreißigsten Etage wohnte“, erzählte mir eine Freundin. „Manchmal masturbierte ich, obwohl ich wusste, dass der Mann von gegenüber mich mit dem Fernglas beobachtete. Es war intim und gleichzeitig anonym. Sein Zuschauen spornte mich an und dass ich vor ihm masturbierte, erregte mich noch mehr.“

Mehrere Frauen, die bei einer bekannten Zeitschrift arbeiten, gestanden mir, dass sie öfters einen Mann beobachteten, wie er in seiner Wohnung, die vom Büro aus einsehbar war, mehr oder weniger nackt herumlief. Obwohl er nie zu ihnen hinübersah, hatten sie den Verdacht, er wüsste sehr wohl, dass sie ihn beobachteten und es mache ihm Spaß, sie „aufzuheizen“. Das gleiche Gefühl hatte ich auch bei einem Paar, das mir gegenüber wohnte und das ich manchmal beim Sex beobachtete.

Eines Nachts sah ich zu, wie meine Nachbarin ihren Geliebten verführte. Er lag offenbar auf dem Bett, außerhalb meines Blickfeldes. Sie stand im Türrahmen, nur mit einem schwarzen BH und einem Höschen bekleidet. Selbst auf diese Entfernung konnte ich ihren verführerischen Blick erkennen. Langsam öffnete sie den vorderen Verschluss ihres BHs, hielt ihn aber noch mit den Fingern zusammen, um ihren Partner zappeln zu lassen, bis sie die Finger schließlich wegnahm und die blassen, prallen Brüste zum Vorschein kamen, die sie verführerisch vor ihm hin und herschaukeln ließ, während sie sich leicht nach vorn beugte. Sie streifte die Träger von ihren Schultern und ließ den BH zu Boden gleiten. Mit gespreizten Beinen und die Augen auf ihn gerichtet, massierte sie mit den Handflächen ihre Brustwarzen.

Sie öffnete ihre Lippen und befeuchtete sie mit der Zunge. Dann nahm sie eine Hand von ihrer Brust, leckte an den Fingerspitzen und ließ sie dann mit aufreizender Langsamkeit nach unten und in ihr Höschen gleiten. Sie legte den Kopf in den Nacken und masturbierte einige Minuten lang, bevor sie auf das Bett zuging, wobei ihre Brüste sanft und verführerisch auf und ab wogten.

Ich habe keine Ahnung, womit sie ihren Lebensunterhalt verdiente, aber sie hätte sicherlich eine Menge Trinkgeld bekommen, wenn sie als Striptease-Tänzerin aufgetreten wäre.

Diese Frau wusste, wie man jemanden aufheizt, ihn verführt – viele, die in einer festen Beziehung leben, tun dies schon so lange nicht mehr, dass sie bereits vergessen haben, wie man es überhaupt anstellt. Offenbar denken viele Leute, dass Sex in einer festen Beziehung immer nach dem gleichen Schema ablaufen sollte: zwei nackte Körper vereinigen sich auf so sterile und fantasielose Weise, als wäre die Szene für ein Begleitfoto zu einer Sexreportage in einer Gesundheitszeitschrift gestellt. Aber jemanden aufzuheizen, vermittelt einem das Gefühl, sündhaft, gefährlich und dominant zu sein.

„Vielleicht tue ich es, vielleicht aber auch nicht", bedeutet man beim Reizen, „aber wenn ich es tue, dann zu einem Zeitpunkt, den ich bestimme, wenn ich genau weiß, dass du förmlich nach mir lechzt." Das Reizen des Partners ist ein fester Bestandteil des Liebesspieles und keine Technik, die man einfach aufgibt, wenn eine „offene und ehrliche Beziehung" aufgebaut worden ist. Das sexuelle Reizen oder Verführen ist ein Liebesspiel für Erwachsene, ein Spiel mit zwei Komponenten – einer optischen und einer körperlichen. Beide dienen dazu, die ursprüngliche (und manchmal intensivste) Phase der Erregung zu verlängern, wodurch sich für beide Seiten auch der Genuss erhöht.

Der optische Reiz

Ich muss es noch einmal sagen, denn Frauen vergessen es gern oder spielen dessen Bedeutung herunter: Männer reagieren beim Sex am meisten auf optische Reize, das heißt, sie werden primär durch das erregt, was sie sehen. Beim Mann führt die Erregung über die Augen.

Einladende Kleidung nennt Graham Masterton es, wenn eine Frau einem Mann durch die Wahl der Kleider kleine, aber deutliche Zeichen über ihre Absichten und Wünsche vermittelt. Deshalb sollte sie bei einer Verabredung eher spitzenbesetzte Strümpfe als eine Strumpfhose tragen; eine weich fallende Seidenbluse, deren Knöpfe am Dekolletee geöffnet sind; hohe Schuhe, vorzugsweise Riemchenpumps oder Sandaletten und attraktive, der Figur schmeichelnde Strickkleider.

Manchmal interpretieren Männer diese Zeichen auch falsch. Und manchmal kleiden wir uns „einladend“, ohne dass wir einladend oder verführerisch wirken wollen. Uns gefällt es einfach, weil es gut aussieht. Das ist nicht schlimm. Männer können mit kleinen optischen Reizen umgehen, die mehr versprechen, als sie halten. Wir müssen uns nicht puritanisch kleiden, nur damit Männer nicht gleich an Sex denken. Ein optischer Reiz ist eine Einladung, keine aggressive Forderung.

„Nichts ist sexier, als eine Frau in einem zu großen, weißen Männerhemd und nichts darunter“, erklärte mir mein Freund Bob. „Ich liebe es, wenn eine Frau keinen BH trägt“, sagt Ken, „aber ich mag es nicht, wenn man es zu deutlich sieht. Man sollte schon genau hinsehen müssen, um zu erkennen, dass sich ihre Brüste unter der Kleidung bewegen. Es ist viel erregender, wenn man einen Blick auf eine Brustwarze erhascht, die hart wird, als wenn sich vor der Brustwarze ein eng anliegender, dünner Stoff abzeichnet. Und ich hasse es, wenn unter einer durchsichtigen Bluse ein schwarzer BH oder gar kein BH getragen wird. Wenn sich eine Frau so anzieht, wirkt das allenfalls einschüchternd.“

„Die Art und Weise, wie Frauen sich kleiden, gehen und sich bewegen gehört zu einem gesunden Umgang mit Sex“, sagt Keith, ein Therapeut. „Die meisten Leute wissen inzwischen, dass es oft eine Art des Umwerbens ist, wenn man sich bei einer Unterhaltung nach vorn beugt, den Arm des anderen leicht berührt, die Haare zurückwirft oder einen imaginären Fussel von der Schulter seines Gegenübers schnipst."

Meist wird das Aufreizen des Partners vernachlässigt oder ganz ad acta gelegt, wenn man ihn erst einmal fest an sich gebunden hat. Oft hören Frauen sogar auf, sich für ihre Männer verführerisch zu kleiden.

„Sobald Frauen eine feste Beziehung mit einem Mann eingegangen sind, hören sie auf, sich verführerisch zu geben", beklagt sich Ken. „Am Anfang sehen sie dich an, während sie sich ausziehen und kommen mit diesem sexy Gang auf dich zu. Sie spielen das Verführspielchen. Warum soll das plötzlich aufhören, nur weil sich zwei Menschen der Liebe des anderen einigermaßen sicher sind?"

Genau das sollte es nicht. Das Spiel – das optische Aufreizen – kann und sollte weitergespielt werden. Und wer kennt dieses Verführspiel besser als Striptease- und Bauchtänzer, weiblich wie männlich? Sie beherrschen die Kunst der optischen Verführung, erregen ihr Publikum durch Augenkontakt und Körperbewegungen. Sie sind meisterhafte Verführer, versprechen etwas, das sie nicht halten werden und dennoch ist das zahlende Publikum glücklich, auch wenn es nicht mehr bekommt als den visuellen Reiz. Ich habe viele Männer über Sex interviewt – allein tausend für mein Buch *What Men Really Want* – und bekam sehr häufig den Satz zu hören: „Ich wünschte, meine Frau würde für mich strippen (oder bauchtanzen)."

Der Wunsch nach einer privaten Erotik-Show steht auf der Wunschliste der Männer gleich hinter „öfters Fellatio" und „längeres Vorspiel". (Überrascht? Ja, Männer wollen tatsächlich mehr Berühren, Küssen, Streicheln, Knuddeln und Zärtlichkeit!) Strippen kann man leicht lernen. Selbst Bauchtanzen ist nicht so schwierig, wie man vielleicht denken mag – vor allem, wenn man sich nur einige Bewegungen aneignet, um sie in einen verführerischen Gang oder einen langsamen Striptease einzubauen.

„Das Geheimnis liegt im Augenkontakt", sagt Menaksha, eine gebürtige Pakistanin, die heute in New York City lebt. Menaksha tanzt an zwei Abenden in der Woche in einem libanesischen Restaurant und mehrmals im Monat auf privaten Gesellschaften und Partys. Sie hat eine bewegliche Taille und ihr Bauch ist leicht rundlich, aber fest. Für die Hüften könnte man glatt sterben – sie haben genau die richtigen Rundungen, ohne Pölsterchen oder überflüssige Pfunde, die den Zuschauer ablenken könnten, wenn sie ihre schwungvollen Tänze vorführt.

„Wenn ich anfange zu tanzen, schaue ich niemand bestimmtes an", sagte sie. „Dies verschafft mir beim Publikum den nötigen Respekt. Wenn ich dies erreicht habe, fange ich an, mit den Augen zu flirten, picke mir einzelne Männer heraus und sehe ihnen einige Sekunden lang tief in die Augen.
Und wenn ich allein für meinen Mann tanze, wende ich nie die Augen von ihm ab. Während ich tanze, lasse ich meinen Blick über seinen Körper wandern, um ihm mit bedeutungsvollen Blicken meine Absichten für später mitzuteilen. Meine Augen sagen ihm Dinge, die nie über meine Lippen kommen würden, selbst nach zweiundzwanzig Jahren Ehe nicht."
Sie fährt fort: „Ich kann gar nicht oft genug betonen, dass man seinem Partner immer in die Augen sehen muss, wenn man nur für ihn tanzt oder strippt. Der Tanz als Vorspiel für den Liebesakt verliert einen Großteil seiner Wirkung, wenn man in die Ferne blickt, nur weil einen das eigene Verhalten verlegen macht. Nehmen Sie Unterricht oder kaufen Sie sich ein Buch oder Video und lernen Sie die wichtigsten Bewegungen. Üben Sie diese vor einem Spiegel, sehen Sie sich dabei in die Augen und tun Sie so, als wären es seine Augen. Und denken Sie daran: der Blickkontakt ist wichtiger als der Hüftschwung."
Ich habe einige Bauch- und Stripteasetänzer beiderlei Geschlechts auf der Bühne gesehen und sie anschließend gebeten, mir einige Tipps zu geben, wie man verführerische Bewegungen in sein Liebesspiel mit einbauen kann.

Die fünf besten Methoden der Profis, um optisch aufzureizen

Der langsame Strip. Das Wichtigste dabei ist, dass Sie Ihre Augen immer auf den Partner gerichtet lassen, während Sie sich langsam ausziehen. Tragen Sie Kleidung, die Sie so ausziehen können, dass das Zusehen Spaß macht – also nichts, was über den Kopf gestreift werden muss und keine engen Jeans. Gut eignen sich Blusen und Hemden, die man aufknöpfen kann, um den Blick auf sexy Unterwäsche – oder eine haarige Männerbrust – frei zu geben. Keine BHs, bei denen der Verschluss hinten ist und keine alte, weiße Feinripp-Unterwäsche (das gilt für beide Geschlechter). Eher Strümpfe als Strumpfhosen. „Die ideale Kleidung für einen Profistrip" ist laut Cheryl, einer ehemaligen Striptease-Tänzerin, „ein schwarzer Rock, ein schwarzer Hüfthalter, hauchdünne schwarze Strümpfe, hohe Schuhe und ein weißes Seidenhemd mit einem weißen Mieder aus Seide darunter, kein BH."

Der Strip in der Öffentlichkeit. Nein, Sie müssen sich dafür nicht auf der Rolltreppe eines Kaufhauses aller Kleider entledigen – nur hier und da eines Kleidungsstückes. Erklären Sie in einem Restaurant, Ihnen wäre „heiß“. Lassen Sie anmutig Ihre Kostümjacke von den Schultern gleiten und öffnen Sie ein oder zwei Knöpfe oben an Ihrem Dekolletee. Männer können beispielsweise ihre Krawatte lockern. Und dabei immer Augenkontakt halten! Streifen Sie in einem dunklen Theater- oder Kinosaal einen Schuh ab, lehnen Sie sich an Ihren Partner/Ihre Partnerin und streichen Sie mit Ihrem Fuß über seinen bzw. ihren.

„Feucht aussehen“. Werfen Sie Ihrem Partner quer durch den Raum einen Blick zu und lassen Sie Ihre Zunge über die Lippen gleiten. Oder tragen Sie bei einem Abendessen mit ihm die Haare mit Gel nass nach hinten gekämmt, das vermittelt den Eindruck, als wären Sie gerade aus der Dusche gekommen. Spannen Sie bei Sprühregen keinen Schirm auf. Wassertröpfchen auf der Haut wirken sexy und verführerisch, wie Schweißtropfen beim Sex. Eine Striptease-Tänzerin erzählte mir, dass sie vor einer Verabredung ihren Hals und ihre Brust mit parfümiertem Öl besprüht, weil dadurch ihr Dekolletee sanft im Kerzenlicht schimmert.

Der Hüftschwung beim Gehen. Dieser wiegende sexy Gang zeigt immer Wirkung, ob Sie nun eine Straße entlangeilen oder im Schlafzimmer langsam auf Ihren Partner zugehen. Dieser Gang ähnelt dem der Models auf dem Laufsteg. Manche Menschen haben ihn von Natur aus, einige Frauen haben ihn nur, wenn sie hohe Schuhe tragen. Mit einigen Übungen, die den Beckenbereich lockern, können Sie den Hüftschwung trainieren. Nach einem Monat werden Sie die fließenden Bewegungen beherrschen, die für diesen Gang wichtig sind. Ist der Beckenbereich einmal gelockert, kommt der Rest fast von selbst. Lassen Sie beim Gehen die Hüften mit weit ausholenden, weichen Bewegungen „schwingen“.

Die folgenden drei Übungen eignen sich sehr gut zur Lockerung des Beckens:
Becken anheben. Legen Sie sich mit dem Rücken auf das Bett oder den Boden und winkeln Sie die Knie an. Die Handflächen liegen seitlich neben dem Gesäß. Heben Sie leicht das Becken an und lassen Sie es wieder sinken. Das Steißbein muss leicht federn, wenn Sie nun in dieser Stellung die Luft auspusten.
Becken kippen. Stellen Sie sich hin, die Beine etwa schulterbreit auseinander, und stemmen Sie die Hände in die Hüften. Bewegen Sie das Becken mit einer krei-

senden Bewegung erst nach rechts, dann nach links. Atmen Sie ein, während sich das Becken nach vorn bewegt und bei einer Rückwärtsbewegung aus. (Denken Sie an Brooke Shields in ihrer Rolle als Rizzo mit dem Hula-Hoop-Reifen in der Wiederaufführung des Broadway-Erfolgs Grease.)
Die Katzenstellung im Yoga. Knien Sie sich auf alle viere. Atmen Sie ein und lassen Sie den Rücken durchhängen. Heben Sie die Schultern und ziehen Sie sie zusammen. Heben Sie den Kopf. Atmen Sie aus. Machen Sie einen Katzenbuckel und kippen Sie dabei das Becken nach vorn. Ziehen Sie das Zwerchfell ein und hoch und ziehen Sie den Schließmuskel zusammen. Lassen Sie den Kopf auf die Brust sinken. Wiederholen Sie die Übung zehnmal, ruhen Sie sich aus und machen Sie sie dann noch zehnmal.

Hände an den Genitalien. Die Frauen auf den herausnehmbaren Postern in einschlägigen Zeitschriften werden häufig mit einer Hand zwischen den Beinen, mit feuchten, leicht geöffneten Lippen und zurückgeworfenem Kopf abgebildet, als wären sie gerade dabei, sich selbst zu befriedigen. Und die Männer, die in Clubs vor einem weiblichen Publikum tanzen, fassen sich während ihres Auftritts mindestens einmal zwischen die Beine. Legen Sie eine Hand in den Schoß, deren gespreizte Finger nach unten deuten, geben Sie damit ebenfalls ein erotisches Signal.

Das Reizen des Körpers

Das Problem beim Vorspiel ist, dass man eine bestimmte Absicht verfolgt, nämlich den Partner so zu erregen, dass ein Liebesakt erfolgen kann. Oft geht es nicht spielerisch genug zu und von Aufheizen kann häufig keine Rede sein – das Vorspiel ist zu zielgerichtet, um ein gutes Liebesspiel zu sein. Wir erkennen gar nicht, dass eine Reizphase überhaupt existiert. Die alten Chinesen jedoch glaubten, dass Liebesspiele das Sexleben bereichern und reizvoller werden lassen. Sie legten viel Wert auf Spontaneität, erdachten aber zudem noch Liebesspiele, deren Wunderlichkeit amüsiert, die aber dennoch gezielt die Kreativität der Liebenden anregen. Diese Spiele sind heute noch genauso ergötzlich wie vor tausenden von Jahren. Jetzt weihen meist ehemalige Mönche eine kleine Gruppe westlicher Kunden in die Geheimnisse der chinesischen Liebesspiele ein.

„Dabei kommt es weder zum Austausch von Körperflüssigkeiten noch zu Verkehr, nicht einmal zu dem, was ihr Amerikaner ‚Vorspiel' nennt", versicherte mir Ragapanu. „Aber Sie werden das erotische Erlebnis Ihres Lebens haben. Soll ich Sie für nächsten Samstag vormerken?"
Im Interesse der Forschung stimmte ich zu, einen Tag bei Ragapanu zu verbringen. Ragapanu ist ein „Sexguru" aus Nepal, der zweimal im Jahr in die Staaten reist, um mit seinen Kunden zu arbeiten – reichen Ehepaaren aus Manhattan und Los Angeles, die ihn dafür bezahlen, dass er ihnen neue Sextricks beibringt oder mittels Übungen zeigt, wie sie ihren Sex wieder beleben können. An einem milden Januartag traf ich mich also mit Ragapanu in seiner Suite – die einer seiner Kunden ihm freundlicherweise zur Verfügung gestellt hatte – in dem ebenso exklusiven wie diskreten Mark Hotel auf der Upper East Side von Manhattan. Ich erwartete keinesfalls das erotische Erlebnis meines Lebens – denn für diese Auszeichnung ist bei mir Geschlechtsverkehr unverzichtbar.

„Ich werde nichts anderes tun als Ihnen zu zeigen, wie man den Körper richtig aufreizt", sagte er, nachdem wir uns begrüßt und voreinander verbeugt hatten. Ragapanu war ein schmächtiger Mann, hatte eine Unmenge Falten und seine dunkelbraune Hautfarbe deutete eher auf zu viele Stunden in der kalifornischen Sonne hin denn auf seine Abstammung. Sein Alter war nur schwer zu schätzen – irgendwo zwischen dreißig und fünfzig? – und er wollte es mir auch nicht verraten. Die mit herrlichen Kirschholzmöbeln ausgestattete Suite war erfüllt von einem aufdringlichen Blumenduft, der von verbranntem Räucherwerk herrührte. Ragapanu gab mir ein weiches, weißes Frotteetuch und meinte, ich solle mich im Badezimmer ausziehen und ein Bad nehmen. „Darf ich anschließend nur das hier tragen?", fragte ich und deutete auf das Tuch. „Ja, natürlich", erwiderte er, nickte höflich und verbeugte sich noch einmal. Nachdem ich gebadet und mich eingecremt hatte, zeigte er mir den chinesischen Pinsel, den er zuerst verwenden wollte. Dann musste ich mich „nackt und passiv" auf das riesige Bett legen und die Augen schließen. Der Pinsel bestand aus schwarzen Fuchshaarborsten, die in einem Bambusrohr befestigt waren und in einer feinen Spitze ausliefen. Da ich mir nicht sicher war, ob ich die Augen würde geschlossen halten können, bat ich ihn, die schwarze Augenbinde benutzen zu dürfen, die ich auf dem Nachttisch entdeckt hatte. Er stimmte zu. „Stellen Sie sich vor, dieser Pinsel sei ein Frühjahrsschmetterling", sagte er, „und Sie eine Blumenwiese. Stellen Sie sich vor, dass der Schmetterling schnell von einer Blume zur nächsten flattert. Sie wissen nicht, wo der Schmetterling landen wird und auch nicht, wie lange er verweilen wird, bis er zur nächsten Blume weiterflattert. Später zeige ich Ihnen, wie Sie den Druck der

Berührung variieren können. Im Moment sollen Sie nur fühlen und nicht darüber nachdenken, wie es gemacht wird."

Später erzählte er mir, dass er sorgfältig jene Punkte auf meinem Körper ausgewählt habe, die von den alten Chinesen „Genusspunkte" genannt wurden. Doch zu jenem Zeitpunkt dachte ich noch, er wähle sie beliebig aus. Ich spürte, wie der Schmetterling – die Pinselspitze – auf dem Rist meines rechten Fußes landete, von dort schnell zum linken Rist wechselte und sich zwischen den Zehen hin- und herbewegte, bis er meine Zehenspitzen küsste. Die Berührung meiner Füße mit dem Pinsel kann man am ehesten als eine Art „wanderndes Kitzeln" beschreiben. Ich musste lächeln.

Plötzlich hob der Schmetterling wieder ab und machte jeweils an meinen Knöcheln, Waden und Knien eine Stippvisite. Die Haut auf der Innenseite meiner Schenkel kribbelte bereits in Erwartung einer Berührung, als der unberechenbare Schmetterling wieder zwischen meinen Zehen landete, wobei er diesmal größeren Druck ausübte.

Der Schmetterling verweilte auf meinen Fußsohlen, hob plötzlich wieder ab, machte einen Abstecher in meine Achselhöhlen und ließ sich dann sanft auf meiner Brustwarze nieder. Vor meinem geistigen Auge konnte ich ihn sehen – ein riesiges Exemplar mit schillernden Farben, das da auf meiner Brustwarze saß. Die Sonne schien und meine Haut erwärmte sich unter den Strahlen. „Hmm", machte ich und bog meinen Rücken durch. Daraufhin flog der Schmetterling verwirrt weg und landete schließlich auf meinem Unterleib.

Der Schmetterling ließ meine Haut immer mehr kribbeln. Er flatterte jetzt schneller umher, landete so sanft und plötzlich, dass ich manchmal kaum wusste, ob er überhaupt aufgesetzt hatte, bis er wieder abflog. Plötzlich war der Schmetterling weg. Bedauernd sah ich ihm nach, als er zur nächsten Wiese weiterflatterte.

„Ich tauche nun die Pinselspitze in aromatisiertes Öl", sagte Ragapanu. „Die Berührungen werden jetzt ganz anders sein." Ja, der Schmetterling war weg, ersetzt durch einen öligen Pinsel, ein glattes, geschmeidiges Tier, das sich um meine Brustwarzen wand, bis sie aufrecht in die Höhe standen. Meine Hände, die neben mir lagen, zuckten. „Ich möchte mich berühren", sagte ich etwas außer Atem. „Lassen Sie die Hände liegen", befahl er und bewegte den Pinsel schnell zwischen meinen Brüsten hin und her.

Ragapanu öffnete meine Beine, die ich zusammengepresst hatte und streifte mit dem Pinsel mein Perineum und meine Vulva. Er streichelte meinen ganzen Intimbereich und ich spürte, wie ich feucht wurde. Dann strich Ragapanu mit dem Pinsel über meine Klitoris, zuerst mit Aufwärtsstrichen, dann mit Kreisbewegungen. Als er aufhörte, spannte ich meine Muskeln an in dem Versuch, den Pinsel dahin zu ziehen, wo ich ihn haben wollte – auf meiner Klitoris. Er kam der Aufforderung nach und streichelte meine Klitoris weiter, bis ich mich im gleichen Rhythmus bewegte wie der Pinsel. Ohne Vorwarnung hörte er auf und ließ mich keuchend zurück. Ich war nahe daran, diesen kleinen Mann – den ich nicht im mindesten attraktiv gefunden hatte, bevor ich meine Augen verband und er den Pinsel in die Hand nahm – zu bitten, mich doch bitte zu vögeln.

„Ich werde Sie jetzt mit einer Feder berühren", sagte er. Meine Hände krallten sich frustriert in die Laken. Eine Feder?

Ah, aber die Feder bereitete mir eine Überraschung. Er strich mit ihr – einer Pfauenfeder, wie ich später sah – an den Seiten meiner Brüste entlang, dann bewegte er sie zwischen ihnen hin und her, bis es mir kalt über den Rücken lief. Die Feder glitt an meinem Körper hinunter, spielte auf meinem Bauch und Unterleib und kühlte meine erhitzte Haut etwas ab. Mit den Händen zog er meine Schamlippen auseinander und reizte mit der Feder so lange meine Klitoris, bis sie hart wurde. Ich stöhnte vor Wonne. Virtuos spielte Ragapanu auf meiner Klitoris, bis ich einen Orgasmus bekam, der sich spiralförmig aus meinem Körper herauszuwinden schien, die Zuckungen meines Körpers im Einklang mit den Bewegungen der Feder. „Ich wollte Sie nur aufreizen", sagte er und ich weiß heute noch nicht, ob das eine Entschuldigung gewesen ist, weil er die Grenze überschritten hatte oder ob er aus falscher Bescheidenheit jede Verantwortung ablehnte.

Nun war ich an der Reihe, den Pinsel in die Hand zu nehmen.

Ich ging in einen Laden, der Artikel aus Asien führte, um einen Pinsel zu kaufen, mit dem ich meinem Partner dieses Spiel beibringen konnte. Die Angestellte wusste zunächst nicht, wonach ich suchte, bis es ihr schließlich dämmerte. „Ein Kalligrafiepinsel", sagte sie und da erinnerte ich mich, dass mir Ragapanu erzählt hatte, ein chinesischer Kalligraf hätte dieses Spiel erfunden.

Wenn Sie keinen Bambus- oder Kalligrafiepinsel finden, können Sie auch einen normalen Malerpinsel nehmen. Allerdings keinen flachen oder quadratischen mit steifen Borsten, sondern weiche, runde Pinsel aus Marderhaar, diese eignen sich am besten.

Ein Freund, der das „Schmetterling-Aufreizen" mit einem normalen Marderhaarpinsel ausprobiert hatte, berichtete: „Meine Freundin meinte, ich hätte sie noch nie so aufgeheizt wie mit diesem Pinsel. Und sie ließ auch meinen Körper förmlich schnurren. Wir waren beide überrascht, wie stimulierend dieses kleine Werkzeug war. Ich kaufe die Pinsel inzwischen im Dutzend."

Eine Freundin meinte: „Das ‚Schmetterling-Aufreizen' hat uns beide sehr erregt. Als wir endlich miteinander schliefen, zitterten wir beide vor Verlangen. Mein Freund sagte, seine Haut sei noch nie so berührungsempfindlich gewesen."

Sie fuhr fort: „Es ist eine gute Idee, sich dabei die Augen zu verbinden, denn es ist erregender, wenn man nicht weiß, wo der Pinsel landen wird. Es ist, als würde jeder Punkt auf der Haut darauf warten, berührt zu werden. Und derjenige, der den Pinsel in der Hand hat, will gern ab und zu einen Blick auf die Anleitungen werfen, damit er auch die richtigen Körperstellen trifft – und er möchte natürlich nicht, dass sein Partner dies mitbekommt. Es würde dem ganzen Spiel die Spontaneität nehmen."

Varianten den Spiels

Das Aufreizen mit der Feder. Laut Ragapanu wurde das „Aufreizen mit der Feder" vor einigen Jahrhunderten von chinesischen Adligen erfunden, als die Pfauenfeder jenen als Auszeichnung verliehen wurde, die dem Kaiser treu gedient hatten. Jede Feder – ob Pfauen-, Straußen- oder Hühnerfeder – kann auf die gleiche Weise wie der chinesische Kalligrafiepinsel verwendet werden.
Eine Freundin, die diese „Reizspiele" seit längerem macht, verriet mir eines ihrer eigenen Federspiele: „Ich habe eine ganze Sammlung von Federmasken, viele von Mardi Gras, mit kunstvoll angeordneten und herabhängenden Federn. In meiner eigenen Variante des ‚Aufreizens mit der Feder' trage ich eine Maske, während ich meinen Freund oral befriedige. Die Federn kitzeln und reizen die Peniswurzel, seinen Hodensack und den Unterleib, während ich ihn im Mund habe. Manchmal bewege ich nur die Federn. Das macht Männer richtig wild!"

Spinnenbeine oder „Pattes d'Araignée". Nehmen Sie für diese französische Variante des chinesischen Schmetterlings die Fingerspitzen und Fingerkuppen, um sanft mit den Haaren und auf der Haut Ihres Partners zu spielen. Kürzen Sie zu lange Fingernägel, damit Sie die Fingerspitzen wirkungsvoll einsetzen können.

Der aromatische Kuss. Parfümieren Sie nur die Körperteile, die Ihr Partner berühren soll. Das können die offensichtlichen Stellen sein wie die Genitalien; aber es mögen auch Punkte sein, an denen sie sich gern berühren lassen und denen Ihr Partner bisher nicht genug Beachtung geschenkt hat, wie Achselhöhlen, Kniekehlen oder die Innenseite der Ellenbogen. Der Partner soll schnüffeln, um die parfümierten Stellen zu finden und dann den Duft dort tief einatmen. Keine

Berührungen! Er muss Sie mit der Nase „küssen“. Vergewissern Sie sich, dass er das Parfüm mag, bevor Sie es auftragen. Dies ist nicht der richtige Zeitpunkt, um einen neuen Duft auszuprobieren.

Aufreizen mit Seide. Nehmen Sie dazu einen Schal aus Seide, keinen synthetischen Stoff. Zerknittern Sie den Stoff, indem Sie ihn zusammenknüllen und liebkosen Sie dann damit den Körper Ihres Partners.

Genusspunkte

Nach den erotischen Schriften der alten Chinesen besitzt jeder Mensch, männlich wie weiblich, gewisse „Akkupunkte“, das heißt Stellen, die bei Stimulierung sofort zu sexueller Erregung führen, das Durchhaltevermögen beim Sex verbessern und das vegetative Nervensystem, das viele sexuelle Empfindungen und Funktionen steuert, wieder „aufladen“. Ob die erotische Stimulation dieser Stellen tatsächlich etwas verbessert oder für neue Energien sorgt, hängt primär davon ab, ob man daran glaubt. Aber das Reizen jener Stellen ruft in jedem Fall ein Gefühl des Wohlbehagens hervor. Die wichtigsten „Genusspunkte“ befinden sich – wen wundert‘s – am Oberkörper. Einige davon sind:

Das Perineum. Das ist beim Mann die Stelle zwischen Hodensack und After, bei der Frau zwischen Scheidenöffnung und After. Vielleicht müssen Sie ein wenig üben, bis Sie diesen Punkt, der unter leichtem Druck sehr angenehme Gefühle aufkommen lässt, bei Ihrem Partner gefunden haben.

Das „Zinoberfeld“. Es besteht aus einer Linie von sieben Punkten, die sich vom Bauchnabel bis zur Schambeinfuge auf dem Schamhügel oberhalb der Genitalien erstreckt. Stellen sie sich eine Linie zwischen dem Bauchnabel und der Schambeinfuge vor, auf der fünf weitere Punkte liegen, alle etwa gleich weit voneinander entfernt. Drücken Sie diese Punkte nacheinander drei bis fünf Sekunden lang und dann noch einmal von vorn.

Die Brustwarzen. Beim Mann und bei der Frau.

Die Brust. Auf dem Brustbein, etwa in Höhe der Brustwarzen. Dann gibt es noch zwei weitere Punkte, etwa in der Mitte der Unterseite der Brüste.

Der Unterleib. Dort, wo die Schenkel in den Unterleib übergehen, liegen zwei Genusspunkte.

Aufreizen mit dem Penis

Männer lieben Brüste. Viele von ihnen empfinden das Liebkosen der Brüste als eine Art „Brustverkehr“, der so genannte Verkehr *à l'espagnol*. (In den Tagen vor der wirksamen Geburtenkontrolle versuchten spanische Männer ihre Frauen davon zu überzeugen, dass dies eine sichere und befriedigende Alternative zum Geschlechtsverkehr sei.) Der Mann drückt dabei die Brüste der Frau über seinem Penis zusammen und stößt sanft zu. Das Gefühl ist für beide erregend.

„Ich habe sehr empfindliche Brüste“, sagte eine Frau, „und ich habe auf diese Weise schon oft einen Orgasmus bekommen. Mir gefällt es, wenn mein Mann auf meine Brüste ejakuliert. Hin und wieder ist das eine tolle Alternative zum normalen Verkehr.“

Achselhöhlen, Gesäßbacken und die Innenseite der Schenkel sind ebenfalls als alternative Stellen geeignet. In manchen Kulturen wurden solche Praktiken gebilligt, weil dadurch eine Schwangerschaft verhindert werden konnte. Die Zulukrieger beispielsweise durften ihre Penisse zwischen den Schenkeln von Jungfrauen reiben. Dies wurde „Das Reiben der Speere“ genannt.

Aber auch in unserer modernen Welt wird das Reiben des Penis zwischen Brüsten, Gesäßbacken oder anderen Körperteilen von vielen als reizvoll empfunden.

Und noch einmal: Sie haben es in der Hand

Selbstbefriedigung (ihre)

Der Raum war erfüllt von einem warmen Duftgemisch aus Parfüm und Schweiß aller anwesenden Frauen. Ihre leisen Seufzer, das unterdückte Stöhnen und andere animalische Laute klangen wie eine weibliche Sexsymphonie. Mit gespreizten Beinen, den Kopf in den Nacken gelegt und den Intimbereich größtenteils hinter surrenden Vibratoren verborgen, masturbierten sie ihren Orgasmen entgegen. Nachdem sie kollektiv wieder zu Atem gekommen waren, berichteten sie der Workshopleiterin Betty Dodson von ihren Gefühlen.

„Das hat Spaß gemacht!" sagte die dralle Herausgeberin einer Regional-Zeitschrift. „Es hat mein Bewusstsein verändert. Als kleines Mädchen hatte ich nie Gelegenheit, zusammen mit anderen zu masturbieren. Mädchen taten so etwas nicht. Bei kleinen Jungen wuchs das Zusammengehörigkeitsgefühl, wenn sie sich gegenseitig ihren Penis zeigten. Warum können Mädchen das nicht auch? Durch diesen Kurs habe ich etwas nachgeholt."

„Ich wusste nicht, wie Frauen tatsächlich aussehen, wenn sie kommen", sagte eine Dozentin der öffentlichen Universität. „Zwar habe ich im Kino schon Frauen gesehen, die einen Orgasmus bekamen, aber ich hatte immer den Verdacht, ihre Darstellungen wären übertrieben. Nun weiß ich, dass ich recht hatte. Bei echten Frauen sieht es nicht so aus, als hätten sie einen Anfall, wenn sie einen Orgasmus bekommen. Ich fühle mich jetzt gut so wie ich bin und komme. Ich kann endlich aufhören, mich ständig mit sich krümmenden und windenden Fantasiegestalten zu vergleichen." Eine Frau, die glaubte, sie sei in einem anderen Leben eine ägyptische Prinzessin gewesen, meinte: „Das war eine heilsame Erfahrung für mich. Bisher bekam ich nur einen Orgasmus, wenn ich mich selbst befriedigt habe, aber nie beim Verkehr mit einem Partner, selbst wenn er sich viel Zeit genommen hat, um mich oral und manuell zu stimulieren. Ich glaube, nach diesem Workshop wird sich das ändern. Die Angst, mich vor jemand anderem gehen zu lassen, ist jetzt weg."

Und eine Geschäftsfrau Anfang dreißig entdeckte, dass sie offenbar bereits „kleine Orgasmen" gehabt hatte, ohne es zu merken. „Vielleicht", meinte sie, „werde ich nun fähig sein, stärkere Orgasmen zu bekommen."

„Ich hatte schon Sex mit einem Mann gehabt, bevor ich anfing zu masturbieren", berichtete eine vor kurzem geschiedene Krankenschwester Mitte dreißig. „Die meisten Männer haben schon jahrelang masturbiert, bevor sie zum ersten Mal mit einer Frau schlafen. Wir sind in dieser Hinsicht benachteiligt. Sie kennen ihre Genitalien, wir nicht. Jetzt bin ich wenigstens mit meinen Geschlechtsorganen vertrauter und weiß, was sie mir alles geben können."

Als ich an der Reihe war, einen Kommentar abzugeben, murmelte ich nur etwas davon, wie befreiend es sei, in der Öffentlichkeit zu masturbieren – dies muss ich zu meiner Schande gestehen, denn ich hatte keinen Orgasmus gehabt und log nun. Ja, ich hatte einen Höhepunkt vorgetäuscht und das in einem Workshop, in dem laut Leiterin jede Teilnehmerin einen bekommen würde. Warum log ich dann? Das Ego. Aus berufsbedingter Höflichkeit. Aus Verlegenheit. Aus Angst? Vielleicht hätte mich Betty ja so lange dabehalten, bis ich wirklich einen Orgasmus bekam. Vielleicht hätte sie mich dabehalten, bis alle anderen nach Hause gegangen waren und dann hätte ich ihr dabei zusehen müssen, wie sie mit „Clitty Ann", ihrer Klitoris, spielte.

Ich log, um dort herauszukommen – aus dem gleichen Grund, warum Frauen oft im Bett lügen: um den Sex zu beenden. Auch wenn ich mir oft gewünscht habe, ein Gruppenmensch zu sein – ich bin einfach keiner. Ich kann nur mit einem Partner kommen – oder auch gelegentlich bei einem Guru, der mir Privatunterricht gibt. Bin ich mit mehr als zwei Leuten zusammen, die sich treffen, um sich gemeinsamen zu erforschen und gegenseitig zu zeigen, verberge ich mich hinter einer Maske. Ich bewundere wirklich von ganzem Herzen die Leute, die durch ein gruppendynamisches Erlebnis ihr Privatleben zum Positiven verändern können. Ich jedoch sammle lieber meine Beobachtungen – wie ein Eichhörnchen, das Nüsse hamstert. Zu Hause brüte ich dann über meinen Notizen und denke im Stillen und allein darüber nach. Ich bin – und war immer – ein Autodidakt. Viele von Ihnen, schätze ich, sind mir in dieser Hinsicht ähnlich.

Betty, Anfang sechzig, mit leichtem Übergewicht, sieht angezogen genauso wenig wie die Mutter der Masturbation aus wie Millionen anderer Frauen, die einem zufällig mit ihrem Einkaufswagen im Supermarkt über den Weg laufen. Wenn man ihr zum ersten Mal bei einem Workshop begegnet, ist sie unbekleidet, denn sie öffnet die Tür nackt. Ihre Masturbationsworkshops, die sie „Körpersex-Gruppen" nennt, sind aus ihren Erfahrungen mit CR-Gruppen (CR steht für *conscious raising* = Bewusstseinsförderung) in den Siebzigern entstanden. In jenen Gruppen hatte sie erstmals gehört, dass viele der anwesenden Frauen noch nie einen Orgasmus gehabt hatten – sie warteten darauf, von der Liebe in einen ekstatischen Zustand versetzt zu werden, was jedoch niemals geschah.

„Der wirtschaftliche Wert der weiblichen Genitalien hat unsere Sexualität sehr beeinträchtigt", erklärte Betty. „Ob wir uns nun Sex für unseren Märchenprinzen aufsparen, freiwillig Sex mit einem Partner haben oder in der Ehe Exklusivrechte vergeben – Sex ist für uns Arbeit. Solange Frauen nicht finanziell gleichgestellt sind, werden wir immer unbewusst Sex gegen finanzielle Unterstützung eintauschen. Frauen werden sexuell unterdrückt, weil sie finanziell abhängig sind."

Betty macht den Teilnehmerinnen ihrer Kurse klar, dass sie mit dieser Unterdrückung umgehen lernen können, wenn sie den Vibrator selbst in die Hand nehmen. Dennoch ist sie keine Männerhasserin. In einer der ersten Übungen sollen die Frauen die Männerrolle im Bett einnehmen. Drei Minuten lang (die Zeit wird mit der Eieruhr gestoppt), ahmen dann die Gruppenteilnehmerinnen den Mann in der Missionarsstellung nach, drücken die Arme durch und stoßen mit den Hüften auf fiktive Liebhaberinnen herab, während Betty beständig mahnt: „Die Arme ausgestreckt lassen! Erdrückt eure Partnerin nicht! Ihr seid zu weit oben! Eure Penisse rutschen einfach raus! Hört nicht auf, euch zu bewegen, sonst geht eure Erektion flöten! Bewegt euch nicht zu schnell, sonst kommt ihr zu früh! Und vergesst nicht, ihr süße Nichtigkeiten ins Ohr zu flüstern!"

„Es war wahnsinnig komisch – aber auch sehr lehrreich", erzählte eine Frau, die einen solchen Kurs besucht hat. „Nach den drei Minuten waren wir erschöpft und fragten keuchend: ‚Wie schaffen Männer das nur?' Wir konnten uns plötzlich in sie hineinversetzen."

Am Anfang des Kurses, an dem ich teilnahm, saßen elf nackte Frauen in einem Kreis auf dem Boden und untersuchten ihre Genitalien mit Vergrößerungshandspiegeln. Die Frauen waren zwischen sechsundzwanzig und vierundfünfzig und arbeiteten in den unterschiedlichsten Berufen: Redakteurinnen, Geschäftsfrauen, Lehrerinnen oder Krankenschwestern. Manche hatten Kinder, eine sogar bereits Enkelkinder. Zwei waren lesbisch, eine bisexuell und acht he-

terosexuell. Manche waren schlank, manche kräftiger gebaut, die meisten hatten kleine bis mittelgroße Brüste, mit Ausnahme einer Dreiundvierzigjährigen, die sich korrekt als „schlichtweg fett" bezeichnete. („Echte Körper", schwärmte Betty. „Befreit euch von der Zwangsvorstellung, einen jener idealisierten weiblichen Körper haben zu müssen, wie er in den Medien verherrlicht wird und liebt euch so, wie ihr seid.") Alle Frauen waren weiß und keine hatte lange Haare. Ich weiß auch nicht warum, aber dies verwirrte mich.
Einige Frauen allerdings hatten mehr Schamhaare, als ich es nach meinen Erfahrungen mit Männerzeitschriften und Pornos für möglich gehalten hätte. Hier sah ich dichte Büschel aus drahtigem, gekräuseltem Schamhaar, das durch den Stoff der Slips dringen musste, Schamhaar, das sich bis auf die Innenseite der Schenkel erstreckte, Schamhaar, das lang genug schien, um geflochten zu werden! Ich war fasziniert von dieser Vielfalt an Behaarungen.
„Die Masturbation ist eine sehr ursprüngliche Form von Sex", erläuterte Betty. „Sie ist nicht nur etwas für Kinder oder für die Überbrückungszeit zwischen zwei Beziehungen oder wenn man im Alter allein ist. Masturbation ist eine ewig andauernde Liebesbeziehung, die wir unser Leben lang mit uns selbst pflegen." Wenn Sie es Ihrer Mutter übel nehmen, dass sie Ihnen nie gezeigt hat, wie man masturbiert, dann werden Sie Betty Dodson lieben.
„Jetzt ist die Zeit gekommen, um zu erzählen und etwas von euch vorzuzeigen'", sagte Betty zu ihren Schülerinnen und teilte ihre Schamlippen, um das Häutchen über ihrer Klitoris frei zu legen. „Darf ich euch mit ‚Clitty Ann' bekannt machen?" Sie zog das Häutchen zurück, um dramatisch ihre eigene Klitoris zu enthüllen. „Ist sie nicht wunderschön?"
In Bettys Workshops müssen alle etwas vorzeigen und von sich erzählen. Sie behauptet, das sei ein wichtiger Bestandteil der Selbstliebe. Als wir unsere feuchten Hautfalten teilten, um unsere „Knospen" vorzuzeigen, wurden die üblichen Vergleiche mit Blumen angestellt. Manche Schamlippen waren fleischig und hingen herab, andere waren dünn und fein, manch eine Klitoris war groß und stand hervor, andere waren winzige, von Häutchen bedeckte Knöpfchen. Ja, wenn der Schleier des Schamhaares einmal gehoben ist, sieht alles anders aus und doch irgendwie gleich.
Nach der Erzähl-und-Vorzeige-Runde mussten wir unsere Nasen putzen. Wir ölten einen Finger ein und schoben ihn nacheinander in beide Nasenlöcher. Wir praktizierten erst die Tiefenatmung, dann die Feueratmung (siehe Seite 21). Schließlich nahmen wir die Göttinnen-Stellung ein (flach auf dem

Rücken liegend mit angewinkelten Knien, die Fußsohlen aneinander gelegt, so dass die Beine einen Rhombus bilden) und schalteten unsere Motoren – Vibratoren – ein. Bevor eine der orgasmischen Frauen „abheben" konnte, befahl Betty, die Vibratoren wieder abzustellen, da es an der Zeit sei, über unsere genitalen Erinnerungen und sexuellen Empfindungen zu sprechen. Ich war zu Unrecht verärgert. Wenn ich akzeptierte, dass viele Frauen sich durch gesellschaftliche Verbote von der Selbstbefriedigung abhalten lassen, musste ich dann nicht auch akzeptieren, dass sie sehr viel Ermutigung benötigen, um ungehemmt masturbieren zu können? Nun gut. Aber genitale Erinnerungen?

„Als ich mich das erste Mal berührte, schrie meine Mutter mich an." Und: „Ich sah anders aus als mein Bruder." Oder: „Ich schämte mich für das, was sich zwischen meinen Beinen befand. Ich weiß nicht, warum ich mich schämte. Vielleicht geschah dies instinktiv." Diese genitalen Erinnerungen!

„Sex ist Meditation – ich öffne mich und kann mit meinem höheren Selbst in Kontakt treten. Sex ist Spiritualität; Spiritualität ist Sex. Mein Körper ist immer für mich da." Diese sexuellen Empfindungen! „Dies ist das erste Mal, dass ich mich nicht schäme, weil ich meine eigene kleine, rosa Rosenknospe streichle; nun weiß ich, dass es in Ordnung ist, sie zu lieben und manchmal mit ihr allein sein zu wollen."

Wenn Frauen über Sex sprechen, reden sie von ihren Beziehungen, selbst wenn sie die Beziehung zu sich selbst meinen. Wurden wir bereits so konditioniert, dass wir unsere sexuellen Empfindungen automatisch mit etwas Größerem in Verbindung bringen müssen, etwas, das mehr wert ist als unsere Körperteile, wo nicht einmal die Selbstbefriedigung eine einfache Sache ist? Ja, in vielen Fällen haben wir das wohl.

„Wir werden alle bessere Liebhaberinnen sein, wenn wir uns selbst mehr lieben", sagte Betty.

Ich hatte gedacht, wir würden mit unserer Klitoris Kontakt aufnehmen, nicht mit unserer Seele. Und wenn wir schon Hand anlegen sollten, warum dann mit diesen batteriebetriebenen Geräten? Warum berührten wir uns mit Vibratoren, nicht mit den Fingern? Will unsere „Mama" etwa nicht, dass wir uns überhaupt berühren? („Die meisten Frauen können mithilfe eines Vibrators einen Orgasmus bekommen", erklärte uns Betty später. „Wenn sie nur schwer einen Orgasmus bekommen, kann ihnen die zusätzliche Stimulation durch den Vibrator helfen. Und wenn sie sich nicht gern berühren, dann fühlen sie sich weniger bedroht, wenn sie es mit einem Vibrator tun.")

„Wenn eine Frau mit einer positiven Einstellung zu ihrer Scheide aufwächst, dann wird sie auch nicht insgeheim glauben, sie hätte missgebildete Genitalien", sagte Betty.
Es wurden noch mehr Empfindungen ausgetauscht und viel über Schweiß, Körpergerüche – die wir alle haben –, Schwangerschaftsstreifen, Narben von Dammschnitten und PC-Muskeln gesprochen. „Erst neulich sah ich eine grellrosa Anstecknadel, auf der ‚Viva la Vulva!' stand", erzählte Betty.
Wir mussten eine andere Stellung einnehmen – egal welche, nur nicht diejenige, die wir zuvor hatten, vermutlich, damit unsere Gelenke nicht einrosteten – und die Geräte wieder einschalten. Bevor sie uns wieder daran hindern konnte, kamen einige von uns und, ja, mindestens eine täuschte einen Orgasmus vor. Vibrator-Orgasmen kommen schneller und sind meist nicht so intensiv wie solche, die man mit den Händen herbeiführt. Ich verpasste also sowieso nichts, sagte ich mir. War ich so verdrießlich, weil ich offenbar nicht imstande war, in einer Gruppe zum Höhepunkt zu kommen?
Aber meine persönlichen Erfahrungen in Bettys Workshop wurden nicht von allen geteilt. Viele Teilnehmerinnen erklärten, der Kurs habe sie gestärkt, sei befreiend und bemerkenswert gewesen, „eine Feier der heiligen Freuden der Masturbation". Diese Frauen hatten nun sozusagen die „Erlaubnis" erhalten, ihre Sexualität unabhängig von ihren Partnern zu genießen und waren zugleich ermutigt worden, anderen Frauen herzliche Gefühle entgegenzubringen, etwas, das ihnen vermutlich neu war. Eine fünfundvierzigjährige geschiedene Mutter erzählte mir, dass sie vor diesem Workshop noch nie von anderen Frauen in ihrer Sexualität bestärkt worden sei. Für Betty sind nicht die Techniken der Selbstbefriedigung das Wichtigste, sondern die „politische" Seite der Masturbation, es gelte, die Masturbation der Kontrolle durch das männliche Patriarchat zu entziehen – was auch immer das heißen mag. Und noch wichtiger ist es ihr, den Frauen klar zu machen, dass es wirklich nichts Schlechtes ist, sich selbst zu lieben.
„Kleine Jungen werden ermutigt, stolz auf ihren Penis zu sein", sagte eine Frau. „Kleine Mädchen dürfen aber nicht stolz auf ihre Vulva sein. Vielleicht brauchen manche von uns, egal wie alt wir inzwischen sind, ebenfalls eine Ermutigung, damit wir endlich aufhören, im Schlafzimmer kleine Mädchen zu sein."
Wenn Sie eine „Erlaubnis" brauchen, um zu masturbieren und/oder die Bestätigung, dass die weiblichen Genitalien etwas Wunderbares sind, dann kau-

fen Sie sich Betty Dodsons Buch oder Video – beide mit dem Titel *Sex for One* –, die ich vor allem auch jenen empfehlen möchte, die sich für Bisexualität interessieren. Betty spricht sehr offen über ihren bisexuellen Feminismus, wie sie ihre eigene Sexualität bezeichnet. Wenn Sie sich mit diesem Teil Ihres Selbst noch nicht befasst haben, dies aber gern tun möchten, dann ist beides ein guter Einstieg.
Das Video befasst sich mehr mit den theoretischen Aspekten und weniger mit praktischen Tipps und Ratschlägen zum Masturbieren. Daher möchte ich einige hier aufzählen:

Der Dodson'sche Weg zur himmlischen Glückseligkeit

Putzen Sie sich die Nase. Tauchen sie einen Finger in Öl und stecken Sie ihn nacheinander in jedes Nasenloch. (Dadurch reinigen Sie die Atemwege.)

Atmen Sie tief ein und aus, bis sie ganz entspannt sind. Wenden Sie dann die Technik der Feueratmung an, bis Sie sich voll erotischer Energie fühlen. (Die Techniken für Tiefenatmung und Feueratmung finden Sie auf Seite 21.)

Nehmen Sie die Göttinnen-Stellung ein. Legen Sie sich flach auf den Rücken, winkeln Sie die Beine an und legen Sie die Fußsohlen aneinander, so dass die Beine einen Rhombus bilden. Schalten Sie den Vibrator ein (siehe Vibratortechniken auf Seite 204).

Nehmen Sie eine Stellung ein, als wollte der Mann von hinten in Sie eindringen. Stellen Sie den Vibrator auf ein Kissen und setzen Sie sich darauf.

Legen Sie sich wieder auf den Rücken. Spannen und entspannen Sie Ihre Gesäßmuskeln, sobald Sie spüren, dass der Orgasmus naht.

Nehmen Sie wieder die Göttinnen-Stellung ein. Atmen Sie durch und reflektieren Sie.

Masturbieren kann man lernen

„Ich konnte meinem Partner gar nicht genau sagen, wo er mich berühren sollte, bevor ich etwa mit Dreißig anfing zu masturbieren", erzählte Cassidy, die ihren vierzigsten Geburtstag feierte, indem sie sich einen Luxus-Vibrator mit Zubehör kaufte. „Zwischen zwanzig und dreißig war ich von Männern abhängig, wenn ich befriedigt werden wollte und wütend und enttäuscht, wenn es ihnen nicht gelang. Ich habe viele schöne Jahre vergeudet und einige Männer zu Unrecht dafür verantwortlich gemacht."

Cassidy und ich sprachen in dem Geschäft *Good Vibrations* in San Francisco, in dem Spiele, Bücher und Videos über Sex verkauft werden, über Selbstbefriedigung. In diesem Geschäft hatte sie ihren Geburtstagsvibrator gekauft. Im ganzen Land gibt es keinen Ort, der für eine Diskussion über ein solches Thema besser geeignet wäre.

„Wir vertreten die Meinung, dass Selbstbefriedigung zu einem offiziell gebilligten Zeitvertreib erklärt werden sollte", sagte die Verkäuferin, eine fröhliche und attraktive Lesbe in mittlerem Alter. „Sich selbst zu befriedigen ist angenehm, gesund, natürlich, kostenlos, legal, einfach anzuwenden, praktisch, freiwillig, entspannend, man kann es allein machen, man kann es mit einem Partner machen, es ist ein Geburtsrecht ..." Ich hatte sie im Verdacht, diese Aufzählung bereits auswendig gelernt zu haben, aber dennoch sprach sie mit Gefühl. Das Geschäft ist zwar klein, enthält aber eine beeindruckende Palette von Produkten, die geschmackvoll arrangiert sind sowie unzählige Versandkataloge und die Angestellten gehen mit allen Kunden gleich um, ob diese nun schwul, lesbisch oder heterosexuell sind. Es gibt für jeden Geschmack etwas und niemandem wird der Eindruck vermittelt, er sei unwillkommen oder fehl am Platz. Auch werden regelmäßig Kurse angeboten über die richtige Handhabung eines Vibrators und anderer Gegenstände sowie Unterricht (mittels Plastikmodellen) für Masturbationstechniken. Und mir gefällt es, dass sie dort *Masturbation* sagen und nicht „Selbstliebe", „Solosex" oder „Autoerotizismus", die – meiner Ansicht nach wenigstens – nur die Tatsache zu verschleiern suchen, dass man seine eigenen Genitalien berührt, als sei dies etwas Anstößiges.

„Hier habe ich gelernt, wie man masturbiert", erzählte Cassidy. „Ich schäme mich etwas zuzugeben, dass ich es erst lernen musste, aber so war es."

Cassidy braucht sich nicht zu schämen. Bilder von masturbierenden Frauen mögen heute zwar massenhaft in der erotischen Kunst auftauchen, aber die Puritaner, unsere Vorväter, die jede Art von Vergnügen ablehnten, vererbten uns bezüglich der Selbstbefriedigung auch einen großen Schuldkomplex, den sie wiederum von ihren Vorfahren übernommen haben. Das Wort *masturbieren* wird von dem lateinischen Begriff *manu stuprare* abgeleitet und bedeutet „sich mit eigener Hand besudeln". Die Tabuisierung der Selbstbefriedigung ging von der Kirche aus, die alle Arten sexueller Aktivität verbot, die nicht der Fortpflanzung dienten. (Nur die Griechen hielten die Masturbation für etwas Lobenswertes.) Bei den Viktorianern wurde sie „Selbstmissbrauch" genannt. Die Selbstbefriedigung hatte solch ein schlechtes Image, dass die American Medical Association (die amerikanische Ärztevereinigung) Masturbation erst 1972 zu einer „normalen" sexuellen Handlung erklärte!

Frauen nehmen sich traditionell das Verbot, sich nicht selbst berühren zu dürfen, mehr zu Herzen als Männer. Der offensichtlichste Grund dafür ist wohl, dass sich die männlichen Genitalien außerhalb des Körpers befinden, man sie also kaum ignorieren oder ihnen widerstehen kann, während die weiblichen Genitalien verborgen sind, so dass man nach ihnen suchen, sprich das Verbot bewusst umgehen muss. Viele kleine Mädchen werden auch heute noch mit dem Märchen hingehalten, eines Tages würde ein Prinz kommen, sie wachküssen und ihre Leidenschaft entfachen. (Der Mann sorgt hier für Befriedigung, die Frau nimmt sie sich nicht einfach.) Jungen wachsen auf in dem Bewusstsein, sie müssten die aktive Rolle übernehmen. Und die soziale Rolle der Frau in der Gesellschaft hat ihre sexuelle Passivität noch verstärkt. Natur und Erziehung haben sich verbündet, damit Frauen in Bezug auf Masturbation das benachteiligte Geschlecht bleiben.

„Ich habe mich früher nie berührt", gestand Cassidy. „Bis dreißig war mein Körper ein Mysterium; dann habe ich etwas über mich und meine Sexualität erfahren." In einem Kurs von *Good Vibrations* lernten sie und ein halbes Dutzend andere Frauen, mit ihren neu erworbenen Vibratoren umzugehen und bekamen auch Ratschläge für die manuelle Masturbation.

„Nach Ladenschluss um sieben Uhr wurden einige Klappstühle in einem Kreis um einen Tisch herum aufgestellt, auf dem die Demonstrationsobjekte lagen", erzählte sie. „Wir trugen alle unsere Berufskleidung und wirkten wie eine Gruppe Frauen, die man als ‚ehemals verklemmt' beschreiben konnte. Die Kursleiter waren großartig. Entweder sie formten mit ihren Händen eine Vagina oder sie verwendeten eine Puppe mit Scheide. Es gab viel Gelächter, als sie uns zeigten, dass man den Vibrator nicht direkt an die Klitoris halten sollte und solche Sachen. Es herrschte eine sehr entspannte Atmosphäre.

Sie zeigten uns die Grundstellung der Hand bei der manuellen Masturbation – zwei gespreizte Finger zeigen rechts und links der Klitoris nach unten, sodass auf ihr und seitlich von ihr Druck ausgeübt wird. Das hört sich vielleicht verrückt an, aber ich wusste tatsächlich nicht, dass man es so macht, bis sie es uns gezeigt haben."

Für die meisten von uns ist Masturbation die erste Erfahrung, die wir in Sachen Sex machen – selbst wenn dies erst spät passiert – und sie ist die Grundlage für guten Sex in unserem weiteren Leben. Wir dürfen nicht aufhören zu lernen, wenn wir anfangen, mit Partnern Sex zu haben. Was man für sich allein lernt, kann man dann mit seinem Partner teilen und der Liebesakt wird dadurch womöglich für beide Seiten besser.

Während Männer dazu neigen, einfach den Penis in die Hand zu nehmen und schnell auf und ab zu reiben, masturbieren Frauen auf vielfältige Weise.

„Ich reibe mit meiner Handfläche die Klitoris, während ich meine Finger in die Vagina schiebe", erzählte eine Frau.

„Ich reibe meine Klitoris zwischen Daumen und Zeigefinger", sagte eine andere und beschrieb damit eine Technik, die wohl für die meisten Frauen zu grob ist, um genussvoll zu sein.

Andere Frauen legen sich auf den Rücken, pressen ihre Beine zusammen und üben Druck auf die Schamlippen aus, stimulieren mit Hilfe des Massagestrahls der Dusche ihre Klitoris oder reiben sie an Kissen, Handtüchern oder am Bettlaken.

Die folgenden Ratschläge stammen von Frauen, die gern und ohne Hemmungen masturbieren, von den Mitarbeiterinnen von *Good Vibrations* und der Sextherapeutin und Autorin von *For Yourself*, Dr. phil. Lonnie Barbach.

Der private Unterricht

Schließen Sie die Augen und entspannen Sie sich. Atmen Sie tief und regelmäßig. Stellen Sie sich vor, wie ein angenehmes Gefühl sich nach und nach in Ihrem ganzen Körper ausbreitet. Beginnen Sie bei den Zehen. Fühlen Sie, wie dieses angenehme Gefühl wie warme Finger von einer Stelle zur nächsten wandert.

Bereiten Sie ein Massageöl vor. Stellen Sie dazu eine Flasche mit Körperlotion oder Öl in heißes Wasser, um sie zu erwärmen und reiben Sie sich dann überall damit ein.

Konzentrieren Sie sich darauf, wie sich Ihre Hände auf jedem Körperteil anfühlen.

Massieren und berühren Sie sich. Tun Sie dies auf verschiedene Art und Weise an allen möglichen Stellen des Körpers. Nehmen Sie dazu einige der „Reizspiele" zu Hilfe, die auf Seite 90 stehen. Beobachten Sie, welche Berührung eher angenehm ist und welche erregend.

Wenden Sie nun die erregenden Berührungen an Brüsten, Bauch und Schenkeln an. Erkunden Sie, welche Sie schnell erregen und welche langsamer. Wenn Sie herausgefunden haben, wie Sie am besten zum Orgasmus kommen, können Sie dies Ihrem Partner zeigen, indem Sie seine Hände führen.

Streicheln Sie sanft Ihre Schamlippen. Führen Sie einen Finger in die Scheide ein.

Streichen Sie mit einem Finger von unten nach oben über die Klitoris. Reiben Sie sie dann sanft mit zwei Fingern. Versuchen Sie es danach mit kreisenden Bewegungen. Variieren Sie Streichelbewegungen und -rhythmus. Fühlen Sie den Orgasmus mit Ihren Fingerspitzen.

Nehmen Sie wahr, wie intensiv ein hinausgezögerter Orgasmus sein kann. Beobachten Sie, was passiert, wenn Sie die Masturbation unterbrechen. Erregen Sie sich bis zum Äußersten und halten Sie dann inne.

Wiederholen Sie das Ganze. Wiederholen, wiederholen, wiederholen Sie.

Masturbieren mit Fantasien

Für manche von uns ist die Masturbation ein sicherer „Hafen", in dem wir Fantasien auskosten können, die wir mit unserem Partner nicht teilen wollen oder können, Fantasien, die wir in der Wirklichkeit vielleicht gar nicht ausleben wollen. Daran zu denken, nicht es auszuleben, ist das Erregende. Therapeuten meinen, Fantasieszenarien mit Vergewaltigungen, Sadomasochismus, Gruppensex und anderen Tabuthemen seien im Allgemeinen harmlos – außer sie werden zu Zwangsvorstellungen. Gefährliche Territorien kann man sozusagen während der Masturbation beschreiten, ohne irgendwelche negativen Auswirkungen befürchten zu müssen. Man muss die eigenen Fantasien auch nicht unbedingt seinem Partner mitteilen. Wenn man seine geheimsten Fantasien mit einem anderen teilt, kann es leicht passieren, dass sie nicht mehr erregend wirken.

Sexuelle Erfahrungen kann man durchaus in sein „Script" für Selbstbefriedigungsfantasien einbinden. Masturbationsfantasien können auch als eine Art Generalprobe für künftige sexuelle Erlebnisse dienen. Betrachten Sie Ihre erotischen Fantasien als eine Art kostbaren, privaten, geistigen Besitz. Sie können im Kopf jeden beliebigen Film ablaufen lassen – wann und so oft Sie wollen.

„Ich hatte jahrelang ein ganz bestimmtes Szenario im Kopf", erzählte Cathy. „Ich war eine Braut und hatte in meinem Hochzeitskleid Sex. Heute bin ich viel fantasievoller."

„Zwei-, dreimal im Monat tauche ich in SM-Fantasien ab", gestand Carol. „Ich habe mir ein Sklavenhalsband und Armbänder mit Nieten gekauft, die ich dann beim Masturbieren trage. Ich kneife mich in die Brustwarzen und stelle mir vor, ich trüge Klammern."

Auch Jenny stellt sich SM-Szenen vor, während sie masturbiert – allerdings befindet sie sich dabei in der dominanten Position. „Ich mache mich für diese Gelegenheit gern zurecht, mit hochackigen Schuhen, schwarzen Strümpfen und Büstenhalter", sagte sie. „Manchmal schlage ich mit meinem Gürtel auf ein Kissen ein und stelle mir dabei vor, es sei ein knackiger Männerhintern. Es erregt mich sehr, die Domina zu spielen – aber ich würde eher sterben, als mich so vor meinem Freund zu zeigen!"

Manche Frauen stellen sich beim Masturbieren blumige, romantische Szenen vor, andere, sie würden mit einem Mann schlafen, den sie nicht haben können, beispielsweise mit dem Mann ihrer Schwester, mit dem besten Freund ihres Mannes oder mit Tom Cruise. Aber egal, um was sich die Fantasien drehen – für Frauen sind Fantasieszenarien bei der Selbstbefriedigung das Schlüsselelement. Die meisten Männer stellen sich beim Masturbieren bestimmte Körperteile vor, nur selten ganze Szenarien. Das wiederum tun nur wenige Frauen.

„Ohne ein Drehbuch im Kopf kann ich nicht masturbieren", meinte Cheryl. „Es erregt mich, wenn ich mich berühre, aber nicht genug, um zu kommen, wenn ich im Kopf keinen Film ablaufen lasse."

Masturbieren mit und vor dem Partner

Ich habe viele Frauen interviewt, die mir gestanden, nie masturbiert zu haben. Für mein Buch *Sexual Pleasures* habe ich mit über achthundert Frauen gesprochen und fast zwanzig Prozent sagten, sie hätten es noch nie getan – und schienen stolz darauf zu sein, so als sei Masturbation eine Sünde oder ein Zeichen von Schwäche. Für solche Frauen und auch für andere, die Safer Sex mit einem neuen Partner machen wollen, aber auch für jede andere Frau, die ihren Mann auf eine ganz bestimmte Art und Weise erregen möchte, könnte die folgende Form der Masturbation die Lösung sein.

Viele Frauen finden den Gedanken, vor ihrem Partner zu masturbieren, wenig reizvoll oder gar beängstigend. Vielleicht glauben sie, man sollte es nur heimlich tun oder Paare sollten überhaupt nicht masturbieren. Viele Männer jedoch träumen davon, dass eine Frau sich vor ihren Augen selbst befriedigt.

„Ich dachte, ich würde dabei komisch aussehen“, sagte Josie. „Ich glaubte, ich könnte keinen Orgasmus bekommen, weil ich zu gehemmt wäre. Aber das war vorbei, als er ebenfalls zu masturbieren begann. Das erregte mich. Ich wollte ihn auch erregen. Und so hat es dann geklappt.“

„Ich kann meinen Körper in dem für mich richtigen Tempo stimulieren, während es mich gleichzeitig erregt, dass mein Partner dabei ist“, meinte Kelly. „Und es ist eine hervorragende Gelegenheit, einem neuen Partner zu zeigen, wie man kommt. Vom Masturbieren vor und mit dem Partner können beide Seiten was lernen.“

Die Technik

Schaffen Sie eine angenehme Atmosphäre. Sie sollte so sein, als wollten Sie allein masturbieren oder mit Ihrem Partner schlafen. Gedämpftes Licht ist gut.

Nehmen Sie zusammen ein Bad oder eine Dusche. Oder streicheln und liebkosen Sie sich gegenseitig wie beim Vorspiel.

Wenn Sie dabei nicht nackt sein wollen, tragen Sie ein paar – sexy – Kleidungsstücke. Der Partner sollte dabei viel sehen können – zum Beispiel ein Negligee und nichts darunter.

Lassen Sie sich Zeit. Erzählen Sie, was sie gerade tun und wie es sich anfühlt, wenn Sie sich streicheln.

Zögern Sie den Orgasmus hinaus. Der Mann sollte abwechselnd seinen Penis berühren, mit seinen Hoden spielen und seinen Körper streicheln, um die Ejakulation hinauszuzögern. Ab und zu sollte er aufhören oder nur wenig Druck ausüben, damit die Erektion erhalten bleibt, aber keine Ejakulation erfolgt.

Stellen Sie Fragen. So zum Beispiel: „Wie fest drückst du deinen Penis?" und „Wie viel Druck übst du auf deine Klitoris aus?"

Als Variante können Sie auch beide mit geschlossenen Augen masturbieren. Lassen Sie sich durch andere Sinne – Geschmackssinn, Gehör etc. – stimulieren. Oder masturbieren sie, während Sie sich in den Armen liegen. Oder masturbieren Sie, während er Sie streichelt und küsst und umgekehrt. Oder betrachten Sie das Masturbieren voreinander als Vorspiel.

Nehmen Sie sich danach in den Arm. Genießen Sie Ihre Vertrautheit.

Ein Freund, der bis vor kurzem noch nie vor einer Partnerin masturbiert hatte, meinte: „Es ist eine sehr intime Art von Sex. Ich dachte, es sei vielleicht kalt oder steril, aber das stimmt gar nicht. Es ist etwas ganz Besonderes, mich meiner Partnerin gegenüber auf diese Weise zu öffnen – und genauso, wenn sie es vor mir tut. Damit teilt man etwas sehr Intimes mit dem anderen. Dieses Erlebnis hat mich sehr erregt und berührt."

Selbstbefriedigung (seine)

„Meine Putzfrau hat letzte Woche einen Staubwedel mit Federn bei mir vergessen und ich erkannte sofort die Möglichkeiten, die mir das Ding eröffnete", berichtete Josh von seiner Masturbationserfahrung vor einer Gruppe von Männern in dem Workshop „Erotischer Körper". „Als mein Schwanz steif war, streifte ich einen Schwanzring über und staubte ihn ein. Dann legte ich mich auf den Rücken, legte den Staubwedel auf meinen Schwanz und begann immer

schneller über die Federn zu reiben. „Ich hörte rechtzeitig auf, damit die schönen Federn nicht völlig zu zerfledderten."
Das, was ich hier auf dem Video sah, glich in keinster Weise dem Masturbationsworkshop von „Mutter Betty". Hier gab es keine Lobgesänge auf den metallischen Geruch von Menstruationsblut. Auch keine Spiegel, um verborgene Schätze aufzuspüren. Kein Vorzeigen und Erzählen. Was sollte auch schon vorgezeigt werden, was nicht schon alle kannten? Der Penis mag ja vieles sein, aber bestimmt nicht geheimnisvoll. Wenn Männer über Masturbation sprechen, erzählen sie, wie und wie kräftig sie gerieben haben, wie stark ihr Orgasmus war und wie sie sich dabei gefühlt haben.
Ein Masturbationsworkshop für Männer? Sie kennen bestimmt den alten Witz: Neunundneunzig von hundert Männern geben zu, zu masturbieren und einer lügt. Lange, bevor Masturbieren als „normal" erachtet wurde, bekannten sich einige berühmte Männer dazu – unter anderem Rousseau, Goethe und Kierkegaard. Warum also sollten Männer eine Anleitung für etwas brauchen, das sie schon lange praktizieren?
„Eine Zeit lang werde ich nur mich selbst haben, also möchte ich das Beste daraus machen", sagte Josh, ein homosexueller Mann Ende dreißig, der den „Weg des kreativen Zölibats" aus der Angst heraus gewählt hat, sich mit AIDS zu infizieren.
Das Kichern, das bei seiner Staubwedelgeschichte in mir aufgestiegen war, erstarb mir in der Kehle. Es ist nichts Falsches daran, beim Sex humorvoll zu sein. Es wäre schön, wenn mehr Leute im Bett lachen und spielen würden! Denn mit einem Lachen fiele es uns oft leichter, die Verlegenheit über die eigenen sexuellen Empfindungen und die des anderen zu überwinden. Aber für homosexuelle Männer ist, wenn sie nicht in einer festen, monogamen Partnerschaft leben, die Masturbation, inklusive der Selbstbefridigung vor dem Partner, oft die einzige Möglichkeit, überhaupt Sex zu haben. Im Castro-Viertel in San Francisco, in dem es die höchste Populationsdichte schwuler Männer in Nordamerika gibt, hat sich ein Geschäft sogar ganz auf Masturbation spezialisiert. Im *AutoErotic* werden Gleitmittel, Analvibratoren, Videos und Bücher über Masturbation sowie andere Dinge verkauft, die Männer allein oder beim Masturbieren mit einem Partner verwenden können.
An diesem Workshop nahmen nicht nur homosexuelle Männer teil. Heterosexuelle hatten ihre eigenen Gründe, warum sie ihn besuchten. „Männer brauchen solche Workshops, um zu lernen, wie sie mit ihrem Körper wieder in Ver-

bindung treten können", erklärte Paul, neununddreißigjährig, heterosexuell und geschieden. „Erziehung und Gesellschaft sorgen dafür, dass Männer keine richtige Beziehung zu ihrem Körper aufbauen. Wir haben gelernt Sex zu machen, ohne viel dabei zu empfinden. Ich kann mich noch daran erinnern, wie ich eine Tube mit ‚Desensibilisierungscreme' gekauft habe, die ich auf meinen Penis auftrug, um im Bett länger durchhalten zu können – das war noch in der Highschool. Es hat nicht funktioniert. Es braucht sehr viel Desensibilisierungscreme, um den Schwanz eines Siebzehnjährigen schlaff werden zu lassen. Aber ich habe gelernt, wie ich länger durchhalten konnte, indem ich beim Bumsen nicht ans Bumsen gedacht habe. Diese Technik möchte ich wieder verlernen. Ich möchte jedes Streicheln genießen können – und trotzdem eine lange Erektion haben. Ich möchte ein Liebhaber sein, wie ihn sich Frauen wünschen und ich möchte auch genießen können. Darum bin ich hier."

Alan suchte nach einem Weg, um sein Herz, seine Genitalien und seine Seele miteinander in Einklang zu bringen. Matt wollte neue Techniken lernen, damit er und sein Partner den Sex genussvoller gestalten konnten. Jeff war gekommen, weil seine Frau sich mit „New-Age-Zeugs" beschäftigte. Sie hatte ihm versprochen, auf den gemeinsamen Urlaub zu verzichten, damit er ein von ehemaligen Profispielern geleitetes Trainingslager für Amateurathleten besuchen konnte, wenn er an dem Workshop von *BodyErotic* teilnahm und sie zu einem Tantra-Sex-Wochenende begleitete.

„Sie hat wohl das bessere Geschäft gemacht", meinte er und schnitt eine Grimasse in Richtung Lance, einem einundzwanzigjährigen Schwulen. Dieser hatte gerade erzählt, wie sehr ihn die Entdeckung einer Dose Gleitgel, die ein Objekt seiner Begierde nach einem Besuch bei ihm vergessen hatte, erregt hatte – so sehr, dass er den gesamten Inhalt in einer Marathon-Masturbationssitzung aufgebraucht hatte.

„Ich komme zu schnell", sagte ein anderer Mann. „Ich bin hier, weil ich von den verschiedenen Streicheltechniken gehört habe, mit denen man die Masturbation verlängern kann. Wenn ich diese Techniken lerne, kann ich vielleicht auch beim Geschlechtsverkehr länger durchhalten."

„Manchmal klingt bei mir die Erektion ab", berichtete ein Mann mittleren Alters. „Ich möchte lernen, wie ich eine lang anhaltende, starke Erektion haben kann."

„Ich möchte mehr als einmal kommen können; wenn ich das schaffe, wird mich meine Frau umso mehr lieben", sagte ein junger Mann, der direkt in die

Kamera blickte und in seiner Verwundbarkeit rührend aussah. „Ich möchte für sie ein noch besserer Liebhaber sein."

Wenn Frauen Männer nur auch so sehen würden – verletzlich, mit dem Wunsch zu gefallen, mit der Angst, im Bett zu versagen. Frauen machen sich Gedanken darüber, wie sie einen Orgasmus oder noch größere und bessere Orgasmen bekommen können. Männer machen sich darüber Gedanken, wie sie Frauen zu größerer Befriedigung verhelfen können. Die Qualität ihrer eigenen Orgasmen ist für sie nicht so wichtig wie sicher zu stellen, dass die Frau einen Orgasmus bekommt.

Ich spulte das Band vor. Die vierzehn Männer standen nun im Kreis und hielten ihre Penisse, über die glänzende Kondome gestreift waren, in der Hand und masturbierten. Nacheinander wurden gezeigt: lange, gefühlvolle, dann melkende, sanfte Streichelbewegungen, mit einer und mit beiden Händen sowie schnelles Auf-und-ab-Reiben, aber alles ohne irgendeine Begleitmusik, obwohl Musik gut dazu gepasst hätte. Manche hielten ihre Hoden in einer Hand und masturbierten mit der anderen.

„Okay, aufhören", sagte eine Stimme außerhalb des Kreises.

Die Männer hörten auf. Das Hinauszögern des Orgasmus war ein Teil des Lernprozesses, sie sollten lernen, die Befriedigung zunächst zu vernachlässigen. In diesem Kreis wurde nicht über genitale Erinnerungen gesprochen, sondern über Eier und Brustwarzen.

„Ich mag es, wenn sie meinen streichelt, reibt oder hinabbiegt, bevor ich komme. Ich mag es, wenn sie an meinen Brustwarzen saugt, bevor sie mir einen bläst, aber ich mag es nicht, wenn sie sie beim Bumsen berührt. Ich mag es nicht, wenn man an meinen Brustwarzen herumspielt, es macht mich nur an, wenn man sie küsst, an ihnen saugt und in sie hineinbeißt."

Sie begannen von vorn. Gentlemen, bringen Sie Ihre Motoren auf Touren, dachte ich.

„Ich möchte euch nun bitten, mindestens fünf Minuten lang den Vibrator einzusetzen", sagte der Kursleiter.

Sie schalteten die Vibratoren ein, rieben, stoppten, fingen wieder an und kamen schließlich unter Stöhnen und Keuchen, einer nach dem anderen, wie eine Popcornmaschine voller Maiskörner, die erhitzt wurden, bis sie explodierten. In den „Sicherheitsbehältern", den Kondomen, begannen die Penisse zu zucken und schließlich zu schrumpfen. Dies hier war ein gemeinschaftliches Masturbieren, allerdings sauber und ordentlich.

„Was für ein Erlebnis“, sagte Josh (mit dem Staubwedel). „Es war erotisch und spirituell zugleich.“ Jeff, der sich beklagt hatte, er müsse den Workshop seiner Frau zuliebe besuchen, nickte zustimmend. Wer hätte das gedacht?

Die „Body electric“- Philosophie

Die chinesischen, taoistischen Praktiken fußen auf der Annahme, dass die weibliche Energie – Yin – unerschöpflich, die männliche Energie – Yang – hingegen begrenzt sei und man deshalb mit ihr haushalten müsse. Frauen wurden deshalb dazu angehalten, durch Masturbation und Geschlechtsverkehr Orgasmen zu haben, Männer sollten jedoch beim Verkehr möglichst oft eine Ejakulation vermeiden.

Ein Schweizer Arzt, S. A. Tissot, führte diesen Gedanken noch weiter und veröffentlichte 1758 *Onanie: Treatise on the Diseases Produced by Masturbation* (Abhandlung über Krankheiten, die durch Masturbation hervorgerufen werden), das klassische Werk zum Thema Masturbation, welches das öffentliche Denken über hundert Jahre lang beeinflusste. Ihm verdanken wir den Aberglauben, dass der Verlust von Sperma durch Masturbation ebenso schlimm sei wie der Verlust von Blut und dass der Masturbierende schwach und anfällig für zahlreiche Krankheiten werde. Tissot behauptete ebenfalls, ein Mann könne wahnsinnig werden, wenn er zu oft masturbierte – und sich sogar zu Tode masturbieren könne! Haben diejenigen, die die Theorie von der Sexsucht aufgestellt haben, vielleicht von dem Schweizer Arzt abgekupfert?

Empfehlungen zur „Heilung“ von Masturbation gab es zuhauf – unter anderem Penisgürtel, Penisringe und ein enthaltsames Leben mit kalten Bädern, frischer Luft und gesunder Kost. John Kellog erfand seine Cornflakes im Rahmen der Anti-Masturbations-Diät, mit denen man im 19. Jahrhundert Patienten im *Battle Creek Sanatorium* behandelte. Wie sich die Zeiten ändern – nun sind wir wieder bei den alten Chinesen angekommen, allerdings mit einer neuen Zielsetzung: nun will man die Ejakulation hinauszögern, um den Genuss zu verlängern. Und Masturbieren ist Teil der Behandlung.

Im Gegensatz zu den alten Chinesen, die glaubten, Sex sei Energie – *ching chi*, die Lebenskraft, die einen auf ein hohes Erregungsniveau heben und stundenlang dort halten kann – praktizieren die meisten Männer des westlichen Kulturkreises eher eine Art „Ballonsex“: „Beinmuskeln anspannen, Brust raus und

sich in der Mitte aufpumpen, bis er steht", schrieb Joseph Kramer, der 1984 die *Body Electric School* in Oakland, Kalifornien, gegründet hat.
Die Schule organisiert in verschiedenen Städten der USA, Kanadas und Europas Workshops für Männer, Frauen und Paare. In den Kursen werden Techniken vermittelt, die auf tantrischen und taoistischen Bräuchen sowie den Ritualen nordamerikanischer Indianerstämme (vor allem dem Trommeln der Schamanen) beruhen. Die Schule besitzt eine Lizenz des Staates Kalifornien zur Ausbildung von Masseuren und sponsert mehrwöchige Aufenthalte in abgeschiedenen Gegenden in Kalifornien, New England, den Catskill Mountains, Key West und anderen Orten.
„Sex im Westen hat häufig etwas Nekrophiles – ein toter Körper macht Sex mit einem anderen toten Körper", behauptet Kramer.
In den Workshops für Männer lernen die Teilnehmer, wie man erotische Massagen durchführt, die Erregungsphase verlängert und den Orgasmus genussvoller gestaltet. Es gibt, behauptet Kramer, noch „zwanzig andere Methoden als einfach nur den Penis auf und ab zu reiben bis er spritzt". Mithilfe von Kramers Techniken können die Fortgeschrittenen sogar einen Ganzkörperorgasmus herbeiführen. Kramer wuchs in einer frommen, katholischen Familie in St. Louis auf, verließ das Jesuitenseminar, um seine eigene sexuelle Identität zu finden, studierte bei indianischen und asiatischen Meistern der Liebeskunst und ist heute einer von vielen amerikanischen Lehrern, die vor allem in Städten der Ost- und Westküste lehren und/oder praktizieren und deren Zahl stetig wächst.
Was brachte ihn auf die Idee, einen Masturbationsworkshop für Männer anzubieten? „Von dem Moment an, als ich mit fünf Jahren meinen kleinen Penis zum ersten Mal in die Hand genommen habe, liebte ich das Masturbieren. Als ich älter wurde, merkte ich, dass für Erwachsene auf diesem Gebiet nicht viel angeboten wurde und ich begann außerhalb der westlichen Kultur nach anderen Auffassungen von Sex zu suchen. Im Laufe meiner Nachforschungen stellte ich schon bald fest, dass Männer noch sehr viel lernen müssen über Sex, Lust und Befriedigung, sowohl ihrer eigenen als auch die ihrer Partnerinnen – aber auch, dass dies vermutlich mit der westlichen Auffassung von Sex allein kaum machbar ist."

Verschiedene Reibetechniken kombinieren

Reiben Sie Ihre Handflächen und Fingerspitzen mit etwas Gleitmittel ein – oder auch mit Spucke, wenn Ihnen das lieber ist. Probieren Sie nachfolgende Reibetechniken in verschiedenen Kombinationen aus. Wenn Sie die Ejakulation herannahen spüren, wechseln Sie Reibetechnik, Druck und Geschwindigkeit. Mit etwas Übung werden Sie bald in der Lage sein, länger zu masturbieren, bevor Sie ejakulieren.

Die Zwei-Ringe-Technik. Diese Technik eignet sich gut, um einen halb steifen Penis zur vollen Erektion zu bringen. Formen Sie mit Daumen und Zeigefinger jeder Hand einen Ring. Legen Sie beide Ringe übereinander um die Peniswurzel und drücken Sie fest zu. Lassen Sie einen Ring an der Wurzel liegen und reiben Sie mit dem anderen aufwärts bis zur Eichel, so dass der Penis in die Länge gezogen wird. Mit rhythmischen Bewegungen mehrmals wiederholen.

Viele Männer, die diese Technik ausprobierten, meinten hinterher, sie würde eine abklingende Erektion schneller wiederbeleben als alles andere. Einer sagte: „Als Variante habe ich beide Ringe um die Mitte des Penis gelegt und anschließend beide in verschiedene Richtungen – einen zur Eichel, einen zur Wurzel hin – bewegt, dann wieder zurück in die Mitte und das Ganze mehrmals wiederholt."

Streicheln der Peniswurzel. Streicheln und massieren Sie langsam die Peniswurzel und drücken Sie dabei den Schaft.

Langsames Reiben mit einer Hand. Nehmen Sie den Penis in eine Hand und reiben Sie langsam den Schaft auf und ab. Variieren Sie dabei den Druck.

Schnelles Reiben mit einer Hand. Nehmen Sie den Penis in eine Hand und reiben Sie schnell den Schaft auf und ab. Variieren Sie dabei den Druck.

Kreisförmiges Reiben. Legen Sie die Handfläche auf die Eichel und bewegen Sie sie mit kreisförmigen Bewegungen.

Langsames Reiben mit beiden Händen. Reiben Sie mit beiden Händen langsam den Schaft auf und ab. Variieren Sie auch hier den Druck.

Schnelles Reiben mit beiden Händen. Reiben Sie mit beiden Händen schnell am Schaft auf und ab. Variieren Sie den Druck.

Reiben und Festhalten. Reiben Sie mit einer Hand sanft den Penis auf und ab, während Sie mir der anderen Hand den Hodensack festhalten.

Die hohle Hand. Stülpen Sie die hohle Hand über die Eichel. Reiben Sie mit den Fingern der anderen Hand am Schaft auf und ab. Variieren Sie Druck und Geschwindigkeit.

Hohle Hand und dehnen. Wie oben, nur dabei die Hoden vom Körper wegziehen.

Reiben mit den Fingern. Umfassen Sie die Peniswurzel mit einer Hand. Reiben Sie mit den Fingern der anderen Hand den Schaft auf und ab und variieren Sie dabei Druck und Geschwindigkeit.

Pumpen aus dem Handgelenk. Umfassen Sie mit einer Hand das obere Drittel Ihres Penis. Ein Finger oder der Daumen bleibt auf dem Eichelkranz liegen, während Sie aus dem Handgelenk „pumpen“, so dass die Vibrationen der Hand den Penis stimulieren.

Der Klaps. Schubsen Sie den Penis sanft zwischen beiden Händen hin und her.

Klopfen. Legen Sie den Penis auf eine Hand und versetzen Sie ihm mit der anderen Hand einen leichten Schlag, als wollten Sie, wie ein Freund von mir immer sagt, „das Fleisch weichklopfen“.

Reiben an einer Unterlage. Umgreifen Sie den Penis fest an der Wurzel und reiben Sie die Eichel an einem Kissen, dem Sofa oder was gerade zur Verfügung steht.

Reiben an einer Unterlage ohne Hände. Reiben Sie den Penis, Eichel wie Schaft, ohne Zuhilfenahme Ihrer Hände an einem Kissen, Sofa, Bett oder was gerade zur Verfügung steht.

Reiben und Drücken. Drücken sie nach jedem Auf- und Abreiben am Schaft leicht die Eichel zusammen.

Drücken und Massieren. Streicheln Sie sanft die Peniswurzel, während Sie den Schaft drücken. Massieren Sie dann die Wurzel und drücken Sie gleichzeitig den Schaft. (Dies ist eine Variante des Wurzelstreichelns, bei der man den Penis zuerst drückt und dann massiert.)
Ein Freund von mir meinte: „Diese Variante der alten Druck-Technik von Masters und Johnson ist weniger schmerzhaft und beengend – und damit lässt sich außerdem noch die Ejakulation hinauszögern."

Reiben mit geöffneten Händen. Legen Sie Ihren Penis auf eine Handfläche und winkeln Sie drei Finger an, bis die Fingerspitzen leicht auf ihm liegen. Reiben Sie nun langsam und nur mit wenig Druck. Die Hand bleibt offen, nur die Finger liegen sanft auf dem Penis auf. Es sollte sich eher wie ein Streicheln als wie ein Reiben anfühlen.

Imitation von Geschlechtsverkehr. Stülpen Sie etwas über den Penis (zum Beispiel eine Bananenschale), das Ihnen das Gefühl vermittelt, in eine Scheide einzudringen und reiben Sie dann damit am Penis auf und ab. Manche Männer nehmen dazu auch ein Stück Küchenpapier oder ein mit warmem Wasser angefeuchtetes Papierhandtuch.

Masturbieren kann man lernen

„Ich musste mir erst einige Masturbationstechniken abgewöhnen, die ich immer angewendet habe", meinte Jake, ein geschiedener Mann Ende dreißig. „Als Jugendlicher masturbierte ich sehr hastig, damit alles vorbei war, bevor mich jemand hören konnte.
Und in meiner Ehe masturbierte ich ebenfalls immer äußerst hastig, damit meine Frau sich nicht wunderte, was ich so lange im Bad machte. Mein ganzes Leben lang haben mich beim Masturbieren Schuldgefühle geplagt, vor allem während meiner Ehe. Ich weiß, dass meine Frau verletzt und gekränkt gewesen wäre, wenn sie gewusst hätte, dass ich masturbiere, während sie allein im Bett liegt."
Masturbation ist das schmutzige kleine Geheimnis in vielen Ehen. Viele Paare glauben, sie müssten es nach der Hochzeit oder dem Zusammenziehen eigentlich nicht mehr nötig haben, weil sie ja jemanden sozusagen griffbereit ha-

ben. Sollte ein Partner dem anderen vielleicht doch nicht alles geben können, was er braucht?
Kein Mensch kann alle sexuellen Bedürfnisse eines anderen erfüllen. Selbstbefriedigung ist etwas völlig Normales, eine gesunde Art von Sex – das gilt für verheiratete Paare ebenso wie für Singles. Die meisten Leute masturbieren auch nach einer Heirat noch aus den unterschiedlichsten Gründen, unter anderem aus dem Bedürfnis heraus, sich schnell Erleichterung zu verschaffen.
„Meine Frau brauchte immer sehr lange, bis sie einen Orgasmus bekam", sagte Jake. „Manchmal wollte ich aber einfach nur, dass es schnell ging – ohne langen Liebesakt." Andere Männer wollen öfter Sex als ihre Partnerin. (Das gilt natürlich auch umgekehrt – manchmal wollen Frauen häufiger mit ihren Partnern schlafen als diese mit ihnen.) Es kann durchaus sein, dass jemand einfach mal nicht in der Stimmung ist, Liebe und Zuwendung vom Partner zu erbitten, sondern nur einen schnellen Orgasmus will, ohne große Gefühle.
Und dennoch masturbieren viele Männer wie Jake, die eine feste Partnerin haben, heimlich, von Schuldgefühlen geplagt und so hastig wie in ihrer Jugend.
„Nach meiner Scheidung war ich eine Zeit lang nicht fähig, mich auf eine Frau einzulassen", erzählte Jake weiter. „Selbstbefriedigung war meine einzige Alternative. Eines Nachts fragte ich mich, warum ich mich eigentlich so beeilte. Und plötzlich hatte ich alle Zeit der Welt."
Jake probierte es mit den auf den vorhergehenden Seiten beschriebenen Reibetechniken und lernte mehr über die Reaktionen seines Körpers auf Stimulation als er sich je hätte träumen lassen.
„Jetzt habe ich eine neue Beziehung", fuhr er fort. „Bei dieser Frau bin ich im Bett besser als je zuvor. Und das habe ich dem zu verdanken, was ich beim Masturbieren gelernt habe. Nachdem ich endlich fähig war, mir mehr Zeit zu lassen, habe ich verschiedene Kombinationen von Reibetechniken ausprobiert – und kann jetzt meine Erektion viel länger behalten."
Andere Männer haben ähnliche Erfahrungen gemacht. Aber man muss kein Single sein, um durch Masturbation zu lernen – und man muss auch kein Mann sein. Frauen können diese Reibetechniken bei ihren Partnern anwenden.
„Meine Frau hat diese Techniken gelernt", erzählte Carl. „Sie ist sehr geschickt darin. Es erregt mich sehr, wenn sie mich mit den Händen stimuliert. Manchmal stimulieren wir uns gegenseitig mit den Händen. Diese gegenseitige, manuelle Stimulation hat unser Sexleben sehr bereichert und mir gleichzeitig die Bürde abgenommen, immer der aktive Part sein zu müssen."

Das Liebesspiel

Küssen

Das Küssen ist eine Kunst für sich. Welche große verführerische Macht es haben kann, davon berichtet zum Beispiel Jenny:

> *„Ich hätte nicht gedacht, dass ich je mit ihm schlafen würde – bis er mich küsste", sagte Jenny über ihren Partner. „Er begann nicht mit den üblichen Küssen, das heißt, er begann nicht mit dem Kuss als großem, feuchtem Auftakt zum Vorspiel. Mit einer Hand streichelte er meine Wange, mit der anderen hielt er sanft meinen Nacken umfasst. Er küsste mich, zunächst spielerisch. Unsere Münder waren leicht geöffnet, wir berührten und leckten gegenseitig unsere Lippen. Erst als er merkte, dass ich langsam erregt wurde, küsste er mich fester. Immer leidenschaftlicher pressten wir unsere Lippen aneinander, bis die geschlossenen Zähne uns wie eine Barriere vorkamen, die überwunden werden musste. Ich wollte ihn in mir drin haben. Er leckte mit seiner Zunge meine Lippen und drückte sanft mit der Zungenspitze gegen meine Zähne, bis sie ihm den Weg freigaben. Meine Zunge traf auf seine, er zog seine zurück, spielte mit mir Verstecken, sodass ich nach seiner Zunge suchen musste. Ich ließ meine Zunge wild in seinem Mund kreisen, zog sie dann zurück, löste meine Lippen von seinen und saugte an seiner Unterlippe. Der Druck seiner Hand in meinem Nacken wurde stärker und er suchte wieder meinen Mund, zunächst mit den Lippen, dann mit der Zunge. Langsam ließ er seine Zunge hinein- und hinausgleiten. Ich griff mit meiner Hand nach seinem Schwanz. Er brauchte mich nur zu küssen und schon übernahm ich die aktive Rolle."*

Ein Kuss kann Ausdruck von Zuneigung zwischen Freunden und Verwandten sein, aber auch Ausdruck von Leidenschaft, bei der Zunge und Lippen zu Sexualorganen werden. Ein Zungenkuss ist normalerweise der erste erotische Akt zwischen zwei Liebenden. Alte erotische Meisterwerke wie das *Kamasutra* und *The perfumed Garden* befassen sich ausführlich und detailliert mit dem Thema des leidenschaftlichen Küssens.

Scheich Nefzawi schrieb im *The perfumed Garden*: „Lippen anknabbern, an ihnen saugen und sie küssen ... und auch das Trinken des von Leidenschaft durchtränkten Speichels sorgen für dauerhafte Liebe und Zuneigung."

Die meisten Amerikaner, halten *Casablanca* immer noch für den romantischsten Film, der je gedreht wurde. Zwar sieht man die beiden Stars, Humphrey Bogart und Ingrid Bergmann, niemals in einer Sexszene, aber ach, dieser Kuss!

Der Kuss

Der Kuss ist das Entscheidende. Wenn Sie die Art und Weise, wie jemand Sie küsst oder Ihre Küsse erwidert, nicht mögen, dann ist er oder sie garantiert auch im Bett nicht besonders gut, ja, wahrscheinlich nicht einmal akzeptabel. Die von mir interviewten Frauen und Männer stimmten alle darin überein, dass der Kuss überaus wichtig ist. Bei keinem anderen Thema waren sich alle so einig. Beim Küssen merkt man, ob ein Funke überspringt oder nicht. Und wenn der Kuss schon kein Feuer entfacht, warum sollte man dann weiter gehen?

Beim Küssen wird's kritisch. Es wird als etwas so Intimes empfunden, dass viele Prostituierte ihren Kunden nicht erlauben, sie auf die Lippen zu küssen. Der Mund ist ein erotisches Organ, zwar sichtbar und zugänglich, aber dennoch sehr intim. Viele Männer glauben, dass man bereits beim Küssen feststellen kann, ob man zueinander passt oder ob man geliebt wird.

„Ich kann nicht behaupten, ich sei so empfindlich, dass ich nicht mit einer Frau schlafen würde, deren Kuss bei mir kein Feuer entfacht", sagte ein Mann. „Aber ich würde es so weit wie möglich vermeiden, sie zu küssen und wahrscheinlich nicht noch einmal mit ihr ins Bett gehen."

Sogar Wissenschaftler behaupten, dass sich beim Küssen zeigt, ob die Chemie stimmt – da buchstäblich über die Chemikalien in unserem Speichel eine Art biologischer Signale ausgesandt werden. Ein guter Kuss ist im Tantra ein Zeichen für Harmonie. Wenn Sie den Geruch und den Geschmack Ihres/r Geliebten mögen, in seinen/ihren Armen das Gefühl haben, nach Hause zu kommen und bei einem Kuss sowohl Geborgenheit als auch Leidenschaft empfinden, dann haben Sie den richtigen Partner gefunden.

Es gibt auch eine physiologische Erklärung für die Wirkung des Kusses. Die empfindlichen Nervenenden in Lippen, Zunge und Mundschleimhaut reagieren sehr schnell auf sexuelle Reize. Das Empfinden variiert stark, je nach Stärke des Drucks oder des Saugens. Zudem liegen die fürs Riechen zuständigen Nervenzellen in der Nase sehr nahe beim Mund. Bei einem Zungenkuss fühlen, berühren, schmecken und riechen wir den anderen also buchstäblich.

Die asiatische Liebeslehre besagt, dass die Oberlippe einer Frau mit der Klitoris in Verbindung stehe und die Unterlippe des Mannes mit seinem Penis. Diese Behauptung wird zwar nicht von der modernen Wissenschaft unterstützt, aber sie diente mir indirekt als Anlass, den Kuss aus zwei Perspektiven unter die Lupe zu nehmen – aus der männlichen und aus der weiblichen.
Kussexperten zu finden, war gar nicht so einfach. Von Sexgurus erhält man zwar viele theoretische Ratschläge, aber nur selten praktische Anleitungen. Callgirls lassen sich nicht auf die Lippen küssen, also kann man auch sie nicht befragen. Selbst in den Büchern zu diesem Thema – meist nette, kleine Büchlein, die an den Kassen liegen, um zu einem Spontankauf zu verleiten – gehen die Autoren eher auf die Körperstellen ein, die auf Küsse empfindlich reagieren oder berichten von berühmten Küssen in der Geschichte und der Literatur. In keinem meiner Kataloge fand ich ein Seminar zum Thema Küssen. Wie kann eine erotische Kunst so wichtig sein und dennoch so selten gelehrt werden?
Schließlich fand ich einige Gigolos und ehemalige so genannte Surrogat- bzw. Ersatzpartner (Frauen und Männer, die im Rahmen einer Sexualtherapie sexuelle Übungen mit Klienten praktizieren), also Menschen, die um die mächtige und erregende Wirkung des Kusses wissen.

Sein Kuss

Michel ist einer jener Männer, bei dem sich viele oft fragen „Was tut er eigentlich?", was so viel heißen soll wie „Womit verdient er sich seinen Lebensunterhalt"?
„Alles, was ich besitze, habe ich durch die Großzügigkeit von Frauen bekommen", erklärte er mir – und er besitzt eine Menge: eine große Wohnung in Paris, eine kleine in Manhattan, eine Farm in Schottland, eine Sammlung moderner Kunst und massenweise – Kleider. „Die Frauen", fügte er überflüssigerweise hinzu, „sind gut zu mir gewesen."
In Europa hat ein Gigolo kein so schlechtes Image wie in den Vereinigten Staaten. („Man tut einfach so, als seien es eben elegante, attraktive Männer, die kein Geld haben, die Frauen lieben und mit denen man gern zusammen wäre", erklärte mir eine Französin geduldig. „Und man kann ja nicht ernsthaft wollen, dass ein solcher Mann bei einer Party mit einem Anzug von der Stange erscheint oder früh wieder geht, nur weil er am nächsten Morgen zur Arbeit muss, oder?") Nur selten gibt eine Frau einem Mann wie Michel Bargeld. Sie

drückt ihre Dankbarkeit meist anders aus: indem sie ihm ein Kunstwerk, ein Schmuckstück oder vielleicht sogar einen Wagen kauft oder ihren Anlageberater anweist, „etwas auf seinen Namen zu überschreiben“. Wenn sie zusammen verreisen, übernimmt sie mit einer ihrer zahlreichen Kreditkarten diskret die Bezahlung.

Ich lernte Michel über Vivian, eine Bekannte, die dem internationalen Jetset angehört, kennen. Viele ihrer Freundinnen hätten „einige Zeit mit ihm verbracht“, versicherte sie mir und wenn ich einen Experten in Sachen Küssen suche, dann sei Michel definitiv mein Mann. Sie schlug vor, wir sollten uns an der Oak Bar treffen. Einige Minuten lang tauschten die beiden Klatsch aus, tratschten über Liebesaffären und darüber, wie gut das Liften ihrer Freunde diesmal ausgefallen war – im Gesicht, an Augenlidern, Nacken, Bauch, Gesäß, Schenkeln und anderen Körperstellen, die Schönheitschirurgen in Europa oder Rio de Janeiro ohne Skrupel liften. Sogar die Finger werden nicht ausgelassen (fragen Sie mich nicht, wie sie es schaffen, an den Händen noch Haut straff zu ziehen!). Dann ließ uns Vivian allein, nachdem sie jedem von uns rechts und links ein paar Luftküsse hingehaucht hatte.

„Der Kuss“, begann Michel und hob meine Hand an seine Lippen, „ist gefürchtet. Ein Mann findet über die Lippen einer Frau Zugang zu ihrer Seele.“ Glaubt er, dass Küssen Frauen mehr bedeutet als Männern? „Ja, denn Männer sind nicht so empfindsam und empfindlich wie Frauen. Männer werden durch den Machttrieb gesteuert, vor allem die amerikanischen. Sie nehmen sich meist nicht die Zeit, das Küssen zu genießen. Frauen hingegen wohl. Egal, wie beschäftigt eine Frau gerade sein mag, sie nimmt sich immer die Zeit, um richtig zu küssen.“

Ein richtiger Kuss von Michel beansprucht einige Zeit. Bevor er mit einer Frau zum ersten Mal schläft, verbringt er zwei Stunden damit, ihre Lippen und ihren Körper zu küssen. Zwei Stunden!

Hat ihn je eine Frau nach zehn oder fünfzehn Minuten gebeten aufzuhören und nach Hause zu gehen? „Noch nie“, antwortete er, drehte meine Hand um und drückte seine Lippen auf mein Handgelenk – ein köstliches Gefühl.

„Beim Zungenkuss darf man nicht gleich seine Zunge ganz in ihren Mund stecken“, warnte Michel. „Man beginnt damit, langsam und genüsslich mit der Zungenspitze zu erforschen und selbst wenn man seine Lippen fest auf die ihren drückt, hält man die Zunge zurück. Ein Mann kann mit seiner Zunge auch vergewaltigen. Er muss langsam und kontrolliert vorgehen. Er presst seine Lippen auf ihre, während seine Zunge züngelt, streichelt und leckt. Wenn man dabei zu viel Speichel produziert, muss man lernen, wie man einen Teil davon beim Küssen diskret hinunterschluckt."

Zögernd ließ ich Michel mit Cara allein, einer Freundin, die ich für dieses Experiment ausgewählt hatte, weil sie selten einen Orgasmus bekommt, außer wenn sie mithilfe ihres Vibrators masturbiert. Sie bezeichnete sich selbst als nüchtern und sachlich und hegte deshalb erhebliche Zweifel, ob ein Gigolo in der Lage sei, sie mithilfe von Küssen in den „orgasmischen Himmel" zu versetzen. Sie war also die ideale Kandidatin für dieses Experiment. (Mich hatte allein schon sein Kuss auf mein Handgelenk erregt.) Stellen Sie sich meine Überraschung vor, als sie später berichtete, dass ihre zweistündige Kuss-Sitzung mit Michel besser gewesen sei, als ein ganzer Nachmittag mit ihrem Vibrator und ein Tag im Kurbad.

„Wenn mein Freund sich ein- oder zweimal im Monat nur halb so lange damit abgeben würde, mich so zu küssen, dann wäre ich eine überglückliche Frau", sagte sie. „Kein Wunder, dass die Frauen Michel mit Geschenken überhäufen. Von ihm geküsst zu werden, ist ein wahrhaft genussvolles, erotisches Erlebnis. Nach den ersten fünfzehn Minuten nahm ich nichts mehr um mich herum wahr. Ich hätte schwören können, eine feuchtheiße Brise zu spüren und Meeresrauschen zu hören. Ich fühlte mich begehrt und verhätschelt und gleichzeitig erregt und befriedigt."

Kann eine Frau einen Mann auf die gleiche Art küssen? Ja und – Michels Beteuerungen zum Trotz – er wird es genauso genießen wie sie.

„Als Cara mir sagte, sie wolle einen Gigolo-Kuss bei mir ausprobieren, dachte ich, ‚Die Frau sollte endlich aufhören, diese Heftchen zu lesen'", witzelte Steven. „Aber was für eine tolle Überraschung! Ich bin noch nie so geküsst worden. Es war das sinnlichste und erotischste Erlebnis meines Lebens. Wir sind übereingekommen, dem Küssen mehr Zeit zu widmen und nicht so schnell zum Geschlechtsverkehr überzugehen wie früher."

Michels Zwei-Stunden-Kuss

Küssen Sie zuerst die Innenseite des Handgelenks Ihrer Partnerin. Sie können dabei ihren Puls spüren, was wiederum Ihre Lippen reizt.

Streifen Sie leicht mit Ihren Lippen über ihre. Ziehen Sie sich wieder zurück. Nehmen Sie ihr Gesicht in beide Hände. Legen Sie Ihre Lippen wieder auf ihre und pressen Sie sie sanft, während Sie ihr in die Augen sehen.

Nehmen Sie sich mehrere Minuten Zeit, um ihre Lippen zu erforschen. Ihre Küsse sollten sanft, verspielt und aufreizend sein.

Schließen Sie die Augen und küssen Sie sie leidenschaftlich. Stecken Sie jedoch noch nicht Ihre Zunge in ihren Mund.

Erforschen Sie, vom Nacken ausgehend, mit dem Mund ihre erogenen Zonen. Dazu gehören auch die Achselhöhlen, die Innenseite der Ellbogen, die Innenseite der Oberschenkel, die Knie, der untere Teil des Rückgrates, die Brüste und die Genitalien.

Küssen, lecken und saugen Sie an ihren Brüsten, bis sie vor Erregung stöhnt. Widmen Sie vor allem den Brustwarzen Ihre Aufmerksamkeit. Nehmen Sie abwechselnd die rauere Seite Ihrer Zunge (die Oberseite) und die glattere (Unterseite), um unterschiedliche Gefühle hervorzurufen.

Kehren Sie wieder zu dem Mund ihrer Partnerin zurück. Nun können Sie zum Zungenkuss kommen. Achten Sie darauf, dass Sie die Zunge nur sparsam einsetzen. Erforschen Sie mit der Zungenspitze ihre Zunge, die Innenseite ihrer Lippen und die Ränder ihrer Zähne. Stecken Sie nicht gewaltsam Ihre Zunge in ihren Mund.

Stimulieren Sie sie mit Cunnilingus. Machen Sie dies solange, bis sie einen Orgasmus bekommt.

Wenn Sie nicht genug Zeit haben, lassen Sie das Erforschen der erogenen Zonen weg. Versuchen Sie es mit einer verkürzten Variante von Michels Kuss, bevor sie morgens zur Arbeit oder auf eine Geschäftsreise gehen. Das Wiedersehen wird von beiden Seiten herbeigesehnt werden.

Ihr Kuss

Kann man einem Mann wirklich beibringen, wie er küssen soll? „Aber sicher!“, behauptete Catherine mit ihrer klaren, munteren Stimme, die mich an die Stimme einer bekannten Moderatorin vom Frühstücksfernsehen erinnerte. „Aber sicher! Ich habe vielen, vielen Männern das Küssen beigebracht. Manche waren, als sie zu mir kamen, ‚schwammige‘ Küsser, das sind die Schlimmsten. Ich habe sie zu hervorragenden Küssern gemacht.“

Ein „schwammiger“ Küsser legt seine Lippen auf ihren Mund, als seien sie ein Stück rohes Fleisch, das er auf ein blaues Auge legt. Er klatscht sie einfach drauf und lässt sie dort, in der festen Überzeugung, einem genau das zu geben, was man braucht. Wir alle kennen mindestens einen solchen Küsser. Aber noch schlimmer ist es, wenn sie einem ihre Zunge ohne Rücksicht aufVerluste in den Mund drücken. Dann tun sie genau das, wovon Michel abrät: Sie schieben das ganze Ding einfach rein. Und wenn sie dabei auch noch sabbern ...

„Das ist einfach zu grässlich“, sagte Catherine. „Die meisten Frauen werden sie kein zweites Mal küssen wollen.“

Catherine, eine fünfzigjährige Therapeutin aus Kalifornien, die bei ihrer Arbeit und in ihrer Lebensphilosophie östlichen Mystizismus und westlichen Pragmatismus verbindet, arbeitete acht Jahre lang als „Surrogatpartnerin“. Sie küsste Männer, die die meisten Frauen kein zweites Mal küssen würden, nicht nur, sondern ging auch mit ihnen ins Bett.

„Meine Aufgabe als Surrogatpartner war es, mittels Sex zu heilen“, erzählte sie. „Meine Klienten waren Männer, die unter Erektions- und Ejakulationsstörungen litten oder nie gelernt hatten, Gefühle zuzulassen und den Liebesakt zu genießen. Das fing schon mit dem Kuss an. Keiner von ihnen konnte anfangs auch nur annähernd küssen, aber alle konnten es, als sie wieder gingen.“

Catherine arbeitete damals mit einem Therapeuten zusammen und traf sich einmal pro Woche mit einem Klienten – im ersten Monat zweimal wöchentlich – über einen Zeitraum von drei bis sechs Monaten hinweg. Viele Männer litten unter frühzeitigem Samenerguss, manche waren sogar unfähig, in Gegenwart einer Frau überhaupt zu ejakulieren. (Sie konnten nur beim Masturbieren einen Orgasmus bekommen.) Aus den unterschiedlichsten Gründen hatte keiner von ihnen gelernt, im Bett Gefühle zu zeigen, bis sie zu Catherine kamen.

„Ich brauche nicht extra zu betonen, dass keiner dieser Männer eine Beziehung hatte, sonst hätten sie zusammen mit ihrer Partnerin an ihren sexuellen Problemen gearbeitet", sagte sie. „Sie suchten Hilfe bei einem Surrogatpartner, weil sie gute Liebhaber werden wollten, bevor sie wieder eine Beziehung mit einer Frau eingingen."

Wenn man Catherine Glauben schenken darf, hängen die Fähigkeiten eines Mannes im Bett eng mit seinem „Kuss-Stil" zusammen. Verbessert er diesen, profitieren auch all seine anderen Fähigkeiten davon – er lernt, sich Zeit zu lassen, wie er Genuss empfinden (und bereiten) kann und er lernt, Gefühle zu entwickeln und auszudrücken. Deshalb widmete Catherine die erste Sitzung mit einem neuen Klienten ausschließlich dem Küssen.

„Mit dem Küssen kann man gut anfangen, denn das wirkt weit weniger bedrohlich als gleich mit dem Penis zu beginnen", erklärte Catherine. Weiter führte sie aus, dass Küssen seit Jahrtausenden für Menschen in fast allen Kulturkreisen beim Sex eine wichtige Rolle gespielt hat. Die Eskimos und die alten Chinesen küssten sich mit der Nase, nicht mit den Lippen. Sie legten ihre Nasen auf eine bestimmte Körperstelle der geliebten Person und schnüffelten.

„Im Tantra kennt man neun Arten von Küssen und neun Stellen zum Küssen", erklärte sie, „und hunderte, nein tausende von Möglichkeiten, diese zu kombinieren und stimulierend einzusetzen. Wenn Ihr Mann Sie nicht so lange und so oft küsst, wie Sie es gern hätten, dann müssen Sie das Küssen eben für ihn interessanter machen.

Frauen nehmen sich eher die Zeit, um bestimmte Dinge beim Sex, wie beispielsweise das Küssen, zu verbessern. Männer würden dies zwar gern tun, wissen aber nicht, wie sie es bewerkstelligen sollen, ohne Probleme heraufzubeschwören. Manchen fehlen einfach die Worte, um über intime Beziehungsangelegenheiten zu reden. Und andere fürchten, die Partnerin könnte verletzt reagieren, wenn sie ein so heikles Thema wie Änderungen des Kuss-Stils vorschlagen, da sie das Küssen eigentlich als ‚Domäne der Frauen' ansehen."

Mit deren Zustimmung gab mir Catherine die Namen zweier Männer, mit denen sie als Surrogatpartner gearbeitet hatte.

„Catherine hat mir beigebracht, wie man richtig Liebe macht", sagte Rob, „und sie begann den Unterricht mit dem Küssen. Ich komme aus einer sehr religiösen Familie und habe eine Frau geheiratet, die meiner Mutter sehr ähnlich, das heißt sehr fromm war und panische Angst vor Sex hatte. Dann, vor zehn Jahren, war ich plötzlich dreißig, geschieden und musste entdecken, dass ich ein lausiger Liebhaber war. Wir hatten relativ selten miteinander geschlafen, wobei wir ziemlich verkrampft waren und es möglichst schnell hinter uns brachten.

Nach meiner ersten sexuellen Erfahrung nach der Scheidung suchte ich einen Sextherapeuten auf. Ich war bei einer Frau innerhalb von Sekunden gekommen. Sie konnte mich gar nicht schnell genug loswerden, wofür ich ihr keinen Vorwurf machte. Aber mir wurde klar, dass ich Hilfe brauchte oder Sex ein für allemal aufgeben konnte.
Der Therapeut schickte mich zu Catherine. Sie hat mein Leben gerettet. Die erste Sitzung mit ihr war eine Offenbarung. Vorher hatte ich gedacht, Küssen bedeute einfach seinen Mund auf einen anderen zu pressen und dann, wenn sich die Möglichkeit dazu ergab, die Zunge hineinzustecken. Catherine hat mich eines Besseren belehrt. Aber sie tat noch mehr. Sie hat mir gezeigt, dass ich auch Gefühle empfinden kann und sie hat meine Sinnlichkeit geweckt."

Die zehn Kussarten (Die neun Küsse des Tantra und der Zungenkuss)

Der Kuss am Anfang. Dies ist ein Flirt mit den Lippen. Die Zunge wird nur verwendet, um die Lippen des anderen zu lecken. Dieser sanfte Kuss erforscht die Gefühle des anderen. Er fragt: Möchtest du jetzt mit mir schlafen?

Der kitzelnde Kuss. Lassen Sie Ihre Zungenspitze über die Lippen Ihres Partners gleiten, mal innen, mal außen. Das kitzelt!

Der reibende Kuss. Erst sanft küssen, dann mit den eigenen Lippen über die des anderen reiben, vor und zurück. Der „reibende" Kuss eignet sich auch hervorragend für alle erogenen Zonen.

Leidenschaftliche „Federküsse". Wenn beide Partner bereits ziemlich erregt sind, werden die Küsse drängender. Diese schnellen, drängenden, aber immer noch sanften Küsse werden meist von Stöhnen, Seufzen und Keuchen begleitet, weil Verlangen und Erregung immer stärker werden. Die Küsse werden heiß und flüchtig, weil der Mund des Partners nicht lange genug an einem Ort verweilen kann, denn das Verlangen, die nächste Stelle zu berühren, ist zu groß. Äußerst wirkungsvoll und erregend für den Partner ist es, sich von dessen Mund bis zu den Genitalien mit leidenschaftlichen Federküssen hinabzuküssen.

„Echoküsse". Der Partner wiederholt Kuss für Kuss das Kussmuster des anderen. Wenn er zum Beispiel an Ihrer Unterlippe saugt und anschließend über Ihre Lippen reibt, wiederholen Sie dies.

Saugende Küsse. Am wirkungsvollsten auf Lippen, Brustwarzen und Genitalien. Nicht mit lauten, schlürfenden Geräuschen saugen! Auch soll der andere nicht das Gefühl haben, von einem Staubsauger angesaugt zu werden. Leichter bis mäßiger Druck stimuliert am meisten.

Abwechselnd lecken, beißen und küssen. Abwechselnd mit Unter- und Oberseite Ihrer Zunge lecken, die Zunge mit weit ausholenden Bewegungen kreisen lassen und nur sanft zubeißen. Beim Liebesbiss schließt man die Zähne nur leicht – man beißt nicht richtig zu.

Der Zungenkuss. Setzen Sie die Zunge sparsam ein. Wenn Sie sie zu weit in den Mund des anderen stecken, können Sie die Bewegungen Ihrer Zunge nicht mehr so gut kontrollieren. Der Zungenkuss ist ein leidenschaftlicher Kuss, aber sehr delikat und deshalb sollte man langsam und gefühlvoll beginnen, um den Mund und die Zunge des Partners auszukundschaften. Machen Sie mit der Zungenspitze einen ersten Vorstoß. Ziehen Sie die Zunge wieder zurück. Umkreisen Sie die Zunge Ihres Partners mit Ihrer Zungenspitze. Ziehen Sie die Zunge wieder zurück. Lecken Sie Seiten, Oberseite und Spitze der Zunge des anderen. Wiederholen Sie das Ganze. Wiederholen und wiederholen Sie. Erst wenn Sie beide sehr erregt sind, können Sie Ihre Zunge mit schnellen, rhythmischen Bewegungen vor- und zurückgleiten lassen. Und nur wenn der Partner wirklich sehr erregt ist, sollten Sie mit Ihrer Zunge die hintersten Winkel seines Mundes erforschen.

Der vibrierende Kuss. Beide Partner öffnen und schließen ihren Mund während eines leidenschaftlichen Kusses wiederholt schnell hintereinander, als wären sie Fische. (Das bedarf einiger Übung, ist aber sehr erregend.)

Der Schaufelrad-Kuss. Legen Sie Ihre Wange an die Nase Ihres Partners bzw. Ihrer Partnerin. Küssen Sie seinen Mund. Dringen Sie mit der Zungenspitze ein und lassen Sie sie kreisen.

Die neun Stellen, an denen Küsse am wirkungsvollsten sind

Ohren, Kehle, Wangen, Achselhöhlen, Lippen, Schenkel, Bauch, Brüste, Genitalien.

Augen auf oder zu?

Unzähligen Studien zufolge schließen 90 Prozent aller Frauen beim Küssen die Augen, aber nur ein Drittel der Männer. Warum tun Frauen das? Männer werden durch optische Reize stimuliert. Frauen, so behaupten die Wissenschaftler, nutzen diese Zeit, um sich ihren Fantasien hinzugeben.
„Wenn Frauen zumindest zeitweise ihre Augen offen ließen, würde ihre Beziehung zum Partner viel intimer", meint Catherine. „Der Mann entwickelt nämlich normalerweise viel intensivere Gefühle, wenn man ihm beim Verkehr in die Augen sieht."
Vielleicht stimulieren Sie ja Ihren Partner auch beim Küssen mehr, wenn Sie dabei die Augen offen lassen!
George, ein anderer Klient von Catherine, meinte: „Bevor ich Catherine traf, war ich nie mit einer Frau zusammen, die beim Küssen die Augen offen ließ. Ich konnte in Catherines Augen sehen, wie meine Küsse sie bewegten. Das war für mich sowohl erregend als auch sehr hilfreich."

Berühren und Umarmen, Kneifen und Beißen – aber nicht als Vorspiel

„Ich bat ihn, mich mit Sonnenmilch einzureiben", erzählte Kelly. „Er gab ein paar Tropfen auf seine Finger, verrieb sie und streichelte dann mein Gesicht. Seine Finger glitten ganz weich von der Stirn bis zum Schlüsselbein über meine Haut. Er streichelte mich mit langsamen, kreisförmigen Bewegungen – erst mit den Fingerspitzen, dann mit einem Fingerknöchel und schließlich mit dem Handrücken.
Dann musste ich mich mit dem Gesicht nach unten auf ein Handtuch legen und er rieb meinen Rücken mit Sonnenmilch ein. Anschließend legte er sich so nahe neben mich, dass ich seinen Atem spüren konnte, er mich aber nicht berührte und begann mit einer Hand meinen Rücken zu streicheln – erst mit der Handfläche, dann mit dem Handrücken, dann mit den Fingerspitzen und schließlich wieder mit der Handfläche. Druck und Geschwindigkeit seiner Bewegungen variierten, während er seine Hand meinen Rücken hinunter bis zum Hintern gleiten ließ – und bald zitterte ich förmlich in Erwartung der Vereinigung, die bald kommen würde."

Kellys erstes Erlebnis mit ihrem Partner Thomas beschrieb sie als „sinnliches Erwachen". Mit ihren sechsundzwanzig Jahren war sie noch nie mit einem Mann zusammengewesen, der sich in der Kunst des zärtlichen Streichelns und Liebkosens auskannte.
„Er beschränkt diese Art von Körperkontakt aber nicht auf das Vorspiel", fuhr sie fort. „Er berührt einfach gern. Ich war schon vorher mit solchen Männern zusammen, aber keiner war wie Thomas. Bei ihm kommen Fingerspitzen, Handflächen und Handrücken auf ganz unterschiedliche Weise zum Einsatz. Wenn er mir in einem Restaurant gegenübersitzt und mich mit einem Finger an der Innenseite meines Armes streichelt, macht mich das ganz verrückt."

Offensichtlich weiß Thomas sehr gut, wie man das Liebesspiel so einleitet und verlängert, dass es fast schon ein Akt an sich ist. Die Haut ist das größte Organ unseres Körpers. Mit Millionen von Sinneszellen – mehr als 1400 pro Quadratzentimeter – ausgestattet, stellt sie eine einzige erogene Zone dar. In unserem Bestreben, möglichst schnell zum Geschlechtsverkehr zu kommen, vergessen wir manchmal, dass unser gesamter Körper erotisches Potential besitzt.

Die einzelnen Phasen des Liebesaktes

Shinzen, ein Tantra-Meister, erklärte mir, dass der Liebesakt aus drei Phasen bestehe: der Anfangsphase, der mittleren Phase und der Endphase. Ich lernte Shinzen letztes Jahr in Bombay über den berühmten indischen Sexualwissenschaftler Dr. Prakash Kothari kennen, der 1991 an der Ersten Internationalen Konferenz über den Orgasmus in Neu-Delhi und vor kurzem an der Dritten Asiatischen Konferenz über Sexualwissenschaft teilgenommen hatte. Dr. Kothari und Shinzen diskutierten gerade über die sprachliche Herkunft des Wortes „Vorspiel", als ich mich an der Bar des feudalen Oberoi Hotels zu ihnen gesellte. Ein Sexualwissenschaftler aus dem Westen hatte in seinem Vortrag am Vormittag ihrer Ansicht nach die Herkunft des Wortes falsch hergeleitet.
„Grob übersetzt heißt die Anfangsphase *Für Spiel*", erklärte Shinzen. „Die mittlere Phase heißt *Hinweggetragen* und die Endphase *Höhepunkt*. Man muss nicht unbedingt jedes Mal alle drei Phasen durchlaufen."
„Ah", sagte Dr. Kothari und um seine Augen bildeten sich Lachfältchen, als er, um mich aufzuziehen, sagte: „Ich glaube kaum, dass ein Amerikaner dies versteht." Aber manche Amerikaner haben sehr wohl kapiert, worum es geht. Das amerikanische Modell für Geschlechtsverkehr kennt nämlich ebenfalls drei

Phasen, die Masters und Johnson Erregungsphase, Plateauphase und Erlösung (Orgasmus) genannt haben und die in etwa mit den drei Phasen des tantrischen Liebesaktes übereinstimmen. Unser Liebesspiel ist jedoch wesentlich zielgerichteter als sein Pendant östlicher Herkunft. Unser vorrangiges Ziel ist der Geschlechtsverkehr, der mit einem Orgasmus endet. Wir haben „Für Spiel" zu „Vorspiel" gemacht, wodurch Sinnlichkeit, Spaß und Genuss in die Aufwärmphase verbannt wurden. Diese wurde bis vor kurzem noch als Phase definiert, in der die Frau vom schneller erregbaren Mann stimuliert wird, ihn aber nur wenig stimulieren darf, damit er nicht zu früh kommt.

Masters und Johnson allerdings ersetzten das Wort „Vorspiel" durch „Erregungsphase" und später durch „nichtkoitales Liebesspiel", vor allem, damit Paare von dem Zwang befreit wurden, das Ganze möglichst schnell in gerader Linie von Anfang bis Ende durchzuziehen. Sie behaupteten, dass Sex sowohl vor, während als auch nach dem Koitus genussvoll und befriedigend sein könne und sogar auch ohne Orgasmus – ein revolutionärer Gedanke! Zur Behandlung von sexuellen Funktionsstörungen bei Frauen, der so genannten Anorgasmie (Orgasmusunfähigkeit) entwickelten sie das „Sensualitätstraining", bei dem das gegenseitige Streicheln und Berühren geübt wird und die Paare ein „Koitusverbot" bekommen. Amerikanische Therapeuten preisen das „Sensualitätstraining" als unschätzbares Hilfsmittel zur Behandlung orgasmusunfähiger Frauen oder um Paaren dabei zu helfen, ihren Sex kreativer und sinnlicher zu gestalten.

Das Sensualitätstraining

Im Anfangsstadium einer Sexualtherapie werden die Paare dazu angehalten, auf Geschlechtsverkehr zu verzichten. Sie müssen regelmäßig „Hausaufgaben" in Form von bestimmten Zärtlichkeits- und Körperübungen machen. Dadurch soll der Leistungsdruck abgebaut werden, da die Übungen bewusst nicht zum Geschlechtsverkehr oder Orgasmus führen sollen.

Auch Paare, die das Gefühl haben, ihr Liebesleben könne etwas mehr Pep vertragen, können vom „Sensualitätstraining" profitieren.

„Wir haben beschlossen, wieder von vorn anzufangen", erzählte Julie. „Zu Beginn unserer Beziehung verbrachten wir viel Zeit damit, uns zu küssen, zu streicheln und uns gegenseitig zu massieren, da wir nicht gleich miteinander schlafen wollten. Das war eine herrliche, romantische Zeit und wir haben sie wiedererweckt, indem wir an einem Abend in der Woche nur zärtliche und sinnliche Liebesspiele machen, ohne miteinander zu schlafen."

Die Basistechnik

Einer der beiden Partner liegt auf dem Bauch und der andere küsst, streichelt und liebkost mit Händen und Lippen seine Haut. Beide konzentrieren sich ausschließlich auf die Gefühle, die die Berührungen hervorrufen. Was fühlt er, wenn er mit seiner Handfläche über ihren Rücken reibt? Was fühlt sie dabei? Derjenige, der berührt wird, kann entscheiden, ob mehr Druck ausgeübt oder die Geschwindigkeit der Berührungen geändert werden soll. Ist dies die Frau, kann sie ihren Partner wissen lassen, an welchen Stellen die Berührung für sie am schönsten ist.

Wenn sie so weit ist, dreht sie sich um. Ihr Partner küsst, liebkost und streichelt nun die gesamte Vorderseite ihres Körpers – mit Ausnahme der Genitalien.

Danach tauschen beide die Plätze und wiederholen die Übungen.

Später werden auch die Genitalien mit einbezogen.

„Nur wenige Leute wissen, dass das Sensualitätstraining auf verschiedenen und meist subtileren Stimulierungstechniken beruht, die in der asiatischen Sexualwissenschaft bereits seit Jahrhunderten gelehrt werden", erinnerte mich Dr. Kothari.

Und er hat Recht. Alles, was wir in Bezug auf Sex in der zweiten Hälfte dieses Jahrhunderts „entdeckt" haben, war im Prinzip nur eine Wiederentdeckung alter Praktiken, die an unsere Zeit und unseren modernen Lebensstil angepasst wurden.

„Ich lehre die altehrwürdigen Techniken", sagte Shinzen, „die es eigentlich nur noch gibt, weil im Westen das Interesse an ihnen groß ist und nicht, weil sie im Fernen Osten noch praktiziert werden. Die sexuelle Repression, die heute in den Herkunftsländern des *Kamasutra*, den Werken von Chopel und des *Perfumed Garden*, zu beobachten ist, hat dafür gesorgt, dass das Volk keine Kenntnis mehr von seinem erotischen Erbe hat." Er schüttelte den Kopf und fügte traurig hinzu: „China ist heute ein großes Land voller prüder Menschen."

Wie alle Gurus aus Asien, die ich kennen gelernt habe, ist auch Shinzen früher Mönch gewesen. Deshalb habe ich den leisen Verdacht, dass Mönche in Asien auf einen Teil ihrer täglichen Meditation und Gebete verzichten, um sich dem

Erhalt des erotischen Erbes widmen zu können. (Über diesen Punkt schwieg sich Shinzen beharrlich aus.) Sobald sie alle Geheimnisse kennen, brechen sie auf, um ihr Wissen weiterzugeben – nicht etwa an die Volksmassen in ihren Heimatländern, sondern an reiche Amerikaner und Europäer, die sich Privatunterricht leisten können. Shinzen beispielsweise unterrichtet fast ausschließlich japanische Kurtisanen, die moderne Variante der Geishas und europäische Callgirls – jene, die von ihren Kunden mit einer Concorde von einem Land zum nächsten geflogen werden.

Shinzen hat sich auf den ersten Akt des Liebesspiels, das „Für Spiel" spezialisiert.

Mea, eine japanische Kurtisane, die Unterricht bei Shinzen genommen hat, erzählte: „Die meisten meiner Klienten ziehen es vor, durch Streicheln und Küssen zum Orgasmus gebracht zu werden. Sie wollen keinen Geschlechtsverkehr, sie suchen ein langsames, zärtliches und sinnliches Erlebnis, etwas, das sie mit ihren Frauen nicht bekommen.

Die meisten Leute machen den Fehler, beim Sex sofort auf den Geschlechtsverkehr zuzusteuern. Solange der Mann eine Erektion bekommt und behält und die Scheide der Frau feucht wird, sind Zärtlichkeiten zweitrangig. Man begrapscht sich förmlich gegenseitig, man liebkost sich nicht. Die Männer, die zu mir kommen, sagen mir, dass sie nicht hetzen sondern sich entspannen und ihre Gefühle genießen wollen. Manche Männer wollen nicht einmal einen Orgasmus – den wollen sie sich für ihre Partnerin aufheben."

Mehrere ihrer Klienten haben seit Jahren einen festen wöchentlichen Termin bei Mea. Außerdem kommen regelmäßig bestimmte Klienten aus den USA und Europa zu ihr. „Ein amerikanischer Geschäftsmann sagte mir einmal, er würde viel dafür geben, von seiner Frau so berührt zu werden wie von mir oder sie selbst so berühren zu dürfen, aber er fürchte, sie würde Verdacht schöpfen, wenn er dies täte und wissen wollen, wo er es gelernt habe." Meas Spezialgebiet ist die orientalische, erotische Massage.

Die Kunst der erotischen Massage

Die erotische Massage gilt seit Jahrhunderten als Spezialität der japanischen Kurtisanen. Bei meinen Sitzungen mit Shinzen lernte ich Mitzi kennen, eine außerordentlich schöne Eurasierin mit umwerfend blauen Augen, pechschwarzem Haar, herrlichem Körper und langen Beinen, von denen die meisten Frauen nur träumen können. Sie arbeitete in einem Bordell in Tokio, bis ein europäischer Kunde, beeindruckt von ihren außergewöhnlichen Fähigkeiten, es ihr ermöglichte, in Paris auf eigene Rechnung zu arbeiten. Mitzi und ich lagen nackt auf gepolsterten Massageliegen. Zuerst sollte Shinzen mich massieren und anschließend wollte ich ihm dabei zusehen, wie er Mitzi massierte. Später massierten wir abwechselnd ihn.

„Massage" – so wie die Amerikaner das Wort definieren – war für diese Art der Massage eigentlich der falsche Ausdruck. Dies hier war nicht das typische, gefühlvolle und/oder kräftige Reiben oder Rubbeln, das man kennt – nein, dies hier war aktiver Sex, es sollte erregen, nicht nur die Haut zum Kribbeln bringen. Bei dieser Massage sind die Berührungen sanfter und die Bewegungen langsamer als bei einer typisch amerikanischen Massage. Shinzens erotische Massage würden die meisten Leute in die Kategorie „manuelles Vorspiel" einreihen.

Shinzen gab etwas Ylang-Ylang-Öl auf seine Hände (dieses Öl wird aus einer asiatischen Blume gewonnen. Jedes andere, leicht parfümierte Öl ist hierfür ebenfalls geeignet), damit sie geschmeidiger wurden und begann mich zu massieren: zuerst meinen Nacken, dann über den Rücken hinunter zum Hintern, dann meine Schenkel und Beine. Er streichelte meine Fußknöchel, bevor er sich wieder an meinem Körper hocharbeitete. Dieses Mal wanderten seine Hände auf den Innenseiten meiner Schenkel hoch und verweilten am Steißbein, um dieses sanft zu reiben. Dann machte er mit kreisenden, weit ausholenden Bewegungen weiter. Seine Hände schienen über mich zu hinwegzugleiten und erhitzten meine Haut.

Gerade noch rechtzeitig brach er ab, als er sich am unteren Ende meiner Wirbelsäule befand und begann meinen Hintern zu kneten. Damit hörte er jedoch fast augenblicklich wieder auf und tänzelte stattdessen mit den Fingerspitzen auf meinem Hinterteil herum. Ich hatte das Gefühl, eine Spinne würde dort herumkrabbeln. Ich schauderte. Seine Fingerspitzen eilten meinen Rücken hinauf bis zu meinem Nacken, wo Shinzen dann mit den Daumen in kräftigen Kreisbewegungen meinen Haaransatz massierte. Dann wieder zurück zu meinem Hintern – die Spinne war fort, die Hände kneteten wieder.

Dann, klatsch! auf die eine Pobacke und klatsch! auf die andere. Die Klapse, laut, aber nicht schmerzhaft, veranlassten mich, meinen Unterleib flach gegen die Liege zu pressen. Mein Hintern hob sich, um seinen Händen von allein wieder entgegenzukommen. Klatsch! in die Mitte meines Hinterns. Seine Finger zwickten und kneteten meine warmen Pobacken. Ich war bereits unglaublich erregt.

Er drehte mich um. Seine Hände glitten in weit ausholenden Kreisbewegungen von meinem Nacken über meine Brüste, meinen Bauch, meine Schenkel und die Beine hinunter. Er streichelte die Innenseite meiner Füße und nahm dann jeden einzelnen Zeh in seine Finger, um ihn leicht zu drücken. Ich wand mich, wartete begierig darauf, dass er seine Hände wieder an meinem Körper hochgleiten ließ. Er zwickte mich in den großen Zeh. Seine Hände wanderten nun tatsächlich wieder an meinem Körper hoch, um bei meinen Brüsten zu verweilen.

Shinzen beugte sich über meine linke Brustwarze und pustete sanft über sie hinweg. Mit zwei Fingern stimulierte er die Spitze der Brustwarze, dann tat er das Gleiche mit der rechten. Danach bedeckte er mit den Handflächen beide Brustwarzen und den Hof und rieb mit kreisenden Bewegungen, bis er zwei Finger von den Brüsten über den Körper durch den Bauchnabel bis zum Rand meiner Schambehaarung wandern ließ. Ich stöhnte vor Wonne.

Shinzen heizte mich immer mehr auf – er ließ seine Hände über mich gleiten, knetete, klopfte, streichelte, zwickte mich hier und da oder versetzte mir einen Klaps. Mit geschickten, sanften Bewegungen streichelte er meine Genitalien, bis er schließlich mit den Fingerspitzen die Orgasmen förmlich aus mir herauszog und dann mit dem Handrücken in meine Vulva einmassierte.

Herrlich entspannt beobachtete ich Shinzen dann dabei, wie er seine erotische Massage Mitzi angedeihen ließ. Er begann bei ihren Brüsten, wie bei mir mit den Handflächen. Sanft rieb er die Brustwarzen mit zwei Fingern, drückte sie erst zusammen und dann in die Brust, massierte sie und zog sie schließlich wieder heraus. Doch er streichelte Mitzi nicht nur (wie mich), sondern er biss sie zudem noch zweimal in jede Hinterbacke, in die Innenseite ihrer Schenkel und in die Seite ihrer Brüste, allerdings nicht so fest, dass Spuren zurückblieben. (Später, als ich ihn fragte, warum ich seine Zähne nicht gespürt hätte, antwortete er, Amerikaner würde er nie beißen, da man nie wissen könnte, ob sie einen nicht später verklagen würden!) Mitzi bat ihn, ihre Genitalien auszusparen, da sie ihn in einem Zustand leichter Erregung besser massieren könnte als völlig entspannt.

Wir machten eine Pause, um Tee zu trinken. Mitzi und ich hüllten uns in schicke Frotteebademäntel, die er uns gab. Zum Tee wurden Sake, ein japanischer Reiswein sowie kleine Sandwiches und Kuchen nach englischer Art gereicht. Shinzen trank nur Tee, schwarz und stark, ohne Milch und Zucker. Nach-

dem wir unseren Imbiss beendet und lange genug gewartet hatten, bis das Essen verdaut war – „Das ist sehr wichtig“, betonte er – begannen wir mit Shinzens Massage.
Mitzi, die Expertin, zeigte mir, was ich zu tun hatte. Der größte Unterschied zu unserer Massage bestand darin, dass unsere Bewegungen kräftiger waren.
„Frauen reagieren empfindlicher auf Berührungen als Männer, da sie mehr ‚Genusspunkte‘ haben“, sagte Mitzi. „Und Frauen werden beim Sex häufiger berührt als Männer, deshalb ist ihre Haut bereits empfänglicher dafür. Frauen glauben, sie dürften ihren Partner nicht zu viel anfassen, deshalb gehen sie sparsam mit Berührungen um, damit ihre Männer nicht zu früh zum Höhepunkt kommen. Das wäre allerdings gar nicht nötig – sie müssten nur die Art der Berührung häufiger variieren. Oft höre ich von den Männern, dass ihre Partnerinnen glauben, das Vorspiel bestünde darin, ein, zwei Minuten lang ihren Penis zu streicheln.“
Wir begannen mit der Massage. Zuerst berührten wir mit unseren Brüsten Shinzens Rücken. Dann machten wir genauso weiter, wie er uns zuvor massiert hatte. An bestimmten Stellen beugte sich Mitzi über ihn, um ihn mit ihren Haaren zu kitzeln und zu reizen. Dazu war mein Haar zu kurz.
Als er sich umdrehte, befeuchtete sie seine Brustwarzen mit ihrem Speichel und pustete über sie. Mit den Nägeln zog sie unsichtbare Linien über seinen Körper bis an den Rand seiner Schamhaare. Sie steckte ihre Zunge in seinen Bauchnabel und ließ sie kreisen, während ich seinen Bauch mit kleinen, heißen Atemstößen bedeckte.
Mitzi kletterte auf die Liege, setzte sich rittlings auf ihn und presste ihre Brustwarzen gegen seine, während ich seine Handflächen küsste. Dabei legte ich lediglich meine Lippen auf seine Haut und ließ nur meine Zunge immer wieder kurz hervorschnellen. Wir streichelten die Vorderseite seines Körpers, von der Stirn bis zu den Zehen. Dann saugte sie an seinen Zehen und immer wenn einer aus ihrem Mund glitt, war ein schmatzendes Geräusch zu hören.
Mitzi massierte und streichelte Shinzens Genitalien mit kräftigen Handbewegungen. Unter ihren kundigen Händen bekam er einen Orgasmus ohne zu ejakulieren. Ich beobachtete, wie sein Penis offenbar endlos lange Kontraktionen durchlief. Er ejakuliere, wie er uns später erzählte, nicht öfter als zweimal im Monat, obwohl er häufig Orgasmen habe, sogar multiple.

Verschiedene Arten der Berührung

Gleiten. Lassen Sie Ihre Hände in weit ausholenden Bewegungen sanft über den Körper Ihres Partners gleiten. Die verschiedenen Bewegungen sollten ineinander übergehen und alle Körperteile mit einbeziehen. Hören Sie nie auf zu kneten, zu reiben oder zu streicheln. Verwenden Sie Öl, wenn überhaupt, nur sparsam – nehmen Sie gerade so viel, dass Ihre Hände geschmeidig werden und leichter über die Haut Ihres Partners gleiten.

Streicheln mit einem einzelnen Finger. Das ist am wirkungsvollsten an empfindlichen Stellen wie Augenlidern und Ohren, aber auch an der Kehle wirkt es sehr erregend. Lassen Sie einfach einen Finger ganz leicht über die Haut gleiten.

Schläfendruck. Streichen Sie mit den Fingern beider Hände von der Stirnmitte bis zu den Schläfen. Üben Sie an den Schläfen leichten Druck aus. Stellen Sie sich vor, Sie würden mit Ihren Fingern Sorgen – oder Kopfschmerzen – einfach wegmassieren.

Daumendruck. Drücken Sie mit der Daumenkuppe – nicht zu fest – auf die Akupressurpunkte. Diese Art der Berührung sollte nur sparsam eingesetzt werden, etwa um beim „Gleiten“ oder „Streicheln“ bestimmte Stellen zu reizen.

Kneten oder Massieren. Dies sollte nicht so kräftig geschehen wie das typische „Teig-Kneten“ bei einer normalen Massage und nicht zu häufig angewendet werden. Das Ziel ist hier nicht das Lockern verspannter Muskeln, selbst wenn Ihr Partner oder Ihre Partnerin tatsächlich verspannt sein sollte. Am wirkungsvollsten ist diese Technik an den Gesäßbacken: zuerst kräftig zupacken und dann das Fleisch hochziehen. Nicht klopfen.

Spinnenbeine. Eine äußerst erregende, sanfte Art der Berührung. Die Berührung mit den Fingerkuppen soll das Gefühl erwecken, auf dem Körper würden Spinnenbeine auf und ab wandern. Die Berührung sollte sanft und aufreizend sein. Tun Sie so, als wären Sie eine Spinne, die schnell weghuscht und dabei kaum den Boden berührt.

Der „Liebesgang“. Lassen Sie Ihre Finger auf dem Körper Ihres Partners herumwandern. Diese Art der Berührung erregt am meisten, wenn Sie dabei von einer erogenen Zone zur nächsten wandern. Bewegen Sie die Finger langsamer und mit mehr Druck als bei den „Spinnenbeinen“. Berücksichtigen Sie vor allem die erogenen Zonen (siehe Seite 47, dort sind die „Genusspunkte“ beschrieben; oder stellen Sie sich einen eigenen „Wanderweg“ zusammen, wenn Sie wissen, an welchen Stellen Ihr Partner besonders empfindsam reagiert).

Liebesbisse, Zwicken und Klapse. Manche Leute erregt es, wenn sie ab und zu gebissen, gezwickt oder gedrückt werden bzw. einen Klaps bekommen. Klapse sind auf den Gesäßbacken am wirkungsvollsten, da dann die Haut besser durchblutet und dadurch berührungsempfindlicher wird. Manchen Männern und Frauen bereitet es besonderen Genuss, wenn man sie in die Brustwarzen beißt oder zwickt. Aber Vorsicht: manche Leute hassen genau das. Bei einigen steigert es die Erregung, wenn man mit einen Fingernagel über ihre Haut fährt, andere bringt es auf die Palme. Achten Sie immer sehr genau auf die Reaktionen Ihres Partners.

Streicheln der Brustwarzen. Streichen Sie mit der Handfläche leicht über die Brustwarzen Ihres Partners/Ihrer Partnerin. (Viele Männer haben sehr empfindliche Brustwarzen – und viele wissen das gar nicht, da sie diesem Körperteil nie sonderliche Beachtung geschenkt haben.) Reiben Sie sanft die Brustwarzen zwischen zwei Fingern. Drücken Sie sie zusammen. Drücken Sie sie in die Haut hinein, ziehen Sie sie dann sanft wieder heraus (während Sie sie dabei eventuell etwas verdrehen). Ein angenehmes, kitzelndes Gefühl entsteht, wenn man die Brustwarzen mit Speichel befeuchtet und dann sanft darüberpustet.

Die Brust einsetzen. Frauen können mit ihren Brüsten jeden Körperteil des Mannes stimulieren. Pressen Sie Ihre Brüste gegen ihn. Berühren oder drücken Sie ihn leicht mit den Brustwarzen, um ihn aufzuheizen. (Das können auch Männer tun.) Berühren Sie mit Ihren Brustwarzen die seinen. Oder nehmen Sie Ihre Brustwarzen zwischen die Finger und reiben Sie sie an seinen.

Eine Freundin, die diese Techniken an ihrem Freund ausprobierte (und er an ihr), berichtete: „Wir kannten den Unterschied zwischen normaler Massage und erotischer Massage nicht, bis wir diese Anleitungen gelesen haben. *Vive la*

différence! Früher haben wir viel zu viel Öl benutzt und zu starken Druck ausgeübt. Es war schön, aber nicht erregend. Dies hier allerdings ist sehr erregend. Wir ziehen es beide vor, uns während der Massage die Augen zu verbinden, damit wir uns voll und ganz auf das konzentrieren können, was wir fühlen. Und das ist auch erregend für den denjenigen, der massiert. Durch die unterschiedlichen Berührungen merkt man erst, wie verschiedenartig sich die Haut des Partners unter den eigenen Händen anfühlen kann."
Mea, die Kurtisane, die bei Shinzen Unterricht genommen hatte, gab noch einige zusätzliche Tipps:

Nicht sprechen. „Unterhalten Sie sich während der Massage nicht, denn das lenkt ab. Man sollte seine ganze Aufmerksamkeit den Gefühlen widmen, egal ob man nun derjenige ist, der massiert wird oder derjenige, der massiert."

Sich Zeit lassen. „Gehen Sie es langsam an. Die Anfänger in Shinzens Kursen neigen dazu, allzu hastig vorzugehen. Die Bewegungen sollten immer langsam, eher gemächlich sein."

Wiederholen Sie eine bestimmte Berührungsart zehnmal, bevor Sie zur nächsten übergehen. „Wiederholungen wirken beruhigend. Wenn man zu schnell von einer Berührungsart zur nächsten wechselt, kann sich der andere gar nicht richtig entspannen, da er sich innerlich schon auf die nächste eingestellt hat."

Nie den Hautkontakt abbrechen lassen. „Eine Bewegung sollte fließend in die nächste übergehen. Das bedarf einiger Übung, ist aber wichtig. Wenn sich ihr Partner umdreht, lassen Sie eine Hand auf ihm liegen, damit der Hautkontakt nicht abbricht."

Massieren der Genitalien

Zu einer erotischen Massage gehört natürlich auch die Stimulation der Genitalien, was dann zu manueller oder oraler Befriedigung bzw. zum Geschlechtsverkehr führen kann. Wann und wie Sie die Genitalien bei der Massage mit einbeziehen, hängt davon ab, wie schnell Sie Ihren Partner zum Orgasmus bringen möchten. Ganz allgemein lassen sich durch eine erotische Massage das Lie-

besspiel sowie die Erregungsphase verlängern, wenn man in den ersten fünfzehn bis zwanzig Minuten die Genitalien nicht berührt.
Manchmal möchte ein Paar anfangs die Genitalien überhaupt nicht in die Massage einbeziehen und tut es dann schließlich doch.
„Ich habe meiner Freundin neulich nachts, als sie zu müde für Sex war, angeboten, sie einfach nur zu massieren", berichtete mir ein Freund. „Ich erzählte ihr, ich hätte eine Anleitung für eine neue und entspannendere Art von Massage gelesen. Sie antwortete: ‚Großartig, aber ich bin immer noch zu müde für Sex.' In dieser Nacht hatten wir unglaublich schönen Sex miteinander. Nachdem ich sie dreißig Minuten lang massiert hatte, war sie überhaupt nicht mehr müde. Erst bat sie mich, ihre Vulva zu streicheln und bald darauf, mit ihr zu schlafen."

Techniken für die manuelle Stimulation der Klitoris

Sanfte Berührungen. Die Mehrheit der Frauen zieht an der Klitoris sanfte Berührungen vor. Die Bewegung sollte aus dem Handgelenk kommen, nicht aus dem ganzen Arm, dann ist die Berührung sanfter.

Nehmen Sie die Fingerkuppen, nicht die Fingerspitzen. Streichen Sie sanft über die Stellen oberhalb, unterhalb und seitlich der Klitoris.

Vibrierende Bewegungen. Wenn sie erregt wird, gehen Sie zu einer sanften, vibrierenden Bewegung von einer Seite zur anderen über. Legen Sie dazu die Fingerkuppen leicht auf zwei Punkte rechts und links der Klitoris und lassen Sie sie leicht vibrieren. Wenn die Erregung Ihrer Partnerin größer wird, können Sie die Finger etwas spreizen, sodass sich die Fingerkuppen weiter weg von der Klitoris befinden; verstärken Sie den Druck und das Vibrieren.

Daumen auf die Klitoriswurzel. Als Alternative dazu können Sie auch einen Daumen auf die Klitoriswurzel legen oder mit der freien Hand ihre Schamlippen oder die Innenseite der Schenkel streicheln sowie ihren After oder G-Punkt stimulieren. Zur Stimulierung des Afters den Finger gut einölen und nicht sehr weit einführen. Den G-Punkt können Sie finden, indem Sie Ihren Mittelfinger in die Vagina einführen, ihn an die vordere Wand legen und ihn so bewegen, als wollten Sie jemandem heranwinken. Die raue Stelle, die Sie spüren, wenn Sie den Finger anwinkeln, ist der G-Punkt. Haben Sie ihn gefunden, stimulieren Sie ihn weiter.

Diese Anleitung zur Klitorismassage gab ich vier Freunden von mir. Sie alle berichteten später, dass ihre Partnerinnen begeistert gewesen seien, einen Orgasmus bekommen und „nach mehr gebettelt" hätten. Ein Mann sagte: „Das Entscheidende ist, dass die Bewegung aus dem Handgelenk kommt. Warum hat uns das nicht schon vor Jahren jemand gesagt?"

Techniken zur manuellen Stimulation der männlichen Genitalien

Fingerspitzen-streicheln. Streicheln Sie sanft mit den Fingerspitzen oder Fingerkuppen das Perineum, die Stelle zwischen dem Hodensack und dem Anus.

Streichelnde und kitzelnde Bewegungen. Bewegen Sie Ihre Finger mit einer schnellen, kitzelnden Bewegung um den Hodensack herum – nach vorn, nach hinten und untendrunter durch und gehen Sie dann zu einer sanften Streichelbewegung über. Wechseln Sie streichelnde und kitzelnde Bewegungen ab.

Streicheln Sie zärtlich seine Hoden. Auch hier wieder die Fingerspitzen einsetzen.

Eichel stimulieren. Legen Sie nahe der Eichel fest die Hand um den Penis und ziehen Sie sie dann langsam hinunter in Richtung Wurzel. Stimulieren Sie währenddessen mit den Fingerspitzen oder -kuppen der anderen Hand die Eichel. Der Druck darf ruhig stärker sein als bei Ihren eigenen Genitalien, aber nicht zu kräftig. Bei dieser Technik ist es wichtig, den Penis mit festem Griff zu umschließen.

Penis-Unterseite streicheln. Streichen Sie mit einer Fingerspitze oder -kuppe an der Unterseite des erigierten Penis entlang und lassen Sie sie dann um Eichel und Eichelkranz (der wulstige Rand um die Eichel herum) kreisen – das sind die empfindlichsten Stellen am Penis des Mannes.

Eichel massieren. Nun sollte bereits etwas Flüssigkeit aus der Spitze der Eichel austreten. Massieren Sie diese mit kreisenden Bewegungen in die Eichel ein. Fügen Sie etwas von Ihrem Speichel hinzu, falls dies notwendig sein sollte.

Streicheln und reiben. Reiben Sie sanft weiter den Penis auf und ab, während Sie die Eichel streicheln. Die Eichel ist sehr empfindlich, also nicht so fest drücken wie den Schaft.

Vier Frauen, die diese Technik bei ihren Männern ausprobiert hatten, berichteten ebenfalls, diese seien begeistert gewesen. Eine meinte: „Ich dachte immer, ich würde die ‚klassische Methode mit der Hand' beherrschen, aber ich habe offenbar nie fest genug zugedrückt. Er war so dankbar! Und er zeigte seine Dankbarkeit, indem er mich oral befriedigte, bis ich völlig erschöpft war. Jetzt bin ich ganz begierig darauf, neue Techniken zu lernen."

Analmassage

Manche Paare möchten ihrem Repertoire vielleicht auch die Analmassage hinzufügen. Viele Leute finden eine anale Stimulation sehr erregend. Das muss nicht unbedingt bedeuten, dass ein Finger tatsächlich eingeführt wird – auch das Massieren der Innenseite der Gesäßfalte kann bereits erregend genug sein.

Die Technik

Gesäßbacken massieren. Massieren Sie die Gesäßbacken zunächst mit kräftigen Bewegungen und lassen Sie die Hand dann mit sanften, aufreizenden Strichen in die Gesäßfalte gleiten (auch Kniffe sind nicht schlecht).

Gesäßbacken auseinanderziehen. Ziehen Sie die Gesäßbacken leicht auseinander und massieren Sie den Zwischenraum mit etwas sanfteren Bewegungen.

After massieren. Massieren Sie (nur falls Ihr Partner dies mag), den After mit den gleichen Bewegungen wie die Gesäßfalte. Kreisen Sie mit einem eingeölten Finger um die Öffnung des Afters.

Wiederholen. Massieren Sie mit weit ausholenden Bewegungen erneut die Gesäßbacken. Beginnen Sie dabei am Ende der Wirbelsäule und gehen Sie dann hinunter bis zum Perineum.

Perineum massieren. Massieren Sie mit leichtem Druck das Perineum mit dem Daumen oder den Fingerkuppen.

Finger einführen. Führen Sie einen oder zwei Finger (nur wenn Ihr Partner dies mag) in den After ein und lassen Sie den Finger sanft in der Öffnung kreisen. Mit Zustimmung Ihres Partners können Sie den Finger auch hinein- und hinausgleiten lassen, um einen Geschlechtsverkehr zu simulieren.

„Ich habe die Massagetechnik leicht abgewandelt – ich habe den Hintern meines Mannes geküsst und dabei meine Haare über ihn gleiten lassen“, sagte Linda. „Das hat ihm sehr gut gefallen. Zwar wollte er nicht, dass ich meinen Finger in den After stecke, aber die Massage erregte ihn außerordentlich – und auch, dass ich an der Afteröffnung herumgespielt und sein Perineum massiert habe.“

Und ein Mann berichtete: „Meine Freundin sagte mir, dass noch nie jemand ihr Perineum massiert hätte. Es hat sie sehr erregt. Wir fanden heraus, dass sie allein dadurch zum Orgasmus kommen konnte. Das war für uns beide eine hübsche Überraschung!“

Der obligatorische Hinweis, Vorsicht walten zu lassen

Nachdem Sie den After stimuliert haben, dürfen Sie nicht die Genitalien berühren, bevor Sie sich die Hände gewaschen haben.

Mitzi, Mea und andere Kurtisanen legen aus diesem Grund einen Vorrat von mit Gleitmittel versehenen Fingerlingen (von Gummihandschuhen abgeschnittene Finger) bereit. Vor der Analmassage streifen sie einen Fingerling über, danach ziehen sie ihn diskret aus und werfen ihn in den Mülleimer. In den meisten Sexshops können Sie Fingerlinge – das sind Miniatur-Latexkondome für die Finger – kaufen. Verwenden Sie nach Möglichkeit ein wasserlösliches Gleitmittel.

Solange diese Vorsichtsmaßnahmen eingehalten werden, hat man bei der Analmassage keine unangenehmen Nebenwirkungen zu befürchten.

Sex-Übungen

„Beim Verkehr schließe ich meine Vaginalmuskeln fest um seinen Penis“, erzählte Janie. „Ich kann ihn allein dadurch kommen lassen, dass ich meine Muskeln spielen lasse, so als würde ich seinen Penis melken. Und ich kann meinen Orgasmus intensivieren, indem ich die Muskeln wiederholt anspanne und wieder lockere, sobald ich die erste Kontraktion spüre. Und ich kann seinen Penis auch noch in mir drin halten, wenn er bereits wieder schlaff geworden ist. Das Trainieren meiner Vaginalmuskeln hat die Art und Weise, wie ich Sex mache, völlig verändert.“

Janie hat ihre Vaginalmuskeln – bzw. PC-Muskeln – entdeckt, nachdem Sie einen neun Pfund schweren Jungen zur Welt gebracht hatte. „Meine Vagina fühlte sich riesengroß an, wie eine Schlucht. Urin trat aus, wenn ich nieste. Mein Arzt empfahl mir fünfhundert Beckenbodenübungen pro Tag, um die Muskulatur wieder zu straffen. Ich war fest entschlossen, den straffsten Beckenboden im ganzen Viertel zu bekommen. Ein zusätzlicher Bonus – und was für ein Bonus! – ist, dass sich unser Sexualleben drastisch verbessert hat, seit ich meine Vaginalmuskeln so virtuos einsetzen kann. Mein Mann ist begeistert davon – und zwar viel mehr, als er es jemals von meinem im Fitness-Studio trainierten Körper gewesen ist.“

Wenn Frauen – und Männer! – ihre PC-Muskeln entdecken, reagieren sie meist genau wie Janie. Sie können kaum glauben, wie sehr sich der Sex dadurch verbessern lässt, wie viel stärker ihre Orgasmen werden. Und sie fragen sich, warum sie nicht schon vor Jahren begonnen haben, diese Muskeln zu trainieren. Selbst Leute, die sich in Sachen Sex gut auskennen und auch von den Beckenbodenübungen wissen, wenden diese oft nicht an. Das ist ein Fehler. Ob nun Frau oder Mann – je kräftiger die PC-Muskeln sind, desto besser kann man den Orgasmus steuern und umso intensiver werden die Genitalien durchblutet.

Vielleicht fragen Sie sich nun, was ein Kapitel mit Sex-Übungen unter der Überschrift „Liebesspiele“ zu suchen hat. Küssen, Berühren, Streicheln und Umarmen haben beim Liebesspiel eine offensichtliche Funktion: sie sollen erregen. Nun, und Sex-Übungen versetzen den Körper in die Lage, sich leichter erregen zu lassen und die Erregungsphase zu verlängern. Ohne kräftige PC-Muskeln werden Sie zudem einige der in diesem Buch vorgestellten Techniken nicht ausüben können.

Was sind Sex-Übungen?

Sie sind nicht annähernd so anstrengend wie Aerobic-Übungen, doch sie helfen, die männliche Erregungsphase zu verlängern, die weibliche Erregungsphase zu beschleunigen oder zu vertiefen sowie für beide die Orgasmusphase zu intensivieren. Die alten Chinesen glaubten, diese Ziele könne man auch erreichen, indem man Unterleib und Hodensack streichelt, Brust und Busen massiert und die inneren Organe „aufweckt", indem man beispielsweise sein Gewicht auf ein Bein verlagert und das andere schüttelt. In vielen Kulturen wurden zum gleichen Zweck spezielle Arten erotischer Meditation praktiziert und Aphrodisiaka eingenommen bzw. auf die Haut aufgetragen. Im *Kamasutra* beispielsweise wird empfohlen, den Penis mit einem klebrigen, dicken Breiumschlag aus in Öl gekochten Samen, Wurzeln und Pflanzen zu bedecken.

Wir modernen westlichen Menschen ziehen Übungen vor, die unsere PC-Muskeln trainieren, da Aphrodisiaka bei uns – zu Unrecht – in Misskredit geraten sind. Die bekanntesten Übungen sind die so genannten Beckenbodenübungen, die sich auf die Bedürfnisse von Frauen und Männern abstimmen lassen. In den Fünfziger Jahren entwickelte ein Arzt aus Los Angeles, Arnold Kegel, diese Übungen eigens für Frauen, um nach der Geburt ihre Beckenbodenmuskulatur wieder zu straffen. Nur wenige Leute wissen, dass ihm dabei Übungen als Vorlage dienten, die man Jahrtausende zuvor bereits in Indien praktizierte.

Die „Kegels" haben auch vielen Frauen geholfen, endlich orgasmusfähig zu werden. Die Vaginalmuskeln werden kräftiger, der gesamte Körper wird berührungsempfindlicher und der Erregungsablauf lässt sich besser steuern – wodurch die Orgasmen bei Frauen in der Regel stärker werden. Und die Fähigkeit, den Penis beim Verkehr umschließen zu können, mit ihm durch Anspannen und Lockern der Muskeln zu spielen, vergrößert erheblich den Genuss für beide Seiten. (Und eine leichte, stressbedingte Blasenschwäche kann durch das Trainieren dieser Muskeln geheilt bzw. erheblich verbessert werden.)

Der Mann kann mithilfe gut trainierter PC-Muskeln seinen Ejakulationsprozess besser steuern und dadurch den Verkehr ausdehnen. Und oft wird durch das Zusammenziehen der PC-Muskeln kurz vor der Ejakulation der Orgasmus stärker. Sind das nicht gute Gründe, um diese magischen Muskeln zu suchen und zu trainieren?

Übungen für Frauen und Männer

Kegels. Die PC-Muskeln bilden bei beiden Geschlechtern einen Teil des Beckenbodens – Sie können sie genau lokalisieren, indem Sie beim Wasserlassen den Urinfluss kurz unterbrechen und wieder fließen lassen. Für den Anfang üben Sie bitte:

Kurze Kegels. Ziehen Sie die Muskeln zwanzigmal zusammen, mit etwa einer Kontraktion pro Sekunde. Atmen Sie leicht aus, während Sie die Muskeln um Ihre Genitalien herum (inklusive des Schließmuskels) anspannen – aber nicht die Gesäßmuskeln! Dann wieder entspannen: einfach loslassen, nicht pressen. Machen Sie diese Übung zweimal hintereinander, zweimal pro Tag. Steigern Sie sich allmählich bis auf zwei Übungsreihen zu je fünfundsiebzig Kontraktionen pro Tag. Dann kommt die nächste Übung hinzu:

Lange Kegels. Spannen Sie die Muskeln an und zählen Sie bis drei. Entspannen Sie sich zwischen den Kontraktionen. Steigern Sie allmählich die Dauer der Anspannungsphase bis auf zehn Sekunden und entspannen Sie danach zehn Sekunden lang. Beginnen Sie wieder mit zwei Übungsreihen von je zwanzig pro Tag und steigern Sie allmählich bis auf fünfundsiebzig.
Wenn Sie dreihundert kombinierte kurze und lange Kegels pro Tag schaffen, sind Sie so weit, dass Sie folgende Übung anhängen können:

„Herausdrücken". Drücken Sie die Muskeln nach dem Entspannen leicht nach unten und außen, als würden Sie mit den PC-Muskeln den Stuhlgang unterstützen. Ich wiederhole: leicht drücken, nicht pressen. Führen Sie nun Sequenzen durch, bei denen Sie lange und kurze Kegels mit „Herausdrücken" kombinieren. Nach zwei Monaten mit Übungsreihen zu dreihundert pro Tag sollten Ihre PC-Muskeln bereits gut trainiert sein und werden es auch bleiben, wenn Sie mehrmals wöchentlich etwa hundertfünfzig Übungen durchführen.

Eine Frau gab dazu folgenden Kommentar ab: „Kegels halten, was sie versprechen. Ein Pluspunkt für mich ist, dass ich manchmal bereits erregt werde, wenn ich sie übe." Und ein Mann sagte: „Es war die Idee meiner Frau, Kegels zu üben. Am Anfang kam ich mir ziemlich blöd vor, weil ich nicht glauben konnte, dass es tatsächlich einen so großen Unterschied machen sollte. Ich bin froh, dass ich weitergemacht habe. Jetzt habe ich meinen Ejakulationsprozess viel besser unter Kontrolle und kann ihn mehr genießen."

Die wichtigsten Yoga-Sex-Übungen. Der After und die Haut in seiner Umgebung sind sehr empfänglich für sexuelle Stimulation. Die folgenden Übungen zum Trainieren des Schließmuskels erhöhen die Sensibilität dieser Körperregion. Ob Sie nun Analsex praktizieren oder nicht – diese Übungen sorgen auch dafür, dass Sie generell intensivere Empfindungen haben werden und Orgasmen auch in diesem Teil des Körpers spüren können.

Die „Pferdebewegung". Setzen Sie sich, wenn Sie möchten, im Schneidersitz hin. Holen Sie tief Luft und halten Sie kurz den Atem an. Atmen Sie dann langsam aus und kontrahieren Sie dabei den Schließmuskel, indem Sie den After zusammenziehen und wieder entspannen. Wiederholen Sie dies einige Male. Machen Sie diese Übung in der ersten Woche zehnmal pro Tag und steigern Sie langsam bis auf zwanzig oder dreißig.

Der „Wurzelverschluss". Dies ist eine fortgeschrittene Version der „Pferdebewegung". Setzen Sie sich wieder im Schneidersitz hin, wenn Ihnen dies nicht zu anstrengend ist, oder legen Sie sich mit angewinkelten Knien auf den Rücken. Holen Sie tief Luft und spannen Sie etwa nach der Hälfte des Einatmens den Schließmuskel an. Dehnen Sie Atem und Kontraktion vom After über den Beckenboden bis zu Ihren Genitalien hin aus. Männer werden dabei ein Ziehen in den Hoden verspüren, bei Frauen zittern die Schamlippen. Beginnen Sie wieder mit zehn Wiederholungen am Tag und steigern Sie bis auf zwanzig oder dreißig.

Eine Frau erzählte mir: „Diese Übungen erregen mich. Entweder haben sie mein erotisches Empfinden in der Analregion gesteigert – oder ich habe durch sie erst entdeckt, wie sensibel diese Region überhaupt ist. Egal, jedenfalls habe ich jetzt das Gefühl, dass meine Orgasmen sich weiter ausdehnen – ein schönes Gefühl." Und ein Mann sagte: „Ich fühle mich schon ein bisschen pervers, wenn ich diese Übungen mache, aber ich kann nicht leugnen, dass sie die Sensibilität von Hodensack, Perineum und der Afterregion erheblich gesteigert haben."

Übung – nur für Frauen

Diese Übung eignet sich gut zur Vorbereitung der Stellung, bei der die Frau oben sitzt. Haben Sie nicht auch schon einmal bewundernd zugesehen, wie Schauspielerinnen in Filmen auf ihren Partnern sitzen und sich hin- und herwiegen? Ihre Bewegungen sind nichts anderes als eine „sexuelle Variante" des wiegenden, selbstbewussten und doch kontrollierten Gangs eines Models auf dem Laufsteg. Es fühlt sich so gut an wie es aussieht. Eine einfache Übung, zwei Wochen lang zwanzigmal pro Tag gemacht, kann Ihnen zu einer besseren Kontrolle über Ihre Beckenbewegungen während des Geschlechtsverkehrs verhelfen. Dadurch wird Ihr Selbstvertrauen gestärkt und Sie brauchen keine Angst mehr davor zu haben, sie sähen komisch aus, wenn Sie oben sitzen.

1. Stellen Sie sich hin, die Beine etwa hüftbreit voneinander entfernt, gehen Sie leicht in die Knie, kippen Sie das Becken nach vorn, ziehen Sie leicht den Bauch ein und spannen Sie die Gesäßmuskeln an. Zählen Sie bis zwei.
2. Entspannen Sie Bauch- und Gesäßmuskeln und kippen Sie das Becken nach hinten.

„Dies ist die einfachste Übung, die ich je gemacht habe, also gibt es keine Entschuldigung dafür, dass ich es nicht schon längst probiert habe", meinte meine Freundin Sally, die sonst Anstrengungen jeglicher Art gern meidet. „Und siehe da! Es hat mir etwas gebracht. Wenn ich jetzt oben sitze, kann ich meinen Bauch einziehen, was besser aussieht, ohne die Kontrolle über meine Bewegungen zu verlieren – und die brauche ich, um mich zu erregen."

Übung – nur für Männer

Bei der Ejakulation heben sich die Hoden automatisch. Indem man den Ejakulationsprozess steuern lernt, kann man auch die Ejakulation selbst besser lenken. Diese Kontrolle verbessert die Qualität der Erektion und bei manchen Männern auch die Intensität der Erregung.

Das Schwierigste dabei ist, die richtigen Beckenmuskeln zu finden, für die diese Übung gedacht ist. Spannen Sie zunächst alle Muskeln im Unterleib an, um die Hoden anzuheben. Üben Sie so lange das Hochheben und Senken der Hoden, bis es Ihnen nicht mehr schwer fällt.

Probieren Sie dann verschiedene Muskelgruppen aus, bis Sie diejenige entdeckt haben, die für diese Übung notwendig ist. Spannen und entspannen Sie wiederholt diese Muskeln, bis Sie sehen, dass das Anheben klappt. Setzen Sie sich für diese Übung entweder auf eine Stuhlkante oder stellen Sie sich mit etwa hüftbreit voneinander entfernten Beinen hin. Steigern Sie langsam die Übungsfrequenz, bis Sie sie zwei- bis dreimal die Woche hundertmal hintereinander ausführen können.

„Ich fand es sehr hilfreich, mich bei dieser Übung vor einen Spiegel zu stellen", berichtete ein Mann. „Ich war mächtig stolz als ich sah, dass ich das Anheben meiner Hoden bis zu einem gewissen Grad selbst steuern konnte. Ich hatte meinen Körper besser unter Kontrolle. Aufgrund dieses Gefühls wuchs bei mir natürlich die Zuversicht, dass ich auch meinen Ejakulationsprozess besser steuern lernen konnte. Diese Übung ist nicht nur für den Körper, sondern auch in psychologischer Hinsicht wertvoll. Wenn man erst einmal entdeckt hat, was man mit seinem Körper alles erreichen kann, dann sagt man sich natürlich: ‚Nun kann ich auch Dinge, die ich früher nie für möglich gehalten hätte.' Wir Männer tappen immer wieder in die gleiche, selbst gestellte Falle: Wir glauben, dass eine Ejakulation unvermeidbar ist und man nicht viel tun kann, um sie hinauszuzögern. Aber das stimmt nicht."

Oralsex

Cunnilingus

Cunnilingus – die orale Stimulation der weiblichen Klitoris und der sie umgebenden Genitalregion durch Lecken, Saugen und Küssen – wird nicht nur von Frauen, sondern auch von Männern geliebt:

> *„Ich liebe es, weibliche Säfte zu schmecken und die Haut im Intimbereich einer Frau unter meiner Zunge zu spüren. Jede Frau schmeckt und riecht anders und sie fühlt sich auch anders an. Ich entdecke die wahre Frau, wenn ich meinen Kopf zwischen ihre Beine stecke. Und um ehrlich zu sein – ich glaube, ich entdecke bei jeder Frau auch eine neue Seite in mir. Heute abend war ich eine Stunde mit Marilyn am Strand. Ich habe sie geküsst und gestreichelt und als wir in ihr Zimmer zurückkehrten, war sie bereit – nein, begierig darauf – mit mir zu schlafen. Ich sagte ihr, sie solle sich auf die Bettkante setzen. Ich zog ihr das Bikinioberteil aus und spreizte ihre Beine. Ich kniete mich zwischen ihre Schenkel, drückte mein Gesicht gegen ihre Vagina, atmete tief ihren Duft ein und küsste sie ehrfürchtig. Sie warf den Kopf zurück und stöhnte, als ich sie an der Innenseite der Schenkel zu küssen begann. Nur ein Hornochse fängt direkt mit der Klitoris an."*

Steven ist kein Hornochse. Er ist ein amerikanischer Gigolo, ein echter, keine erfundene Gestalt wie Richard Gere im Film. Er ist einunddreißig, 1,80 m groß, muskulös und sonnengebräunt, sein blondes Haar ist echt und von der hawaiianischen Sonne gebleicht. Er verdient sich seinen Lebensunterhalt damit, dass er – für dreihundert Dollar pro Stunde – die sexuellen Bedürfnisse von Frauen befriedigt.

Etwa ein Drittel seiner Kundinnen sind Stammkundinnen – Karrierefrauen oder wohlhabende Frauen, die ihn häufig buchen oder, was seltener vorkommt, einmal wöchentlich einen festen Termin bei ihm haben. Die Mehrheit seiner Kundinnen sind Touristinnen wie Marilyn, eine Reiseveranstalterin auf Urlaub, die Steven erzählte, „ich will auf dieser Reise alles tun, was mir Spaß macht – trinken, essen, bummeln gehen und großartigen Sex haben – und ich überlasse nichts dem Zufall".

„Es entspricht nicht der Wahrheit, dass Frauen, die Gigolos mieten, alt und unattraktiv oder schüchtern und einsam sind", meinte Steven. „Manche von ihnen sind sehr attraktiv, werden aber zu sehr von ihrem Beruf in Anspruch genommen, um eine Beziehung aufbauen zu können oder sie wollen einfach keine. Wenn sie Sex haben wollen, müssen sie nur den Telefonhörer abheben. Manche wollen auch mehr Sex, als sie in ihrer Ehe bekommen, aber sie wollen deswegen keine Affäre eingehen. Die meisten Frauen sind wirklich attraktiv. Selbst die weniger gut aussehenden sind sehr gut zurechtgemacht. Sie achten sehr auf ihr Äußeres."

Aber sind sie denn nicht einsam? „Nein. Geil. Wenn sie nur Gesellschaft haben wollen, rufen sie einen Freund oder einen Arbeitskollegen an und verabreden sich mit ihm zum Essen oder auf einen Drink."

Marilyn fand Steven mittels Beziehungen, die jede Reiseveranstalterin pflegen muss, zum Beispiel zu Portiers von Hotels der gehobenen Preisklasse. Ich fand Steven – der an Portiers, Maitre d'Hotels, Chauffeure und andere, die ihm Kundschaft vermitteln können, kleine Geldgeschenke verteilt –, indem ich auf seine Anzeige im Stadtmagazin antwortete. Er beschreibt sich in seiner Anzeige als maskulin, behauptet, er liebe es, Frauen glücklich zu machen, erwähnt gelegentlich seine Diskretion und verlangt von den Frauen, die antworten, keine besonderen körperlichen Eigenschaften (meist ein „rotes Tuch" für die Interessentinnen), sondern lediglich „Großzügigkeit" oder „finanziell abgesichert zu sein". Während andere Männer ihre Wünsche detailliert aufzählen – normalerweise jung, schlank, vollbusig und blond – schreibt ein Gigolo „Alter spielt keine Rolle", bzw. konkreter „von zwanzig bis sechzig" oder „Familienstand unerheblich".

Die meisten tollen Männer suchen im Allgemeinen auch eine entsprechende Partnerin – außer sie sind mehr an Kontoauszügen interessiert als an Körpermaßen. Steven beschreibt sich als einen Mann, der Frauen und Sex liebt – was die Mehrheit der Gigolos, die ich für dieses und andere Bücher interviewt habe, von sich sagt. Ob sie Frauen wirklich lieben oder nicht, ist nicht der springende Punkt. Sie verdienen zwischen zweihundert Dollar die Stunde und mehreren tausend für ein ganzes Wochenende – und so viel Geld verdient man sicherlich nicht, wenn man sich auf zweiminütigen Geschlechtsverkehr in der Missionarsstellung spezialisiert hat.

„Ich beherrsche den Cunnilingus bis zur Vollendung", sagte Steven. „Ich sehe gut, wenn auch nicht außergewöhnlich gut aus und mein Penis hat eine durchschnittliche Größe – aber was ich besser kann als fünfundneunzig Prozent aller Männer auf dieser Welt ist der Cunnilingus. Manche meiner Kundinnen wollen von mir geschlagen werden oder ich soll ihnen befehlen, auf allen vieren durchs Zimmer zu kriechen oder irgendwelche wilden Szenen zu spielen. Eine regelmäßige Kundin, eine Beamtin in hoher Stellung, möchte immer Szenarien nachspielen, in denen sie die Sklavin ist. Aber am Ende wollen auch diese Frauen, was alle Frauen von mir wollen: einen Cunnilingus. Und wenn man den nicht gut kann, sollte man den Job wechseln."

Die oberste Regel beim Cunnilingus

Cunnilingus ist eine alte und weit verbreitete sexuelle Praxis. Der Begriff wird aus dem lateinischen abgeleitet: *cunnus* heißt „Vulva" und *lingere* „lecken". In den Hindutempeln, die im 13. Jahrhundert in Rajarani und Konarak in Indien gebaut wurden, sind vor allem wollüstige, üppige Frauen dargestellt, die von Männern und anderen Frauen geleckt werden. Die alten Chinesen nannten den Cunnilingus „am Jadebrunnen trinken", also die Säfte trinken, aus denen ihrer Ansicht nach das Unsterblichkeitselixir gemacht wurde. Einige tausend Jahre später wurden die chinesischen Gigolos „Schüssellecker" genannt, was offensichtlich abwertend gemeint war und man zweifelte wohl nun daran, dass der Jadebrunnen eine Quelle der Unsterblichkeit sei.

Erst in der zweiten Hälfte dieses Jahrhunderts begann man in den Vereinigten Staaten, die orale Befriedigung einer Frau als normalen und genussvollen Bestandteil des Sex zu sehen. Als Alfred Kinsey in den Vierziger und Fünfziger Jahren seine Studien durchführte, gaben viele Männer an, Fellatio zu mögen, allerdings nur die Hälfte von ihnen wurde tatsächlich auch oral befriedigt und um den Cunnilingus stand es noch schlimmer. Neuere Studien – sowohl Leserumfragen in Frauen- und Männermagazinen als auch Veröffentlichungen in der Fachzeitschrift *Journal of Sex Research* – belegen, dass heute 90 Prozent der Befragten oralen Sex haben, was in manchen US.-Bundesstaaten immer noch gesetzlich verboten ist. (In Georgia beispielsweise dürfen Cousin und Cousine ersten Grades heiraten, aber Oral- und Analsex sind, selbst in der Ehe, verboten. Laut Bundesgesetz gilt beides als „Sodomie".)

Eine Frau, die als internationale Sex-Autorität bekannt ist, erzählte mir vor kurzem:

„Ich wurde in den Fünfzigern volljährig und hatte noch nie von Cunnilingus gehört, als ich von zu Hause weg und aufs College ging. In meinem ersten Semester traf ich mich mit einem Studenten eines höheren Semesters, der im vorangegangenen Sommer in einem Café in Greenwich Village gearbeitet hatte. Er war weltgewandter und erfahrener als alle Menschen, die ich zuvor kennen gelernt hatte. Wir knutschten und befummelten uns auf dem Rücksitz seines Wagens, als er plötzlich mein Höschen beiseite zog und anfing, mich zu lecken!
Ich geriet in Panik, konnte mich aber glücklicherweise nicht von der Stelle rühren. Ich war vor Angst wie gelähmt. ‚Er leckt meinen intimsten Bereich', dachte ich immer wieder. ‚Was stimmt mit ihm nicht?' Nach einer Weile machte die Panik einem Gefühl Platz, das intensiver war als alles, was ich bis dato gespürt hatte. Meinen ersten Orgasmus bekam ich durch einen Cunnilingus – und ich wusste noch nicht einmal, wie man das nannte oder dass die Menschen ihn seit Jahrhunderten praktizierten. Ich dachte, er hätte es erfunden.
Doch seit den Fünfziger Jahren hat sich vieles geändert. Ich glaube kaum, dass man heute auf der Universität noch eine Frau findet, die nicht weiß, was ein Cunnilingus ist."

In vielen erotischen Erzählungen des Orients wird der Cunnilingus in metaphorischen Bildern umschrieben. Der Mann ist die Biene, der Intimbereich der Frau eine Lotusblume. Die Bemühungen der Biene veranlassen die Blume, sich zu öffnen und schließlich sogar süßen Nektar abzugeben. Nie taucht die Biene direkt in das Innere der Blume ein.
Die Verfasser dieser Erzählungen kannten den grundlegenden Unterschied zwischen Mann und Frau: den „Startpunkt" beim Sex. Nie ließen sie ihre Helden mit einem Cunnilingus anfangen. Bei Männern beginnt die Erregung in den Genitalien und breitet sich von dort im ganzen Körper aus, bei Frauen jedoch ist es umgekehrt. Laut der taoistischen Liebeslehre erregt es Frauen am meisten, wenn man damit anfängt, sie an Händen und Füßen zu kitzeln. Die Hindus begannen, indem sie an ihrer Nasenspitze knabberten. Westliche Männer beginnen mit einem Kuss.
Also heißt die oberste Regel beim Cunnilingus: Erst damit anfangen, wenn sie bereits erregt ist!
Gigolos, Lesben und andere Cunnilingus-Experten – inklusive einiger heterosexueller Männer, denen es einfach Spaß macht, auch wenn dies ihren Kontostand nicht positiv beeinflußt – sind einhellig der Meinung, dass man sich nicht geradewegs mit dem Mund auf die Genitalien stürzen soll – das wäre so, als würde man bei einer Einladung schnurstracks an der Gastgeberin vorbei in die Küche gehen und sich bedienen, bevor das Essen aufgetragen wird.

Die Basistechnik

Streicheln, massieren, küssen, lecken. Stimulieren Sie auf alle erdenklichen Arten den ganzen Körper ihrer Partnerin – außer den Genitalien –, bis sie äußerst erregt ist.

Legen Sie die Hände auf ihre Brüste. Massieren Sie den Hof um die Brustwarzen mit den Handflächen und spielen Sie dann mit ihren Brustwarzen, während Sie sich langsam küssend und leckend den Weg vom Bauchnabel bis zur Schamhaargrenze bahnen.

Knabbern erlaubt! Wenn ihre Brustwarzen noch nicht hart geworden sind, knabbern Sie mit den Lippen an ihnen und lassen Sie einen Finger zwischen Bauchnabel und Schamhaargrenze hin- und herwandern.

Ziehen Sie mit den Händen sanft ihre Schenkel auseinander. Lecken Sie die Falte zwischen Becken und Schenkelansatz. Lecken und küssen Sie die Innenseite des einen Oberschenkels bis zur Kniekehle hinunter und wandern Sie mit „Spinnenbeinen" auf der Innenseite des anderen Oberschenkels umher. Wechseln Sie mehrmals die Seiten.

Kehren Sie wieder zur Falte zwischen Becken und Oberschenkel zurück. Lecken Sie diese Stelle. Streicheln Sie gleichzeitig mit einer Hand das Perineum, die Stelle zwischen After und Vagina.

Ziehen Sie mit den Fingern die äußeren Schamlippen beiseite. So kommen Sie besser an die Klitoris heran. Lecken Sie die Umgebung der Klitoris.

Legen Sie den Mund auf ihren Venushügel. Und zwar genau an die Stelle, an der die Klitoris ansetzt. Saugen Sie zart daran. Manche Frauen mögen es auch, wenn man zart an dieser Stelle knabbert, das heißt mit den Zähnen ganz sachte die Haut berührt, aufhört, sie wieder berührt usw. Nicht beißen! Manche Frauen empfinden selbst diesen leichten Druck als zu stark. Lassen Sie sich von ihrer Reaktion leiten.

„Befreien" Sie die Klitoris. Liegt ihre Klitoris sehr tief in der Klitorishaube versteckt, ziehen Sie möglichst sanft das Häutchen an den Seiten hoch, um die Klitoris freizulegen. Eventuell müssen Sie mit einer Hand das Häutchen festhalten, bis sie einen Orgasmus bekommen hat.

Stimulieren Sie ihre Klitoris indirekt. Berühren Sie mit Ihren Lippen die Haut rechts und links von ihr. Saugen Sie nun mit gespitzten Lippen. Lecken Sie die Seiten der Klitoris und die Umgebung, dann abwechselnd saugen und lecken. Die Klitoris ist äußerst empfindlich und nur wenige Frauen mögen es, wenn sie direkt stimuliert wird. Ist dies der Fall, wird sie es Sie wissen lassen. Beschränken Sie ansonsten die Stimulation auf die Umgebung und die Seiten der Klitoris.

Bedecken Sie die ganze Klitorisregion mit dem Mund. Aber erst, wenn sie auf den Orgasmus zusteuert. Saugen Sie an den Seiten der Klitoris. Stimulieren Sie ihre Schamlippen mit der Hand, streicheln Sie die Innenseite ihrer Schenkel oder spielen Sie an ihren Brustwarzen herum – oder alles abwechselnd. Und bewegen Sie Ihren Mund nicht, bis sie den Orgasmus bekommen hat – außer Sie gedenken sie auf andere Weise zum Höhepunkt zu bringen.

Varianten

1. Führen Sie einen oder mehrere Finger in die Vagina ein.
2. Massieren Sie das Perineum.
3. Führen Sie einen Finger in den After ein. Manche Frauen erregt eine Analstimulation sehr. Achten Sie darauf, dass Sie mit diesem Finger anschließend nicht die Vaginalgegend berühren.
4. Massieren Sie ihren G-Punkt – vorausgesetzt, sie hat einen und zeigt Ihnen, wo dieser liegt. Sie können ihn lokalisieren, indem Sie den Zeigefinger in die Scheide gleiten lassen und die Oberseite des Fingers gegen die vordere Wand drücken. Machen Sie mit dem Finger eine Bewegung, als wollten Sie jemand herbeiwinken. Die raue Stelle, die Sie spüren, ist der G-Punkt. Massieren Sie ihn mit sanften, rhythmischen Bewegungen. Die Fachwelt ist sich übrigens immer noch nicht einig, ob es den G-Punkt überhaupt gibt – viele Sexualwissenschaftler behaupten, er existiere gar nicht, andere hingegen verteidigen vehement seine Existenz. Auch manche Frauen schwören darauf. Wenn eine Frau glaubt, sie habe einen, dann hat sie auch einen – es handelt sich um eine klei-

ne Gewebeansammlung (von der Größe und Form einer kleinen Bohne), eine Stelle, die etwas rauer ist als das sie umgebende Gewebe und die sich etwa fünf Zentimeter von der Scheidenöffnung entfernt auf der vorderen (zum Bauchnabel zeigenden) Wand der Vagina befindet. Der G-Punkt wurde von der „Sexpertin" Susie Bright höchst anschaulich als „die schwammige Gewebemasse genau oberhalb des Schambeins" beschrieben.

Was tun, wenn ihr Cunnilingus nicht gefällt?

Die meisten Frauen mögen den Cunnilingus – wenn er gut gemacht wird. Manche Frauen haben beim Oralsex Hemmungen, da sie eine negative Einstellung gegenüber ihren eigenen Genitalien haben. Andere wiederum fühlen sich schuldig, weil ihnen so viel Gutes getan wird oder sind zu schüchtern, um das zu bitten, was sie wollen und nehmen mit allem vorlieb, was sie bekommen können. Und bei manchen haben unfähige Liebhaber dafür gesorgt, dass ihnen Oralsex keinen Spaß mehr macht.

„Wenn Ihnen Ihre Partnerin nur zögernd erlaubt, sie oral zu befriedigen, dann gehen Sie langsam vor", rät Steven. „Stimulieren Sie sie auf andere Art und Weise, bis sie kurz vor dem Orgasmus steht, bevor Sie es oral versuchen. Für mich ist eine Frau immer am schönsten, wenn sie sich hemmungslos dem Genuss hingibt. Wollen Sie sie mit Cunnilingus so weit bringen, obwohl sie Hemmungen hat, dann stimulieren Sie sie also erst kurz vor dem Orgasmus. Dann wird sie unter Ihrer Zunge sehr leicht kommen und diese Erfahrung wiederholen wollen."

Angie, die dem Cunnilingus nicht das Geringste abgewinnen konnte, bis sie ihrem Mann David begegnete, erzählte mir: „Meine früheren Partner wussten nicht, was sie taten und ich wusste nicht, wie ich ihnen sagen sollte, was sie besser machen konnten. Wir waren unerfahren. Als David mich das erste Mal oral befriedigte, ließ er es ganz langsam angehen. Er küsste und leckte meine Schamlippen und zog ganz sanft die inneren Lippen auseinander, um meine bedeckte Klitoris frei zu legen. Wieder ließ er sich Zeit, um die Seiten des Häutchens zu lecken. Dann fragte er mich: ‚Gefällt es dir so? Soll ich etwas mehr Druck ausüben?' Er achtete sehr genau auf meine Reaktionen und fragte mich immer wieder, ob es mir gefiel, was er tat. Kein Mann hatte mich jemals zuvor danach gefragt. Die anderen haben sich immer über meine Klitoris hergemacht, als wüssten sie genau, was sie taten, aber das war leider nicht der Fall."

Auch die Stellung kann viel ausmachen. Bei der klassischen Stellung für Cunnilingus liegt die Frau auf dem Rücken, hat die Beine weit gespreizt und das Gesicht ihres Partners befindet sich zwischen ihren Beinen. Manche Frauen ziehen es vor, sich über das Gesicht Ihres Partners zu hocken, da sie so ihr Becken freier bewegen und den Rhythmus seiner Zunge besser lenken können.
„Ich kannte einige schüchterne, scheinbar völlig passive Frauen, bei denen ich einen Cunnilingus machte, während sie standen – und ihre Reaktion hat mich richtig erschreckt", erzählte Steven. „Vielleicht fühlen sich die Frauen plötzlich – ein völlig neues Gefühl für sie – auf sexueller Ebene dominant, wenn ein Mann zwischen ihren Beinen kniet und an ihnen saugt und sie leckt."
Aber ganz unabhängig von der Stellung würden Stevens „Lieblingsmundbewegungen" wohl jede Frau begeistern.

Die fünf bevorzugten Mundbewegungen des Gigolos

Die Flamme. Stellen Sie sich vor, Ihre Zunge sei eine heiße Flamme. Lassen Sie die Flamme an der Innenseite ihrer Schenkel, an ihren Schamlippen und schließlich an ihrer Klitoris auf und ab züngeln. „Lassen Sie die Flamme heiß und schnell um ihre Klitoris herum auflodern", rät Steven. „Nicht zu lange an einer Stelle verweilen. Das macht Frauen ganz verrückt."

An den Brüsten saugen. Bedecken Sie die Brustwarzen und den Hof mit flüchtigen Küssen. Knabbern Sie dann sanft daran. Lassen Sie Ihre Zunge um Brustwarzen und Hof kreisen, langsam erst, dann immer schneller. Saugen Sie die Brustwarzen in Ihren Mund, kneten Sie sie sanft mit Ihren Lippen, saugen Sie sie – inklusive des Hofs – noch tiefer ein. Saugen Sie dann noch mehr von der Brust ein, so viel Sie können, halten Sie das Gewebe mit Zunge und Gaumen fest und saugen Sie weiter daran. „Achten Sie darauf, dass Ihre Zähne von den Lippen bedeckt sind, während Sie knabbern und saugen", warnt Steven. „Sie wollen doch sicher nicht, dass sie Angst bekommt, Sie würden richtig zubeißen."
Auch diese originelle orale Technik ist außerordentlich stimulierend. Eine Freundin, deren Ehemann diese Technik vor kurzem gelernt hat, meinte glücklich: „Warum gibt es keine Gigolo-Schule, in der Männer lernen, wie man richtig Liebe macht? Plötzlich bekomme ich mehrere Orgasmen, wenn wir miteinander schlafen, das passierte mir vorher höchstens beim Masturbieren."

Züngeln. Wenn Ihre Partnerin vom Cunnilingus bereits sehr erregt ist, lassen Sie Ihre Zungenspitze mehrmals ganz schnell über die obere Hälfte des Klitorisschaftes gleiten, zuerst von einer Seite zur anderen, dann von oben nach unten und zurück.
Kurz vor ihrem Orgasmus züngeln Sie dann nur kurz über die vordere Spitze der Klitoris. Steven rät: „Denken Sie daran, nur die Zungenspitze zu nehmen und nur ganz sanften Druck auszuüben, so als würden Sie auf einem zerbrechlichen Instrument spielen. Wenn die Zungenspitze über das untere Ende der Klitoris gleitet, sollte die Berührung noch sanfter sein, so sanft, dass Sie denken, sie sei gar nicht mehr spürbar. Aber das täuscht."
Das ruft nämlich ein herrliches Gefühl hervor. Eine Testperson meinte begeistert: „Diese Techniken sollten für alle Männer über achtzehn zum Pflichtfach gemacht werden. Ich habe mich großartig gefühlt und mein Freund hatte das Gefühl, er sei der beste Liebhaber der Welt. Er hätte nicht glücklicher sein können."

Das „samtene Nein". Wenden Sie diese Technik bei Frauen an, die – selbst durch einen Cunnilingus – nur schwer zum Orgasmus zu bringen sind oder bei Frauen, die mehrere Orgasmen haben können und nach dem ersten kräftigere Berührungen wünschen. Machen Sie Ihre Zunge ganz steif. Legen Sie die Zungenspitze auf den Klitorisschaft und schütteln Sie kräftig den Kopf, als wollten Sie „Nein, nein, nein" sagen. Steven meint dazu: „Sie müssen den Kopf sehr schnell bewegen und trotzdem mit der Zungenspitze immer die Klitoris berühren. Das bedarf ziemlicher Konzentration. Und achten Sie, wie immer beim Sex, auf die Reaktionen Ihrer Partnerin. Üben Sie zu viel Druck aus, weicht sie vor Ihnen zurück, statt Ihnen entgegenzukommen."
Eine Freundin sagte: „Schon viele Männer haben dies bei mir ausprobiert, aber es hat nie funktioniert. Jetzt weiß ich auch, warum. Ihre Zungenspitze hat die Klitoris nicht mehr berührt. Das ist das ganze Geheimnis."

Die „Lippenklammer". Bedecken Sie Ihre Zähne mit den Lippen. Stellen Sie sich vor, Ihre Lippen seien eine Zange. Lassen Sie sie schnell über den Brustwarzen oder der Klitoris zuschnappen. Das Öffnen und Schließen der „Zange" muss eine stetige, fließende und sanfte Bewegungsabfolge sein.
Steven sagt dazu: „Manchmal setze ich meine Finger als ‚Zange' an ihren Brustwarzen ein und mache das Gleiche mit meinem Mund an der Klitoris." Diese

Technik ist sehr wirkungsvoll, vor allem wenn Finger und Mund parallel und auf ähnliche Art und Weise eingesetzt werden.

Was Sie beim Cunnilingus niemals tun sollten

1. In ihre Vagina pusten.
2. Mit mehr als nur sanftem Druck kauen, beißen, lecken, saugen, küssen oder knabbern, außer sie sagt Ihnen durch ihre Körpersprache oder direkt, dass sie eine kräftigere Berührung wünscht.
3. Ein paar kreisende Bewegungen mit der Zunge als „genug" erachten. Das reicht nicht.

Das chinesische Liebesgeheimnis

Die chinesischen Liebesexperten des Altertums glaubten, Männer könnten von den drei Gipfeln des Frauenkörpers „sexuell wertvolle Nährstoffe" erhalten. Diese Gipfel waren: der Lotusgipfel, ihre Zunge; der Zwillings-Lotusgipfel, ihre Brüste; und der purpurfarbene „Schwammgipfel", ihre Klitoris. Auf jedem Gipfel sollte sich ein Brunnen befinden: der himmlische Brunnen, der Zwillingsbrunnen und der Jadebrunnen. Sex bestand für sie deshalb aus drei Stufen.

„Dieses Spiel habe ich für mein Privatleben reserviert", sagte Shinzen, der Tantra-Meister, den ich in Bombay kennen gelernt habe. „Ich kann Ihnen sagen, was Sie tun müssen, aber ich kann Ihnen den himmlischen Brunnen, den Zwillingsbrunnen oder den Jadebrunnen nicht zeigen, denn dies sollte man nur tun, wenn man den anderen liebt."

Das Spiel der drei Brunnen

Der himmlische Brunnen. Liebkosen Sie beim Küssen die Zunge Ihres Partners mit Ihrer Zungenspitze. Lassen Sie Ihre Zungenspitze am Gaumen Ihres Partners entlanggleiten, dann seitlich hinunter und an den Weisheitszähnen vorbei und schließlich an der Innenseite der Zähne entlang bis auf den Mundboden. Stimulieren Sie mit der Zungenspitze die Zungenwurzel Ihres Partners. Durch diese Kuss-Methode wird sehr viel Speichel produziert, den die alten Chinesen den „Saft der Liebenden“ nannten.

Der Zwillingsbrunnen. Trinken Sie an den Brustwarzen Ihrer Partnerin wie ein kleines Baby – sanft und rhythmisch. Lecken Sie ab und zu die Brustwarzen mit der Zunge. Natürlich wird keine Flüssigkeit austreten, es sei denn, Ihre Partnerin ist zufällig eine stillende Mutter. Das Trinken ist symbolisch gemeint.

Der Jadebrunnen. Der Mann küsst den Venushügel der Frau, bevor er mit der Zunge ihre Schamlippen teilt. Er lässt seine Zunge erst innen an den Wänden der Vagina entlang kreisen, bevor er sie rhythmisch hinein- und hinausgleiten lässt. Wenn die Scheide richtig feucht geworden ist, wechselt er mit der Zunge zur Klitorisregion über und macht dort nach der Basismethode einen Cunnilingus.

Ich bat vier Paare, das Spiel der drei Brunnen auszuprobieren. Eines empfand es als „eine gefühlvolle, fast spirituelle Art des Küssens“. Zwei fanden den himmlischen Brunnen „zu nass“. Die Frauen empfanden das Saugen an den Brüsten als eine sehr angenehme Stimulation. Alle vier berichteten, dass durch die gleitenden Bewegungen der Zunge die Scheidensekretion erheblich stärker geworden sei. Einer der Männer meinte: „Es ist gut zu wissen, dass meine Frau dadurch feuchter wird. Diesen kleinen Trick kann ich bestimmt noch gut gebrauchen ... Aber die nassen Küsse haben uns nicht viel gebracht.“

Noch ein „Wunderpunkt“?

Die meisten, die an die Existenz eines G-Punktes glauben, empfehlen, ihn beim Cunnilingus mit einem oder zwei Fingern zu stimulieren, da der Orgasmus dadurch intensiver werde. Ich muss der Vollständigkeit halber erwähnen, dass es eventuell noch einen anderen Punkt gibt, der ähnlich stimulierend wirkt. Vielleicht haben Sie ja, ohne es zu wissen, diesen „Wunderpunkt“ auch schon unter Ihren Fingerspitzen gespürt.
Die beiden Hauptthemen bei der Dritten Asiatischen Konferenz über Sexualwissenschaft, die 1994 in Neu-Delhi stattfand, waren die dringend notwendige Sexualerziehung in Indien und anderen asiatischen Ländern sowie die Verwendung einer Hypnosetherapie bei sexuellen Störungen. Beide Themen wa-

ren nicht sonderlich geeignet, zu einer Revolutionierung der Sexratgeber zu führen. Ein weniger beachteter – aber beachtenswerter – Programmpunkt war der Vortrag von Chee Ann Chua, einem Experten für Familienplanung aus Malaysia. Er behauptete, er hätte einen neuen Punkt ausfindig gemacht, der bei richtiger Stimulierung „sexuelle Störungen durch uneingeschränkten Genuss ersetzen würde". Er nannte die neu entdeckte erogene Zone, die sich angeblich dem G-Punkt genau gegenüber auf der hinteren Vaginalwand befindet, „Anterior Fornix Erotic (AFE) Zone".

In seinem Vortrag sagte er, seine Erkenntnisse basierten auf einer vierjährigen Studie, an der 193 malaiische Frauen zwischen einundzwanzig und fünfundsechzig teilgenommen hatten, für die Geschlechtsverkehr nur „ein Albtraum aus stummen Schreien" gewesen sei. Nach Anwendung seiner neuen Stimulierungstechnik allerdings seien nur elf Frauen nicht in der Lage gewesen, eine feuchte Scheide zu bekommen und den Sex zu genießen, behauptete er. Er riet Frauen, ihren Männern die Methode beizubringen, damit diese sie ins Vorspiel integrieren konnten. Oder sie sollten, falls ihre Männer dies „als Zweifel an ihren Fähigkeiten" auffassen würden, die Methode heimlich vor dem Verkehr anwenden.

„Diese Frauen waren verzweifelt und standen oft kurz davor, Selbstmord zu begehen, bis sie ihren AFE-Punkt entdeckten", erzählte er mir. „Allein das Stimulieren dieses Punktes erhöht die Scheidensekretion und die Frauen können beim Sex einzelne oder multiple Orgasmen bekommen. Sie müssen diese Technik allerdings regelmäßig anwenden, da die Vagina Gedächtnisprobleme hat."

Gedächtnisprobleme? Vermutlich wollte er damit genau das Gleiche sagen wie Dr. Ruth: „Aktiv bleiben oder es ist vorbei." Wenn Frauen nicht bis zu dem Punkt stimuliert werden, an dem die Scheidensekretion einsetzt, wird es für sie immer schwieriger, überhaupt noch feucht zu werden. Ebenso wie ein Mann in den Wechseljahren und danach seine Erektionsfähigkeit verlieren kann, wenn er lange nicht sexuell aktiv war, kann eine Frau die Fähigkeit, feucht zu werden, verlieren, wenn sie nie erregt wird.

„Beim Sex", meinte Chee Ann Chua, „sollte der Mann den G-Punkt als auch den AFE-Punkt gleichzeitig stimulieren. Dazu benötigt er nur einen sauberen Zeigefinger."

Braucht man dazu nicht eher zwei saubere Finger?, fragte ich. Er lachte und sagte: „Heben wir uns die Klitoris einfach zum Nachtisch auf und betrachten die AFE-Zone als Hauptmahlzeit." Ich fürchte, er hatte meine Frage – ob Männer nicht zwei Finger bräuchten, um diese beiden Punkte zu stimulieren – falsch verstanden und angenommen, ich wollte das Thema wieder auf die Klitoris bringen.

Keine der Frauen, mit denen er zusammengearbeitet hatte, war verfügbar, um mir ein Interview zu geben. Die Sexualwissenschaftler aus sechsundzwanzig Ländern ignorierten mehr oder weniger Chee Ann Chuas Beitrag – ausgenommen Beverly Whipple, die Sextherapeutin und Autorin, die den G-Punkt als erogene Zone bekannt gemacht hat. „Ich bin begeistert", sagte sie. „Ich glaube aber, die Technik könnte verbessert werden, indem man mit dem Finger mehr Druck ausübt, als Chee vorgeschlagen hat."

Ich bat einige Frauen, herauszufinden, wo ihre AFE-Zone liegt und diese zu stimulieren.

„Ich habe meine AFE-Zone genauso wenig gefunden wie meinen G-Punkt", meinte Alice, die bei den meisten Begegnungen mit ihrem Partner einen Orgasmus bekommt. „Wenn ich mit den Fingern meine Vagina untersuche, komme ich mir vor, als wäre ich beim Frauenarzt. Ich habe doch meine Klitoris. Warum sollte ich nach einem „magischen Knopf" suchen, wenn ich bereits einen habe?"

„Ich glaube, ich habe ihn gefunden", berichtete Claire. „Mein Freund hat beim Cunnilingus gleichzeitig den G-Punkt und die AFE-Zone stimuliert und ich hatte einen herrlichen Orgasmus."

Manche Frauen schwören auf eine Stimulation des G-Punktes und für sie mag die AFE-Zone eine weitere erogene Zone sein. Machen Sie sich keine Gedanken, falls Sie, wie Alice, keinen von beiden Punkten ausfindig machen können. Jede Frau findet auf ihre Art und Weise Befriedigung.

Kann man einem Mann beibringen, wie ein guter Cunnilingus funktioniert?

Ja – wenn er es lernen will. Hoffen wir, dass er es will, denn vermutlich ist es für einen Mann wichtiger als für eine Frau, Oralsex zu beherrschen. Da die meisten Frauen durch Geschlechtsverkehr allein äußerst selten zum Orgasmus kommen, ist der Cunnilingus ein nahezu unersetzbarer Bestandteil des Liebesaktes. Allerdings bedarf es zur richtigen Ausführung einiges an Geschick und Können.

„Ich finde, man sollte beim Sex der Frau den Vortritt lassen", meinte Jim. „Ich bringe meine Partnerin fast immer mit einem Cunnilingus zu ihrem ersten Höhepunkt. So weiß ich, dass sie wenigstens einen Orgasmus hatte. Ich kannte Frauen, die mir sehr viel später erst erzählt haben, dass sie beim Verkehr mit mir Orgasmen vorgetäuscht haben. Wenn ich mit einer Frau schlafe, weiß ich nie, ob sie einen Orgasmus nur vortäuscht, aber beim Cunnilingus kann ich es deutlich spüren. Das erregt mich sehr, außerdem kann ich meinen eigenen Orgasmus mehr genießen, wenn ich weiß, dass sie auch gekommen ist."

Was ist, wenn Ihr Mann erst noch zu dieser Einstellung finden muss? Ich habe einige Frauen befragt, die behaupten, sie hätten ihren Männern die Kunst des Oralsex beigebracht. Hier sind ihre Ratschläge:

1. Ihre Kritik sollte konstruktiv und ihre Kommentare positiv sein. Fangen Sie bloß keine Diskussion darüber an, was beim Sex nicht stimmt, wenn Sie beide nackt im Bett liegen und gerade diese Art von Sex praktizieren. Sollten Sie ein echtes Problem haben, reden Sie nicht im Schlafzimmer darüber. Falls doch, geben Sie ihm im geeigneten Moment kurze, liebevolle Hinweise.

Jane erzählte: „Schließlich habe ich allen Mut zusammengenommen und zu ihm gesagt: ‚Schatz, ich liebe es, wenn du meine Klitoris leckst, aber sie ist so empfindlich, wenn du sie erregt hast – könntest du ein bisschen sanfter vorgehen?' Ich sagte dies in dem Moment, als er gerade dabei war, mit den Lippen über meinen Körper nach unten zu gleiten. Er hörte mich und verstand es richtig. Hätte ich geschrien ‚Au! Du tust mir weh! Nicht so!' – dann hätte er mich vermutlich nie wieder oral befriedigt."

2. Mehr zeigen, weniger reden. Jane sagte dazu: „Zeigen Sie ihm so oft es geht, was Sie meinen, statt darüber zu reden. Nehmen Sie zum Beispiel seinen Kopf in Ihre Hände und halten Sie ihn fest, während Sie sich unter seiner Zunge bewegen. Bestärken Sie ihn in seinem Tun, wenn er es richtig macht, indem Sie seufzen und stöhnen." Und Kelly meinte: „Masturbieren Sie vor ihm, damit er sehen kann, wo und wie Sie gern berührt werden. Wenn er beim Cunnilingus die Zunge an der falschen Stelle hat, nehmen Sie sein Gesicht in Ihre Hände, ziehen Sie sich sanft von ihm zurück und zeigen Sie ihm mit den Fingern die richtige Stelle. Er ist mit seinem Gesicht so nah an Ihrer Muschi, dass er es gar nicht falsch verstehen kann. Bringen Sie seinen Kopf dann in die richtige Stellung, sodass seine Zunge genau dort ist, wo Sie sie haben wollen."

3. Bringen Sie eine neutrale Quelle mit ins Spiel. Lesen Sie ihm zum Beispiel Szenen vor, in denen ein Cunnilingus beschrieben wird. Cathy meinte: „Wenn

Sie öfters aus erotischer Literatur vorlesen, können Sie auch mal Lehrreiches einflechten, ohne dass er das Gefühl bekommt, Sie wollen ihm Unterricht erteilen. Auf meinem Nachttisch liegen immer einige Bücher und Zeitschriften. Wir nennen es unsere ‚Anmachliteratur'. Ich glaube nicht, dass ihm bewusst ist, dass er seinen Cunnilingus-Unterricht auf diese Weise erhalten hat." Sie können sich auch ein Video ausleihen, in dem gezeigt wird, wie man einen Cunnilingus richtig macht. (Nehmen Sie am besten Videos, die von Frauen gemacht wurden.) Maggie meinte: „Gehen Sie auf die Szenen ein, in denen Oralsex praktiziert wird. Keuchen Sie und sagen Sie ‚Oh, wie, glaubst du, hat er das gemacht?' Ihr Partner wird genauer hinsehen und dabei etwas lernen. Jedenfalls hat mein Partner dadurch etwas gelernt. Männer wollen lernen. Sie wollen nur nicht das Gefühl haben, etwas beigebracht zu bekommen, da dies ihren Stolz verletzt."

Ein Freund erzählte mir, dass er bis zu seiner zweiten Ehe nicht gewusst habe, wie man einen Cunnilingus macht. Seine neue Frau hat es ihm auf eine nette Weise beigebracht.

> „Als wir uns die ersten Male liebten, wusste ich, dass ich beim Oralsex nicht besonders gut war, aber sie sagte nichts. Statt dessen meinte sie: ‚Wir müssen lernen, wie wir uns gegenseitig befriedigen können.' Sie nahm sich sehr viel Zeit, um mich oral zu befriedigen und hielt immer wieder inne, um mich zu fragen, wie mir verschiedene Berührungen gefallen. Als ich an der Reihe war, sie oral zu befriedigen, tat ich das Gleiche. Ich war derjenige, der Unterricht brauchte, nicht sie. Aber sie war so taktvoll mit dem Thema umgegangen, dass ich sie dafür umso mehr liebte. Nichts bereitet mir mehr Freude, als mein Gesicht in ihr zu vergraben und sie mit meiner Zunge und meinen Lippen zu befriedigen. Sie wird so feucht, dass ihre Säfte oft an meinem Hals herunterlaufen. Ich liebe das. Ich kann gar nicht genug von ihr bekommen, genug davon, sie auf diese Weise zu befriedigen."

Fellatio

Fellatio – das männliche Gegenstück zum Cunnilingus. Auch hier kann man es von den ersten Versuchen bis zur Meisterschaft bringen:

> *„Als ich das erste Mal einen Mann oral befriedigte, war ich ein Teenager und er kaum zwanzig", erzählte Monique. „Wir waren eifrig, enthusiastisch und ungeübt. Er befriedigte mich zuerst oral und schaffte es tatsächlich, mich aufzuheizen, obwohl er gar nicht wusste, was er tat. Seine Zunge war warm und feucht und indem ich heftig mit den Hüften wackelte, wurde meine Klitoris so gegen seine Zunge gedrückt, dass ich genug spürte. Als ich an die Reihe kam, war ich etwas nervös. Was, wenn er schlecht schmeckte, wenn ich würgen musste, wenn ich ihm unabsichtlich weh täte ... all die Dinge eben, über die man sich Gedanken macht, wenn man diese sexuelle Variante ausprobiert. Ich war überrascht und erfreut, wie sehr ich den Geschmack mochte. Er erinnerte mich an Kaviar. Und wie mächtig fühlte ich mich plötzlich, als ich seinen Penis in den Mund nahm! Ich war eine Göttin. Ich konnte ihm unvorstellbaren Genuss verschaffen – ich hatte mehr Macht als jemals zuvor in meinem Leben. Zu meinem Glück machte ich als nächstes die Bekanntschaft eines sehr reichen Mannes, der mir beibrachte, wie man eine Fellatio richtig ausführt. Als er mich verließ, besaß ich die richtige Mischung aus Begeisterung und Können."*

Die Technik und ihre Geschichte

Monique, Marie, Veronica, Babette und Simone, fünf sehr schöne französische Kurtisanen, verbrachten als Gäste eines arabischen Scheichs und Geschäftsmannes das Wochenende in einem Hotel in Manhattan, wo dieser geschäftlich zu tun hatte. Sie sprachen alle mehrere Sprachen fließend und hatten mehr Flugkilometer in der ersten Klasse hinter sich als der durchschnittliche amerikanische Millionär. Diese Frauen hatten Klasse. Sie kannten sich in Kunst und Literatur mehrerer Länder aus und waren, mit Ausnahme von Marie, politisch beschlagen. („Ich hasse Politik. In jedem Land sind die Leute besser als ihre Regierungsvertreter. Ich bin eine Zynikerin, wenn es um die Weltpolitik geht.") Vor Jahrhunderten sah man die Prostitution in Indien und China als heilige Berufung an. Frauen aus bestimmten Familien wurden dem Dienst in Tempeln geweiht. Selbst Kurtisanen und andere „öffentliche Frauen" wurden mit großem Respekt behandelt. Man glaubte sogar, es bringe einem Reisenden Glück, wenn er am Anfang einer Reise einer heiligen Prostituierten begegnete. Der Status der französischen Kurtisanen glich mehr jenem der heiligen Prostituierten aus den vergangenen Jahrhunderten als dem der meisten Frauen, die heute dieses Gewerbe ausüben. Von Manhattan aus wurden sie zu dem Palast des Scheichs geflogen, wo sie zur „erotischen Unterhaltung" der Gäste einer kleinen Party beitragen sollten – eine Party, die zwei Tage dauern würde, nämlich die Hochzeitsfeier einer der Töchter des Scheichs. Die Hochzeit und die übrigen Veranstaltungen würden hunderttausende von Dollars kosten, inklusive der 150 000 für die fünf französischen Frauen – 30 000 Dollar für jede. („Darin sind jedoch noch nicht die Kosten für die Reise erster Klasse enthalten und natürlich auch nicht die kleinen Geschenke, die wir bekommen", erklärte Simone. „Die Araber sind sehr großzügig mit Schmuck. Wir werden mit einigen hübschen Gold- und Silbersachen heimfahren, vielleicht sogar mit einigen wertvollen Steinen.")

„Die Männer müssen beschäftigt werden, während die Frauen mit ihren eigenen Vergnügungen beschäftigt sind", sagte Marie lachend.

Vielleicht fragen auch Sie sich, was jede dieser fünf Frauen tun muss, um 30 000 Dollar zu verdienen. „Manche Frauen der Gesellschaft bekommen wesentlich mehr Geld für Sex als wir – aber es ist fraglich, ob sie ihren Job genauso gut machen", meinte Babette boshaft. „Sicherlich haben Sie schon von Mrs. X gehört, die ihren reichen Mann schließlich bekam, weil sie ihm Fellatio machte, während sie in seinem Cabrio nach Southhampton fuhren? Er war begeistert von der Vorstellung, für wie männlich ihn seine Nachbarn halten mussten."

„Und jeder weiß, dass der Prinz von Wales wegen Mrs. Simpson abgedankt hat – sie beherrschte den Fang Chung meisterhaft (eine Oralsex-Technik, die sie angeblich gelernt hatte, während sie in China lebte; siehe Seite 125)", ergänzte Simone.

„Das – und das Babysitter-Kind-Spielchen", fügte Marie hinzu. „Nun, es ist allgemein bekannt, dass sie ihn ab und zu Windeln tragen ließ. Er war ein devoter Sklave und sie seine Domina und Geliebte. Was sonst würde einen Mann dazu bringen, wegen einer Frau auf den Thron zu verzichten? Guten Sex hätte er überall kaufen können." Sie machte eine Pause. „Und haben Sie gehört, wie Mrs. Y ihren Mann bekommen hat? Sie klaute ihn der Frau, mit der er verheiratet war, indem sie seine masochistische Ader bloßlegte. Ich habe Fotos gesehen, auf denen er eine Maske und einen eng anliegenden, weißen Gummianzug trug und an die Wand gekettet war."

Verdienen diese Kurtisanen ihr Geld etwa als Dominas? „Manchmal, aber ab und zu spielen wir auch Sklavinnen. Allerdings ziehen wir uns nur so an und spielen das Ganze, wir werden nicht verletzt", sagte Monique. „Aber mit dieser Gruppe von Arabern spielen wir keine solchen Spiele."

„Fellatio", sagte Veronica. „das wollen die Männer. Die meisten Frauen können es nicht besonders gut." Sie fügte hinzu: „Einige Araber sind ganz gute Liebhaber. Sie praktizieren diese Techniken, um den Verkehr zu verlängern. Wenn man will, dass sie kommen, muss man ihren Penis in den Mund nehmen und sie dazu bringen, zu kommen."

„Reiche Amerikaner sind selten gute Liebhaber", sagte Babette, „weil die Frauen nicht von ihnen verlangen, gut zu sein. Sie haben es viel zu eilig und niemand sagt ihnen, dass sie langsamer machen sollen."

„Fellatio", wiederholte Veronica und verlieh dem Wort durch ihre Betonung eine besondere Aura. „Wir sind Expertinnen. Ich habe in diesem Geschäft als eines von Madame Claudes Mädchen angefangen."

Madame Claude, inzwischen im Ruhestand, ist wahrscheinlich die berühmteste französische Madame aller Zeiten. Vor einigen Jahren erschien ein Portrait von ihr in *Vanity Fair*. Ebenso wie die „Mayflower Madam" Sidney Biddle Barrows ist sie eine Frau mit Geschmack und Stil, die ihren Mädchen beibrachte, sich wie Damen zu kleiden und zu benehmen. Sie war fest davon überzeugt, dass Männer Frauen haben wollen, deren auserlesene Kleidung und Manieren mit ihren Fähigkeiten auf erotischem Gebiet mithalten konnten und die deshalb auch gern bereit waren, dafür viel Geld hinzulegen. Und sie hatte Recht. Madame Claudes Kundenliste soll angeblich das reinste internationale „Who is Who" der Reichen und Adligen gewesen sein.

„Sie schickte uns auf eine Fellatio-Schule", erzählte Veronica. „Wir erhielten Unterricht von einigen ihrer vertrauenswürdigsten Kunden, Kenner der Materie und von einem homosexuellen Gigolo, einem sehr guten Freund von ihr. Es gibt nirgendwo auf der Welt Mädchen, die die Kunst des Oralsex besser beherrschen als ihre."

Diese liebenswürdigen Französinnen waren so nett, mir und einer Freundin zu zeigen, wie man mit dem Mund Liebe macht – etwas, das wir geglaubt hatten zu können. Aber nach dreistündiger Arbeit mit Dildos verschiedener Größen,

wobei unser Durst mit französischem Champagner – was sonst? – gestillt wurde, hatten wir mehrere (wenigstens für uns) neue Tricks mit Lippen und Zunge gelernt. Unsere Partner hätten nicht glücklicher über das Resultat unserer „Erwachsenenbildung" sein können.
„Du solltest Susan öfters bei ihrer Arbeit helfen", meinte der Mann meiner Freundin zu ihr. Er schickte uns beiden ein riesiges Blumenbukett.
Die alten Chinesen nannten Fellatio „den Jadestiel küssen" oder „auf der Flöte spielen". Fellatio wurde, unter den verschiedensten Namen, seit alters her von heterosexuellen Paaren und homosexuellen Männern praktiziert. Im *Kamasutra* wird er Auparishtaka oder „Mund-Verkehr" genannt. Nachdem sie mit ihrem Mund seinen Penis stimuliert hat, heißt es in dem Buch, schreit er laut im *sangara*. Der männliche Schrei bedeutet, dass er voller Genuss spürt, wie er „hinuntergeschluckt" wird. Fellatio-Szenen zieren die Gräber vieler ägyptischer Pharaonen und Kleopatras Geschicklichkeit bei Fellatio war in der ganzen römischen Welt bekannt.
„Fellatio" wird vom lateinischen *fellare* abgeleitet, das so viel wie „saugen" bedeutet. Die Ausübung dieser Liebeskunst war lange Zeit Kurtisanen und Königinnen vorbehalten. Und eine unbekannte Frau hat dafür gesorgt, dass sie inzwischen in fast jedes Schlafzimmer Einzug gehalten hat.
Sie schrieb nicht besonders gut. Ihre Ratschläge in Bezug auf die Liebe – die angeblich nur eine eingeschränkte Rolle im Leben eines Mannes spielt, im Leben einer Frau jedoch die Hauptrolle – waren bereits veraltet, während sie sie niederschrieb. Aber haben nicht viele Frauen in der Zeit des Baby-Booms erst gelernt, wie man Fellatio richtig ausführt, als sie *Die sinnliche Frau* (geschrieben von der geheimnisvollen „J") nachahmten und mit einer grünen Banane übten? *Die sinnliche Frau*, 1969 erstmals veröffentlicht und in den folgenden Jahren mehrfach neu aufgelegt, war ein mutiges Buch, in dem die braven Leserinnen viel über die hohe Kunst der oralen Befriedigung erfuhren. Aber das Schönste war, dass Oralsex als etwas beschrieben wurde, das Spaß machte und nicht als sei er eine lästige Pflicht oder der Preis, den man für Diamanten, Pelze oder auch nur für ein Dach über dem Kopf zahlen musste.
Die Ergebnisse von Umfragen, die in Büchern und Zeitschriften veröffentlicht werden, belegen eines immer wieder: dass viele Männer sich wünschen, wesentlich häufiger oral befriedigt zu werden. (Bei meiner Befragung von tausend Männern für mein Buch *What Men really want* kam heraus, dass 75 Prozent gern häufiger oral befriedigt werden würden – unabhängig davon, ob sie nun bei

fast jedem Liebesakt eine Fellatio bekamen oder so gut wie nie.) Laut einer Sprecherin von PONY (die Vereinigung der Prostituierten von New York) steht Fellatio bei den Kundenwünschen von Prostituierten jeder Preisklasse an erster Stelle und war im vergangenen Jahrzehnt gefragter als Geschlechtsverkehr. Manche Freier erklärten, sie zögen Fellatio vor, weil sie dies im Zeitalter um sich greifender sexuell übertragbarer Krankheiten für sicherer hielten.
Ein glücklich verheirateter Beamter Ende dreißig, den ich für einen Artikel zu dem Thema ‚Warum Männer zu Prostituierten gehen' interviewte, meinte: „Ich gehe nur zu Spitzen-Callgirls und auch nur, wenn ich auf Geschäftsreise bin. Sicherlich ist das Ansteckungsrisiko dadurch geringer als bei einer Straßennutte, aber trotzdem ziehe ich meistens Fellatio vor." Nachdem ich etwas nachgehakt hatte, fügte er hinzu: „Die Angst vor einer Ansteckung ist nicht der einzige Grund. Die Mädchen lassen sich bei Fellatio viel Zeit und machen es sehr gut."
Die anderen Männer, die ich für den Artikel interviewte, gaben ähnliche Kommentare ab. „Um wirklich gute Fellatio zu machen, muss man den Penis als einen anbetungswürdigen Gegenstand betrachten, als eine Art Fetisch, wenn Sie so wollen", erklärte Clarice, ein amerikanisches Callgirl, das früher für Heidi Fleiss gearbeitet hat. „Beten Sie den Penis eines Mannes an und er gehört Ihnen. Warum sollten sich die Frauen dagegen auflehnen? Von Anbetung können in einer Beziehung beide Seiten profitieren."
Im alten Indien wurde Shiva, der tantrische Gott, häufig mit einem riesigen Penis dargestellt. Manchmal wurde sein gigantischer Penis auch ohne Körper skulptiert und als Shiva Lingam (*lingam* ist das Sanskritwort für Penis) verehrt. Auch die *yoni*, das Sanskritwort für Vagina, wurde verehrt. Ja, es können durchaus beide Seiten profitieren.
Die fünf französischen Kurtisanen, die einen Teil ihrer Kenntnisse an mich weitergaben, wenden verschiedene Fellatio-Techniken an, wobei sie die direkte, von „J" empfohlene Vorgehensweise mit der eleganteren des Tantra kombinieren und dem Ganzen noch eine französische Note geben.

Basisregeln

Küssen und lecken Sie die Innenseite der Oberschenkel Ihres Partners. Ziehen Sie gleichzeitig am Hodensack. Nehmen Sie vorsichtig seine Eier in den Mund und ziehen Sie sanft an ihnen. Das finden Männer im Allgemeinen sehr erregend.

Behalten Sie seine Hoden im Mund. Reiben Sie zärtlich seinen Penis von der Eichel hinab zur Wurzel. (Die meisten Männer finden es erregender, wenn der Penis von oben nach unten gerieben wird als umgekehrt.)

Nehmen Sie die Grund-Penis-Mund-Stellung ein: Der Mann liegt auf dem Rücken, die Frau kniet neben ihm, in einem 90°-Winkel zu seinem Körper. Nehmen Sie den Penis sanft in die Hand und umkreisen Sie die Eichel mit der Zunge, um sie zu befeuchten. Sie können auch, falls nötig, zusätzlich zum Speichel noch ein wenig aromatisiertes Öl verwenden. Ölen Sie auch Ihre Finger leicht ein.

Umkreisen Sie die Eichel mit der Zunge. Lassen Sie sie dann am Schaft hinuntergleiten, wobei Sie leicht mit der Zungenspitze lecken. Wiederholen Sie dies, massieren Sie die Hoden und ziehen Sie sie gleichzeitig nach unten.

Nehmen Sie den Penis in beide Hände und verschränken Sie die Finger. Massieren Sie den Penis und gleiten Sie mit der Zunge am Rand der Eichel entlang. Die Hände leicht zusammendrücken und den Penis zwischen ihnen hin- und herrollen.

Befeuchten Sie Ihre Lippen und ziehen Sie sie über die Zähne. Halten Sie den Penis mit einer oder beiden Händen an der Wurzel fest und lassen Sie ihn in den Mund und wieder hinaus gleiten, mal schneller, mal langsamer.

Varianten

„Ganz einsaugen". Saugen Sie langsam den ganzen Penis mit dem Mund ein – je langsamer, desto besser. Lassen Sie Ihre Zunge dabei um den Schaft kreisen. Wenn er komplett in Ihrem Mund ist, ziehen Sie die Wangen ein, um einen Sog zu erzeugen. Entspannen Sie Ihre Kehle. Saugen Sie mehrmals heftig am Penis. Öffnen Sie den Mund, damit der Sog schwächer wird. Ziehen Sie vor dem Schließen des Mundes wieder die Wangen ein, bevor Sie erneut saugen. (Manche Männer behaupten, ihre Erektion würde durch diese Art des Saugens stärker werden.) Wenn Sie können, lassen Sie Ihre Zunge während des Saugens um die Eichel kreisen – mit etwas Übung werden Sie gleichzeitig saugen und von der Eichel bis zur Wurzel lecken können. Schlucken Sie öfters oder drücken Sie die Zunge flach an den Penis – um den Würgereflex in Schach zu halten.

Die „Tiefe Kehle", auch „Ganz-und-gar-Einsaugen" genannt, geht Ihnen vielleicht doch zu weit. Linda Lovelaces Trick in dem Hardcore-Porno *Deep Throat* (Tiefe Kehle) bestand darin, ihren Kopf so zu halten, dass Mund und Hals eine durchgängige Öffnung bildeten; dies geht am leichtesten, wenn Sie sich, mit den Schultern am Bettrand, flach auf den Rücken legen und den Kopf über die Kante hängen lassen. Probieren Sie so lange, bis Sie den Winkel gefunden haben, der Ihnen zusagt. Wenn er in dieser Stellung ejakuliert, fließt das Sperma Ihre Kehle hinunter.
Ein schwuler Freund, der die „Tiefe Kehle" perfekt beherrscht, gibt folgenden Tipp: „Es gibt noch eine andere Stellung, die funktioniert: Setzen Sie sich mit dem Gesicht zu seinen Füßen gewandt rittlings auf ihn und beugen Sie den Kopf über seinen Penis. Kehle und Mund befinden sich dann genau im richtigen Winkel, um den Penis ganz aufnehmen zu können." Die Französinnen waren jedoch einhellig der Meinung, die „Tiefe Kehle" sei eigentlich nur Show und unnötig. Monique erklärte: „Man kann eine erstklassige Fellatio-Expertin sein, ohne jemals die ‚Tiefe Kehle' anzuwenden. In psychologischer Hinsicht ist es für den Mann gut, wenn Sie dies gelegentlich tun. Aber im Prinzip ist es besser, wenn man sich auf die ersten paar Zentimeter des Penis konzentriert, da er dort am meisten spürt."

Schmetterlingsflattern. Lassen Sie Ihre Zunge leicht über die Eichel „flattern", mehrmals hintereinander. Lecken Sie den Schaft von der Wurzel bis zur Eichel und wieder hinunter; dabei immer weiter züngeln. Widmen Sie sich dann wieder der Eichel.

Der „verwöhnende Quirl". Lassen Sie den Penis in den Mund und wieder hinausgleiten und umkreisen Sie ihn dabei mit der Zunge. Kombinieren Sie den „Quirl" mit dem „Schmetterlingsflattern", indem sie von einer Technik langsam zur anderen übergehen und umgekehrt.

„Js Staubsauger". Die Miniversion des „Ganz einsaugens". Benutzen Sie Ihren Mund sozusagen als Staubsauger und saugen Sie seinen Penis halb ein. Saugen Sie weiter, während Sie ihn wieder herausgleiten lassen.

Die Jadeflöte. Umschließen Sie mit einer Hand fest die Peniswurzel. Nehmen Sie die Eichel in den Mund. Spitzen Sie Ihre Lippen, sodass Sie ein „O" formen, saugen Sie sanft an der Eichel und spielen Sie gleichzeitig mit Ihren Fingerkuppen am Schaft auf und ab.

Die französische Variante. Dafür braucht man eine gute Körperbeherrschung und wieder einmal die PC-Muskeln. Fangen Sie mit der Basis-Fellatio-Technik an. Hören Sie wieder damit auf. Hocken Sie sich so über den erigierten Penis, dass er die äußeren Schamlippen gerade berührt, aber nicht in die Vagina eindringen kann. Kontrahieren Sie die PC-Muskeln, sodass Ihre Schamlippen die Eichel „küssen". Wenn Sie über längere Zeit Ihr Körpergewicht mit den Armen tragen können, legen Sie Ihre Unterarme rechts und links neben seinen Körper und „küssen" Sie sich mit den Schamlippen seinen Penis entlang. Machen Sie dann mit Fellatio weiter.
„Ich habe mich dabei anfangs ziemlich ungeschickt angestellt" sagte eine Testerin, „bis ich herausfand, dass das Geheimnis darin besteht, das Gewicht auf die Arme zu verlagern. Man muss eine Art Liegestütze machen. Anfangs versuchte ich, Winkel und Tiefe der Penetration mit meinen Schenkeln zu steuern, aber es ist fast unmöglich, dies zu tun, gleichzeitig die PC-Muskeln anzuspannen und dabei auch noch die Eichel mit den Schamlippen zu küssen."

Fang Chung. Beginnen Sie mit der Jadeflöte (siehe oben). Öffnen Sie den Mund etwas weiter, sodass Sie auch noch die Hoden in den Mund nehmen können. Saugen Sie abwechselnd sanft an beiden Eiern und achten Sie darauf, dass Sie nicht zu viel Druck ausüben. Saugen Sie dann am Perineum, während Sie die Flöte spielen und den After mit dem Finger stimulieren.

69 oder „Soixante-Neuf" auf französisch. In dieser Stellung liegen beide Partner nebeneinander, jeweils mit dem Kopf bei den Füßen des anderen. Er macht bei ihr einen Cunnilingus und sie bei ihm Fellatio. Die meisten Frauen werden vermutlich in der 69er-Stellung die Fellatio nicht besonders gut hinbekommen, da sie sehr viel Konzentration erfordert. Und wer kann sich schon konzentrieren, wenn eine Zunge geschickt mit der eigenen Klitoris spielt? Wie viele „sportliche" Stellungen beim Geschlechtsverkehr sieht die 69er-Stellung wahrscheinlich besser aus als man sich dabei fühlt, wenigstens für einen von beiden. Der Winkel ist ziemlich ungünstig, um die Klitoris wirkungsvoll stimulieren zu können, aber es ist eine sehr intime Stellung. Versuchen Sie es einfach damit, sich abwechselnd zu stimulieren. Ist er aktiv, kann sie seinen Penis

im Mund behalten oder vor dem Mund liegen lassen und durch ihren heißen Atem weiterstimulieren. Ist sie aktiv, kann er seinen Mund auf ihrer Vulva liegen lassen oder ihre Klitoris mit seinem heißen Atem stimulieren.
Kommentar einer Frau: „Die 69er-Stellung gefällt mir am besten, wenn ich flach auf dem Rücken liege und mein Mann über meinem Gesicht kniet. Der Winkel ist günstig, um den Penis in den Mund zu nehmen. Und weil er sich vorbeugen muss, um an meine Genitalien zu kommen, kann er mir den Penis nicht so tief in den Mund schieben. In dieser Stellung kann ich das Ganze besser steuern als wenn wir Seite an Seite liegen und ich habe auch nicht das Gefühl, die ganze Arbeit tun zu müssen, wie wenn ich auf ihm sitze."

Was Sie nicht tun sollten

Die Zähne verwenden. Tun Sie dies höchstens um auf seine Bitte hin zärtlich und sanft an ihm zu knabbern. Achten Sie darauf, dass Sie Ihre Zähne mit den Lippen bedecken, damit Sie seinen Penis nicht verletzen.

Denken, dass es genügt, ein paarmal am Penis zu lecken. Das reicht nicht. Das orale Liebesspiel lässt viel Raum für Kreativität, das heißt, Sie können die Mundbewegungen immer wieder variieren, sodass auch Ihnen bestimmt nicht langweilig wird. Fellatio kann für Sie ebenso befriedigend sein wie für Ihren Partner. Und er wird Ihnen dankbar sein.

Sich zu sehr auf die zwei unteren Drittel zu konzentrieren. Die Eichel und der Rand um die Eichel sind die empfindlichsten Stellen des Penis. Am Schaft selbst ist nur die so genannte Raphe, die „Naht" an der Unterseite des Penis, richtig empfindlich.

Zu glauben, dass Fellatio wirklich das Wichtigste sei, was Sie für einen Mann tun können. Ich stimme hier nicht mit den französischen Kurtisanen überein, die dem eine monumentale Bedeutung beimessen. Geschick und Können sind beim Sex sicherlich nicht unwichtig, aber ich glaube nicht, dass man einen Mann dazu bringen kann, einen zu lieben oder zu heiraten, nur weil man die eine oder andere Fertigkeit meisterhaft beherrscht.

Die Perineum-Massage

Jedes teure Callgirl weiß, wie sie durch Stimulation des Perineums beim Mann einen Orgasmus hervorrufen kann. Ein Callgirl, das Mitglied bei COYOTE ist (*Cast Off Your Old Tired Ethics* was so viel bedeutet wie „Werfen Sie Ihre alten, überholten Moralvorstellungen über Bord), einem Verein, der sich für die Rechte von Prostituierten einsetzt, brachte mir vor einigen Jahren die Perineummassage bei und es kränkte mich etwas, dass die Französinnen überrascht waren, dass ich sie kannte! „Wozu braucht eine normale Frau diese Technik?“, fragte eine von ihnen.
Es gibt, aus einleuchtenden Gründen, mehr Techniken, die den männlichen Orgasmus hinauszögern als ihn forcieren (siehe Seite 22). Manchen Männern gelingt es, ihre Ejakulation hinauszuzögern, indem sie wiederholt an ihren Hoden ziehen, sobald sie spüren, dass die Ejakulation naht. Ich war einmal mit einem Mann zusammen, der seinen Orgasmus auf diese Weise so lange hinauszögern konnte, bis ich mehrere Orgasmen hintereinander gehabt habe – auch wenn er hinterher über ein Ziehen in den Hoden klagte.
Aber manchmal möchte ein Mann oder seine Partnerin den Prozess lieber beschleunigen als hinauszögern. Dafür kann es viele Gründe geben: Wenn er beispielsweise bereits einen Orgasmus beim Verkehr hatte und noch einen zweiten haben möchte, damit aber Schwierigkeiten hat. Bei manchen älteren Männern oder Männern, die die Ejakulation hinauszögern können, kann es bei zu langem Ausdehnen des Geschlechtsverkehrs auch passieren, dass sie den Zeitpunkt überschreiten, an dem eine Ejakulation von selbst erfolgt. Oder eine Frau möchte bei der Fellatio den Ejakulationsprozess des Partners bis zu einem gewissen Grad mitsteuern können, um sicher zu gehen, dass er nicht in ihrem Mund kommt – oder dass er erst kommt, wenn sie bereit ist, sein Sperma zu empfangen.

Die Technik

Massieren Sie während des Verkehrs, der manuellen Stimulation oder der Fellatio mit Handfläche oder Daumen das Perineum Ihres Partners – die Stelle zwischen Peniswurzel und After. Am wichtigsten ist hierbei, wie viel Druck Sie ausüben: drücken Sie kräftig, aber nicht zu fest. Sie können ihn auf diese Weise jedoch nicht zum Ejakulieren bringen, wenn er nicht bereits sehr erregt ist.

Eine Frau meinte dazu: „Als ich die Perineum-Massage das erste Mal ausprobierte, war ich zu ängstlich. Später fragte er mich, was ich versucht hätte, ‚da unten' zu machen. Beim nächsten Mal brauchte er mich das nicht mehr zu fragen."

Monique bestand darauf, es sei das Wichtigste, den richtigen „Prostata-Punkt" in der Mitte des Perineums zu finden.

„Wenn Sie nicht genau wissen, wo dieser Punkt liegt, probieren Sie es an mehreren Stellen und achten Sie auf seine Reaktion", meinte sie. „Sie werden wissen, wann Sie die richtige Stelle getroffen haben, weil er dann aufstöhnt oder sich windet. Sein Penis wird wie eine Stimmgabel vibrieren. Diese Stelle ist das männliche Äquivalent zum G-Punkt.

Sie können ihn zu einem großartigen Höhepunkt bringen, wenn Sie bei der Fellatio Daumen und Zeigefinger der einen Hand um die Peniswurzel legen und mit dem Daumen der anderen Hand den Prostata-Punkt drücken.

Manche Männer mögen es, wenn man diesen Punkt vom Darm aus stimuliert. Dazu müssen Sie nur eine Fingerspitze tief in den Darm eindringen. Wenn Ihr Finger sich im After befindet, bewegen Sie ihn hin und her, bis er reagiert. Ich habe ein Möglichkeit gefunden, wie man dies auf saubere Weise tun kann, ohne dass sich der Kunde beleidigt fühlt. Ich schneide von chirurgischen Gummihandschuhen einzelne Finger ab, streife einen der Handschuhfinger über meinen Finger und tauche ihn in Gleitgel – so, dass er es gar nicht mitbekommt oder sieht, was ich gerade tue. Wenn ich fertig bin, rolle ich den Fingerling ab und entsorge ihn in einer kleinen Mülltüte, die diskret zwischen Matratze und Bettfedern verborgen ist."

Sie können den Prostata-Punkt auch während dem Orgasmus stimulieren, um die Kontraktionsphase zu verlängern (siehe Seite 199).

Feuer und Eis

Der erst spät zu Berühmtheit gelangte Autor erotischer Bücher, Marco Vassi, erläuterte mir, „Heiß und Kalt" sei eine „abgemilderte Form sexueller Perversion". Wir waren damals beide Gäste einer Talkshow im Radio und es war das einzige Mal, dass Marco bei einer Livesendung über seine perversen Sextricks diskutieren konnte. (Einige von Marcos Romanen, die von detailliert beschriebenen Sexszenen nur so strotzen, sind immer noch in Druck. Falls Sie sie in

Ihrem Buchladen nicht finden, können Sie sie über *Good Vibrations* bestellen. Nach der Sendung ging ich schnurstracks nach Hause, um ein wenig „Feuer und Eis“ an meinem Partner auszuprobieren.

Die Technik

Der Trick besteht darin, beim Oralsex die Mundtemperatur zu verändern. Beginnen Sie mit normaler Körpertemperatur. Stimulieren Sie dann Ihren Partner mit der Hand weiter und stecken Sie sich ein paar Eiswürfel in den Mund. Warten Sie, bis Ihre Zunge taub geworden ist, bevor Sie das Eis wieder ausspucken. Legen Sie dann Ihre eiskalte Zunge auf die Genitalien Ihres Partners. Er wird das Gefühl haben, einen elektrischen Schlag zu bekommen, der allerdings sehr erregend ist. Wenn sich Ihre Mundtemperatur nach einigen Minuten wieder normalisiert hat, wiederholen Sie die Prozedur, aber diesmal mit heißem Tee. Diese Temperaturwechsel-Methode verlängert bei einigen Männern die Erregungsphase und sorgt bei anderen für intensivere Orgasmen.

Zwei Frauen, die „Feuer und Eis“ bei ihren Männern ausprobiert haben, berichteten, dass die Reaktionen durchweg positiv gewesen seien. „Mein Mann meinte, er hätte nie zuvor ein ähnliches Gefühl erlebt wie jenes, das durch den Temperaturwechsel hervorgerufen wurde“, erzählte Maggie. „Als wir dann miteinander schliefen und er beim Verkehr ejakulierte, konnte ich spüren, dass sein Orgasmus stärker war als sonst.“

Es gibt noch andere Spiele, bei denen nur Eis verwendet wird. Manche Männer berichten, dass ihre Orgasmen intensiver werden, wenn ihre Partnerin kurz vor der Ejakulation eine Handvoll zerkleinertes Eis aufs Steißbein klatschte. Etwas schmerzhaft, aber durchaus angenehm und erregend ist es für beide Geschlechter, wenn man einen tropfenden Eiswürfel kurz an eine Brustwarze hält oder diesen langsam von den Brustwarzen über den Körper zu den Genitalien gleiten lässt. (Verwenden Sie auf keinen Fall Trockeneis!)

„Ich hatte einmal einen Partner, der mit Eiswürfeln ausgeklügelte Muster auf meinen Körper ‚malte‘, nachdem ich bereits ein oder zwei Orgasmen gehabt hatte und meine Haut heiß genug war, um das Eis schnell zum Schmelzen zu bringen“, erzählte Carol. „Manchmal ließ er den Rest des Eisstückchens auch in meinem Bauchnabel schmelzen, während er mich oral befriedigte.“

Schlucken

Wenn ein Mann bei Fellatio ejakuliert, ohne ein Kondom zu tragen, bleiben einem nur zwei Möglichkeiten: entweder das Sperma zu schlucken oder es aus den Mundwinkeln tröpfeln zu lassen, wo man es leicht auffangen kann. Normalerweise füllt das Ejakulat nicht einmal einen Teelöffel. Doch zugegeben, wenn Sie nicht darauf vorbereitet sind, scheint es wesentlich mehr zu sein.

Es ist durchaus gerechtfertigt, dass eine Frau Bedenken gesundheitlicher Natur hat, wenn es darum geht, das Sperma ihres Partners zu schlucken. Normalerweise schlucken Prostituierte, Callgirls oder Kurtisanen kein Sperma – vor allem heute, im Zeitalter von AIDS und anderen sexuell übertragbaren Krankheiten nicht. Wenn einige es doch tun, dann nur bei einigen ausgesuchten Kunden. Wenn Sie und Ihr Partner in einer festen, monogamen Beziehung leben und keiner von Ihnen vor dieser Beziehung Kontakt mit HIV (dem Virus, das AIDS verursacht) hatte, dann wird Safer Sex kein Thema für Sie sein. Sie müssen sich dann nur noch entscheiden, ob Sie sein Sperma schlucken wollen oder nicht.

Allerdings wäre es nachlässig von mir, nicht wenigstens am Rande darauf hinzuweisen, dass viele Frauen glauben, in einer monogamen Beziehung zu leben, während ihr Partner sich heimlich mit anderen Frauen – inklusive Prostituierten – trifft. Und manche Menschen sind mit HIV oder anderen durch Geschlechtsverkehr übertragbaren Krankheiten infiziert, ohne es zu wissen. Wie sehr er dem anderen vertrauen kann, muss jeder selbst entscheiden und diese Entscheidung sollten Sie nicht auf die leichte Schulter nehmen. (Sie sollten nie Oralsex oder Geschlechtsverkehr ohne Kondom haben, wenn Sie eine Affäre eingehen bzw. den anderen nicht kennen.)

Wie wichtig ist es für einen Mann, dass die Frau sein Sperma schluckt? Vielleicht bittet er Sie ja darum, weil er es, wie Analsex, nur selten, wenn überhaupt jemals erlebt hat.

„Meine Frau ist die einzige Frau, die je mein Sperma geschluckt hat“, erzählte Dan. „Ich fühlte mich von ihr sehr geliebt, als sie es zum ersten Mal tat. Es war ihre Idee. Sie braucht es nicht immer zu schlucken, nur ab und zu, als besondere Zugabe sozusagen.“

„Für mich ist es nicht so wichtig“, meinte Anthony. „Ganz nett, aber nicht notwendig. Ob eine Frau mein Sperma schluckt oder nicht, sagt meiner Ansicht nach weniger etwas über ihre Gefühle mir gegenüber aus als vielmehr darüber, wie geschickt sie beim Oralsex ist und wie wohl sie sich dabei fühlt. Ich bin nicht beleidigt, wenn sie es nicht schlucken kann oder will."

„Das war etwas, das mein Partner wirklich wollte", sagte Grace. „Nachdem wir beide einen AIDS-Test gemacht und geschworen hatten, uns treu zu sein und anschließend zusammengezogen waren – tja, da hatte ich plötzlich keine Ausrede mehr, warum ich es nicht tun konnte. Ich hatte Angst, dass ich würgen oder mich übergeben müsste. Ich rief einen guten Freund an, der schwul ist und fragte ihn um Rat. Er sagte: ‚Es ist ganz einfach. Stimuliere ihn oral, bis er kurz vor der Ejakulation steht. Dann nimm ihn ganz tief in den Mund und massiere sein Perineum, sodass er erst ejakuliert, wenn du in der richtigen Stellung dafür bist. Das Sperma wird direkt die Kehle hinablaufen, ohne dass du etwas schmeckst oder würgen musst.'

Mein Freund hatte Recht. Zwar konnte ich nicht lange in der ‚Tiefe Kehle'-Position bleiben, aber wenn man erst einmal weiß, wie man den magischen Knopf stimulieren muss, dann ist das auch gar nicht nötig."

Ja, ihr Freund hatte tatsächlich Recht. Die Technik, die er empfahl, wird auch von den Experten des oralen Sex angewandt.

Basistechnik für das Schlucken von Sperma

1. Stimulieren Sie Ihren Partner oral mit verschiedenen Techniken, bis er sich kurz vor dem Orgasmus befindet.
2. Setzen Sie sich, das Gesicht seinen Füßen zugewandt, auf ihn oder legen Sie sich auf den Rücken und lassen den Kopf über die Bettkante hängen. Mund und Kehle sollten eine gerade Linie bilden.
3. Wenn Sie bereit sind, massieren Sie sein Perineum. Das Sperma wird dann direkt Ihre Kehle hinabfließen.

Kann ein Mann einer Frau beibringen, wie sie Fellatio machen soll?

Ja – auf die gleiche Art und Weise, wie eine Frau ihm Cunnilingus beibringen kann. Männer sind sich nicht bewusst, dass Frauen ebenfalls oft Angst davor haben, zu versagen, vor allem bei Fellatio. Viele Frauen haben mir erzählt, dass sie es nicht tun, weil sie Angst davor haben, etwas falsch zu machen. Man(n) sollte sie wissen lassen, was er will, ohne ihr Selbstvertrauen anzukratzen.

„Als ich anfing, mich mit meiner heutigen Frau zu treffen", erzählte Jeff, „war sie nicht sehr gut beim Oralsex. Sie hat meinen Penis geleckt, als wäre er ein Eis am Stiel, hat ihn von der Wurzel bis zur Spitze richtig abgeschleckt und dann ein paarmal an der Eichel gesaugt. Ich sagte ihr, dass sie vermutlich nur mit Männern zusammengewesen sei, die meist zu früh kamen und sie sich deshalb darauf eingestellt hatte, sie nur wenig oral zu stimulieren, aber dass ich eine Menge mehr vertragen könnte.

Daraufhin kaufte sie sich ein Buch, denn durch Lesen lernt sie am liebsten. Und sie lernte schnell. Ich bin froh, dass ich sie direkt darauf hingewiesen habe, denn dadurch öffnete sie sich auch mir gegenüber und sagte mir, was ihr im Bett am besten gefällt. Auch ich kann sie jetzt besser befriedigen als früher, weil ich nun weiß, was ihr gefällt."

Stellungen

Auf die richtige Stellung kommt es an

Nach all den Interviews, die ich in den Jahren als Sexjournalistin geführt habe, bin ich zu dem Schluss gekommen, dass die Stellung, bei der der Mann von hinten eindringt, bei den Frauen am wenigsten Anklang findet, bei Männern aber auf Platz zwei der Beliebtheitsskala steht.

> *„Ich mag es, mir selbst beim Geschlechtsverkehr zuzusehen", sagte John. „Deshalb ziehe ich die Stellung vor, bei der man von hinten eindringt, weil ich dann sehen kann, wie ich hinein- und herausgleite. In dieser Stellung kann ich ihn weiter herausziehen und es haut mich um, wenn ich beobachte, wie mein Schwanz aus meiner Frau heraus- und wieder in sie hineingleitet. Ich konnte anfangs gar nicht verstehen, was sie gegen diese Stellung hatte, denn ich stimulierte dabei ihre Klitoris und sie bekam einen großartigen Orgasmus. Eines Nachts dann, als wir eine Menge Wein getrunken hatten, gestand sie mir, dass sie die Stellung nicht mochte, weil ihre Brüste so unvorteilhaft herabhingen.*
> *‚Sie hängen so runter', sagte sie. ‚Sie haben gar keine Form mehr, weil sie so groß sind. Sie hängen herunter wie lange Würste.' Sie hatte Angst, ich würde sie sehen und mich abgestoßen fühlen. Ich hoffe, sie inzwischen davon überzeugt zu haben, dass ich, wenn wir in dieser Stellung ficken, viel zu sehr damit beschäftigt bin, auf meinen Schwanz und ihren Arsch zu schauen, um zu merken, dass ihre Brüste herabhängen. Und abgesehen davon – was ist schon schlimm daran, wenn sie hängen? Wenn sie in dieser Stellung nicht ein wenig hängen würden, wären es keine richtigen Brüste. Sie hat die schönsten Brüste, die ich je gesehen habe."*

Wie Johns Frau glauben viele Frauen, dass ihre Brüste – und/oder Bäuche – in dieser Stellung zu sehr hängen. Und viele dieser Frauen sind jung und sehen keineswegs so aus, als seien ihre Bäuche und Brüste schlaff.
„Ich mag es nicht, dass alles so herabhängt, wenn jemand, vor allem mein Partner, es sehen kann", sagte sogar eine Achtundzwanzigjährige.
Trotz der Bedenken mancher Frauen, sie würden dadurch ihren Körper zu sehr zur Schau stellen, erklärten sowohl Frauen als auch Männer jene Stellung zu

ihrem Favoriten, bei der die Frau oben sitzt. „Mir gefällt es, oben zu sein, weil ich weiß, dass ich mich dadurch zum Orgasmus bringen kann", sagte eine Frau. „Eine großartige Aussicht und genügend Freiraum, um die weiblichen Genitalien zu stimulieren", kommentierte ein Mann.
„Ich liebe es, die Kontrolle zu haben", sagte eine Frau begeistert. „Abgesehen davon ist mein Mann viel größer als ich. Wenn ich nicht oben bin, müssen wir uns zu viele Gedanken über die richtige Stellung machen, das heißt eine suchen, in der ich nicht zerquetscht werde."
Erstaunlicherweise stellte sich heraus, dass die – zu Unrecht verdammte – Missionarsstellung, bei den interviewten Frauen mehr Anklang fand als bei den Männern.

Wie viele Stellungen sind überhaupt machbar?

„Eigentlich gibt es nur sechs Grundstellungen für den Geschlechtsverkehr", sagte Dr. Prokash Kothari, der indische Sexualwissenschaftler, als ich ihn in Bombay besuchte. Er zählte sie an den Fingern auf: „Die Frau oben, der Mann oben, von hinten eindringen, nebeneinander liegend, im Sitzen und im Stehen. Nur sechs. Alle anderen sind Abwandlungen dieser Grundstellungen. Man sollte nicht glauben, dass es zu schwierig sei, diese zu lernen, oder?
Aber im Indien von heute dürfte es ziemlich schwierig sein, einen Mann zu finden, der alle sechs Stellungen beherrscht. Indien ist ein Land, in dem die Sexualität sehr unterdrückt wird, mehr noch als in den Vereinigten Staaten. Auch wenn der *Kamasutra* aus Indien stammt und hier früher die Sexualität als etwas Heiliges galt, wissen die meiseten modernen indischen Männer nicht viel über Sex. Sie haben nur wenige Möglichkeiten, sich zu informieren – sei es über Informationsbroschüren oder über erotische Literatur."
Steinmetze, Holzschnitzer, Maler und Graveure hinterließen Zeugnisse von der Vielfalt der sexuellen Stellungen, die einst in Indien zelebriert wurden. Richtig, zelebriert, nicht unbedingt praktiziert. Im *Kamasutra* sind über hundert Stellungen für den Geschlechtsverkehr abgebildet, von denen die meisten unter die Kategorie „Warum sollte man die zu Hause ausprobieren?" fallen. Wenn Sie einige der Stellungen, bei denen man sich ordentlich verrenken muss, ausprobieren, werden Sie feststellen, dass die ausgefallene Idee interessanter ist als die erotischen Gefühle, die dabei entstehen. Man hat allen Grund zu bezweifeln,

dass irgendjemand, abgesehen von äußerst gelenkigen Yogis, diese Stellungen jemals praktiziert.

Scheich Nefzawi, der Verfasser des großartigen arabischen Sex-Handbuches aus dem 16. Jahrhundert, *The Perfumed Garden*, hegte ähnliche Zweifel. Sein Kommentar zu einer bestimmten Stellung im *Kamasutra*, bei der Frau und Mann ineinander verschlungen sind wie eine Brezel, während die Genitalien sich aber berühren: „Ich glaube, dass diese Stellung nur in der Fantasie und auf dem Papier realisierbar ist."

Vielleicht hatten die Maler jener Zeit einfach eine sehr reiche Fantasie und malten zu ihrer eigenen Unterhaltung. Ihre Bilder wurden in der Kunst vieler Länder kopiert und haben im Laufe der Jahrhunderte Millionen von Menschen begeistert. Die alten Hindus hatten Sex zu einer heiligen Kunst erhoben.

In *The Perfumed Garden* schlägt Nefzawi, trotz seiner kritischen Einstellung gegenüber den Stellungen im *Kamasutra* eine Stellung vor, die „das Gesäß des anderen betrachten" heißt – der Mann liegt auf dem Rücken, während die Frau, mit dem Rücken zu seinem Gesicht, auf seinem Penis sitzt. Er umklammert mit seinen Beinen ihren Körper und sie beugt sich nach vorn, bis ihre Hände den Boden berühren – so können beide jeweils den Hintern des anderen betrachten. „Nur ein Mann konnte denken, dies sei eine brillante Idee", kommentierte eine Freundin von mir lachend.

Selbst Fotos von zwei Personen beim Verkehr in modernen Sexhandbüchern zeigen diese oft in Stellungen, die von alten Zeichnungen abgeleitet wurden und nur von zwei Menschen mit gut ausgebildeten Muskeln und ohne vorstehende Bäuche bewältigt werden können. Aus Studien geht jedoch hervor, dass mindestens die Hälfte der amerikanischen Bevölkerung Übergewicht hat. Und die Baby-Boom-Generation, die die Mehrzahl der Konsumenten von Sexartikeln stellt, wird auch nicht jünger, von Rückenproblemen ganz zu schweigen – und von Knieverletzungen, Tennis-Armen, späten Geburten ...

„Alle Grundstellungen sind in der einen oder anderen Form für fast jedes Paar geeignet", meinte Dr. Kothari. „Nur sehr Fettleibige mit über fünfzig Kilo Übergewicht sowie Hochschwangere oder Behinderte dürften Probleme haben."

„Sind sechs Stellungen genug?", fragte ich ihn. „Ist das nicht ein bisschen wenig?" „Diese Stellungen können leicht abgeändert werden.", antwortete er. „Zudem kann man in einer Stellung viele verschiedene Dinge tun – Geschlechtsverkehr, Fellatio, Cunnilingus usw. Ja, die Vielfalt ist da. Wichtiger al-

lerdings ist, ob die Stellung auch bequem ist. Wenn man schon kämpfen muss, um eine bestimmte Stellung beibehalten zu können, wie soll man dann dabei noch Liebe machen?"
Es folgen Dr. Kotharis Kriterien, die Ihnen bei der Entscheidung helfen können, ob Sie eine bestimmte Stellung in Ihr Repertoire aufnehmen wollen oder nicht:

Fühle ich mich wohl dabei?

1. Können Sie die Stellung bequem einnehmen und leicht genug halten, um beim Sex nicht abgelenkt zu werden? Müssen Sie ständig darum kämpfen, Ihren Körper in der richtigen Lage zu halten? Zittern Ihre Muskeln vor Anstrengung?
2. Kann in dieser Stellung die Frau einen Orgasmus bekommen? (Die meisten Frauen können allein durch Geschlechtsverkehr nicht zum Höhepunkt kommen.) Kann die Frau oder ihr Partner in dieser Stellung ihre Genitalien erreichen und streicheln? Und/oder ist sie dazu geeignet, dass der Mann den Zeitpunkt der Ejakulation selbst bestimmen kann?
3. Wenn die Stellung den wichtigsten Ansprüchen gerecht wird, überlegen Sie, ob Sie Ihren Partner in dieser Stellung optisch aufreizen können. („Männer reagieren sehr empfindlich auf optische Reize", sagte Dr Kothari. Wo haben wir das nur schon mal gehört? „Sie möchten ihn optisch aufreizen – aber bedenken Sie, dass Ihnen das eher gelingt, wenn Sie vor seinen Augen erregt werden als wenn Sie sich nur in Pose werfen!")

Die bevorzugte Stellung der Callgirls: Die Frau sitzt oben

„Welches die beste Stellung für Verkehr ist, hängt vom Partner ab", meinte Shelley. „Wichtig sind Körpergröße, der Zustand ihrer Vagina, die Größe des Penis, wie hart er wird usw. – diese Faktoren entscheiden darüber, was bei zwei Leuten am besten funktioniert. Davon abgesehen wollen die meisten meiner Kunden, dass ich oben sitze – in etwa 70 Prozent aller Fälle."
Shelley, die ein Diplom in Psychologie besitzt, schreibt gerade an ihrer Doktorarbeit. Angefangen hat sie als Stripteasetänzerin, heute ist sie eines der Top-Callgirls von Los Angeles. Ihre Karriere begann bei Heidi Fleiss, einer Frau, die Talent erkannte, wenn sie es sah. Doch warum arbeitet eine Doktorandin als

Callgirl? „Im Sex bin ich gut, als Kellnerin eine Katastrophe", antwortete sie lachend. „Ich mag Sex. Ich bekomme bei meinen Klienten Orgasmen, weil ich weiß, wie ich mich selbst zum Orgasmus bringen kann. Sie lieben es, mir dabei zuzusehen, wie ich zum Höhepunkt komme, denn sie wissen, dass es nicht gespielt ist. Weil ich mich selbst stimuliere, brauchen sie nichts zu tun. Deshalb zahlen sie mir auch so viel – weil sie mit einer Frau zusammensein können, die sie nicht stimulieren müssen, mit einer Frau, der es Spaß macht, auf ihnen zu kommen."

Mit ihren schwarzen Strümpfen, teuren schwarzen Cowboystiefeln, einem schweren, schwarzen Seidenhemd in Übergröße, das sie auch von ihrem Freund hätte ausgeliehen haben können, ihrer großen schwarzen Brille, die ihr auf die Nasenspitze gerutscht war und dem Wirtschaftsfachtext von der Uni, der aus ihrer Lederhandtasche herausragte, sah sie jünger aus als achtundzwanzig und zudem sehr durchtrainiert – Shelley trainiert acht bis zehn Stunden pro Woche in einem Fitnessclub.

„Ich habe mich wahrscheinlich schon lange prostituiert, bevor mir das überhaupt klar wurde", erzählte sie. „Ich traf Männer in dem Club, in dem ich tanzte. Sie führten mich aus, machten mir Geschenke, gaben mir Geld. Ich hatte Sex mit ihnen. Es hat nur eine Weile gedauert, bis ich diese Beziehungen formalisiert und mein Tun als Gewerbe begriffen habe. Ich bin sozusagen freiberuflich zur Prostitution gekommen."

Um den anderen Frauen gegenüber fair zu sein, fügte sie hinzu, dass die meisten Frauen, die in der Sexbranche arbeiten, „Fachfrauen" sind. Sie arbeiten nicht noch „freiberuflich" in anderen Gewerben. Callgirls arbeiten nicht für Telefonsexagenturen. Stripperinnen gehen nicht mit Gästen ins Bett. Shelley kam vom Striptease zur Prostitution, indem sie einen der Rausschmeißer des Nachtclubs dafür bezahlte, dass er für sie Treffen mit bestimmten Männern arrangierte – was die meisten Tänzerinnen, entgegen der gängigen Meinung, nicht tun.

„Ich liebte es, dass ich als Tänzerin solche Macht hatte", erzählte sie weiter. „Die Männer träumten davon, was sie alles mit meinem Körper anstellen könnten. Ich fühlte die Energie, die von ihren Köpfen ausging. Es erregte mich zu wissen, dass sie mich nicht haben konnten. Ich glaube, Frauen sind die geborenen Exhibitionisten und Männer die geborenen Voyeure."

Shelley hat etwa dreißig Kunden, ein Drittel davon trifft sie regelmäßig einmal pro Woche. Manche rufen sie an, wenn sie beruflich in Los Angeles zu tun haben – was vielleicht ein paarmal pro Jahr der Fall ist. Ein typischer Kunde möchte, dass sie beide voreinander masturbieren, zum Beispiel Seite an Seite vor einem mannshohen Spiegel. Dafür zahlt er 350 Dollar die Stunde. Männer hingegen, die 1500 Dollar für eine Nacht bezahlen, suchen Gesellschaft, Romantik, jemanden, der ihnen zuhört und mit ihnen mitfühlt, eine Frau, die keine Ansprüche stellt, Bedürfnisse hat oder Probleme zur Sprache bringt – und Sex, bei dem sie oben ist. Shelley nennt solche Treffen „Rendezvous".

„Teilweise wollen sie einfach nur die Verantwortung abgeben. Eine Frau, die oben ist, ist in ihren Augen eine aktive Frau", fuhr sie fort. „Sie bezahlen mich, damit ich den aktiven Part übernehme, sie befriedige. Vielleicht müssen Sie zu Hause bei ihren Frauen immer den aktiven Part übernehmen und gerade das wollen sie nicht, wenn sie mit einer Frau zusammen sind, der sie eine Menge Geld zahlen. Wenn Männer mit mir über ihre Frauen sprechen, fallen Sätze wie: ‚Ich wünschte mir, sie würde öfters die Initiative ergreifen' oder ‚Sie mag es nicht, oben zu sein' oder ‚Sie mag Sex nicht besonders', was, fürchte ich, heißen soll, dass sie nicht oft einen Orgasmus bekommt. Sie beklagen sich nie über den Körper ihrer Frauen – nur über deren Hemmungen.

Es gefällt den Männern, mir bei meinem Orgasmus zuzusehen und das können sie besser, wenn ich oben bin. Sie wollen mein Gesicht beobachten können, wenn ich komme. Sie wollen mich schwitzen sehen und auch, wie meine Brust sich vor Erregung rötet."

Sollten Sie zu den Frauen gehören, die bisher davor zurückgescheut sind, oben zu sitzen, weil sie sich nicht gern zur Schau stellen oder weil sie sich Ihrer hängenden Brüste oder kleinen Bäuchlein schämen – dann legen Sie Ihre Hemmungen jetzt ab. Die große Mehrheit der Männer analysiert während des Geschlechtsverkehrs keineswegs eventuelle körperliche „Mängel" ihrer Partnerin. Im Gegenteil: Männer neigen eher dazu, sich auf das Schönste an unserem Körper zu konzentrieren und den Rest zu übersehen, vor allem sozusagen in der Hitze des Gefechts. Sie sehen uns viel mehr nach als wir uns selbst.

Shelleys Tipps, wenn „frau" oben sitzt

Machen Sie sich für Ihr Publikum zurecht. „Wenn Sie sich Ihres Bauches oder der geplatzten Äderchen auf den Oberschenkeln schämen, ziehen Sie ein weites Negligee an und tragen Sie Bein-Make-up auf. Es macht immer Spaß, sich fürs Bett zurechtzumachen, egal wie man zu seinem Körper steht. Männer lieben es, wenn man mit hochhackigen Schuhen, BH und Strümpfen zu ihnen ins Bett kommt. Man muss beim Sex nicht immer nackt sein. Kleider können einer Frau mehr Selbstvertrauen geben, auch im Bett."

Stellen Sie Blickkontakt her. „Männer erzählen mir oft, ihre Frauen würden immer die Augen zumachen, wenn sie kommen. Aber Männer sehen einem gern dabei in die Augen. Die Stellung, bei der die Frau oben ist, eignet sich hervorragend für Blickkontakt. Man fühlt sich außerdem weniger verwundbar als wenn er oben liegt."

Benutzen Sie Ihre Hände. „Männer lieben es, Frauen masturbieren zu sehen. Aber nicht schüchtern die Hand nach unten wandern lassen, sondern offen mit der Klitoris spielen, wenn Sie oben sind!"

Geben Sie sich ein bisschen dominant. „Beugen Sie sich vor und zwicken Sie ihn hin und wieder in die Brustwarzen. Geben Sie ihm Befehle, bei denen er sich nichts vergibt, wenn er sie befolgt, wie ‚Spiel mit meinen Brüsten'. Küssen Sie ihn leidenschaftlich und weichen Sie dann, immer noch seine Lippen berührend, etwas zurück, sodass er den Kopf anheben muss, um den Kontakt zu halten. Ergreifen Sie seine Handgelenke oder Hände und ziehen Sie sie ihm über den Kopf. Manchmal möchte er das Gefühl haben, dass Sie wirklich die Dinge in die Hand nehmen, dass nicht mehr er dafür sorgen muss, dass Sie auf Ihre Kosten kommen. Der kleine Kniff in die Brustwarzen bedeutet ihm, dass Sie schon dafür sorgen werden, dass der Sex Ihnen beiden Spaß macht."

Die Grundstellungen

Die Frau ist oben.

Diese Stellung betrachten die meisten Sextherapeuten als die beste für den Geschlechtsverkehr, weil die Frau hier am ehesten einen Orgasmus bekommt. Sie hat die Möglichkeit, selbst ihre Klitoris zu berühren und kann bestimmen, in welchem Winkel, wie tief der Penis eindringt und wie schnell. Zudem kann der Partner ihre Genitalien oder Brüste stimulieren. Bei der bekanntesten Variante dieser Stellung liegt der Mann auf dem Rücken und die Frau sitzt rittlings auf

ihm, wobei sie ihre Knie rechts und links von seinem Körper aufstützt. Meist beugt sie sich dabei vor und verlagert ihr Gewicht auf die Arme, die sie rechts und links von seinen Schultern abstützt oder nur auf einen Arm oder sie bleibt aufrecht sitzen, so dass sie beide Hände frei hat. Diese Stellung bietet dem Partner auch genügend optische Reize – er kann ihre Brüste sehen und beobachten, wie sie sich bewegt und selbst stimuliert.
Pluspunkt: Frauen, die nicht gern vor ihrem Partner masturbieren, finden es vielleicht einfacher, sich zu streicheln, während sie oben sitzen. In dieser Stellung kann die Frau sich hemmungsloser geben. Und: Eine Frau kann die zusätzliche Klitorisstimulierung, die sie braucht, viel kreativer gestalten. Sie kann den Penis ganz eindringen lassen oder gerade so weit, dass lediglich die Eichel ihre Klitoris stimuliert. Manche Frauen finden es sehr erregend, ihr Becken kreisen zu lassen. Kurz vor dem Orgasmus kann sie sich auch flach auf ihn legen, ihre Schenkel zusammenpressen und ihre Klitoris an ihm reiben.
Besonders geeignet ist diese Stellung für einen Mann mit kleinem bis mittelgroßem Penis, da er tiefer eindringen kann. Nicht besonders geeignet ist die Stellung, bei der die Frau oben sitzt, für einen Mann mit großem Penis und eine Frau mit kurzer Scheide oder für eine Frau im letzten Drittel der Schwangerschaft.

Die Missionarsstellung.

Hier ist der Mann oben. Dies ist die zweite Stellung, bei der sich die Partner ansehen. Sie hat heute zu Unrecht ein schlechtes Image. Angeblich erhielt diese Stellung ihren Namen von Inselbewohnern im Pazifik, weil die Missionare sie vorwiegend praktizierten. Sie ist immer noch eine großartige Stellung, in der der Mann kräftig zustoßen kann und die viel gefühlsintensiven Hautkontakt ermöglicht. Vielen Frauen und Männern gefällt diese Stellung – solange es nicht nur bei dieser einen bleibt! – und halten sie für intimer als alle anderen. In der Basisversion dieser Stellung liegt die Frau mit leicht geöffneten Beinen unten und der Mann auf ihr, wobei er sich, zumindest zeitweise, mit den Händen abstützt.
Wenn die Frau sich ein Kissen unter das Steißbein legt, kann sie Eindringwinkel und -tiefe des Penis besser kontrollieren.
Die alten Chinesen reservierten eine Variante dieser Stellung für die Hochzeitsnacht: die Frau lag rücklings auf dem Bett, die Beine hingen über den Bettrand,

sodass die Füße den Boden berührten, der Mann stand und beugte sich zwischen ihre gespreizten Beine. Vermutlich sollte diese Stellung, bei der der Penis nur wenig eindringen kann, die Schmerzen bei der Defloration mindern.
Eine tiefere Penetration ist möglich, wenn die Frau ihre Beine weiter öffnet und die Knie anwinkelt, wobei die Füße auf dem Bett bleiben. Oder sie stützt sich mit den Füßen an seinen Schultern ab, wodurch sich die Vagina verengt und, wie manche Frauen behaupten, der G-Punkt beim Verkehr stimuliert wird.
Sie kann natürlich auch die Beine um seinen Körper legen. Dadurch kann er zwar tiefer eindringen, aber seine Bewegungsfreiheit wird eingeschränkt. Für Paare mit kräftigen PC-Muskeln kann diese Stellung sehr genussvoll sein.
Besonders geeignet ist die Missionarsstellung für den männlichen Orgasmus. Viele Männer wechseln gern in die Missionarsstellung, wenn sie kurz vor dem Höhepunkt stehen.

Eindringen von hinten.

Entweder lieben Frauen diese Stellung oder sie hassen sie. Diese Stellung war bei den alten Chinesen am beliebtesten. Sie erlaubt ein tiefes Eindringen des Penis. In der Basisversion begibt sich die Frau auf allen Viere, der Mann kniet hinter ihr, sie kann dabei auch den Oberkörper auf das Bett legen. In dieser Stellung führt der Scheidenkanal der Frau nach unten. Wenn der Mann in diesem Winkel zustößt, werden ganz andere Gefühle ausgelöst als in anderen Stellungen. Beispielsweise kann sich sein Penis länger anfühlen, da ihre Scheide länger ist. Oder durch die Verengung der Scheide mag sie das Gefühl haben, dass er heftiger oder tiefer in sie eindringt als dies bei anderen Stellungen möglich ist. Und die Gefühle für beide Seiten können sich urplötzlich ändern, je nachdem, wie schnell und kräftig er zustößt oder wie heftig sich beide bewegen. Ein weiterer Pluspunkt: Die Genitalien der Frau sind für beide leicht zugänglich zur Stimulation.
Warum mögen manche Frauen diese Stellung nicht? Weil sich „von hinten" einfach nicht schön anhört. In Amerika spricht man auch oft von „es wie die Hunde machen", was negative Assoziationen heraufbeschwört. Man könnte den Franzosen die Schuld in die Schuhe schieben, da sie alle Stellungen, bei denen man von hinten eindringt, *en levrette* nannten – „wie der Windhund".
Ein anderer Grund, warum Frauen sie nicht mögen, ist: Sie fühlen sich von ihren Partnern beherrscht, da diese sehr tief in sie eindringen können, ohne

dass Blickkontakt möglich ist. (Als „hartes Ficken ohne Intimität“ beschrieb eine Frau diese Stellung.)
Besonders geeignet ist das Eindringen von hinten zur Stimulation der Klitoris, des Perineums und des G-Punktes – wenn der Winkel stimmt. Frauen, die diese Stellung lieben, behaupten, dass sie dabei stärkere Orgasmen hätten als in anderen Stellungen – und das wiederum rührt daher, dass aufgrund des Eintrittswinkels das Gefühl entsteht, die Penetration sei tiefer und heftiger.
Ein kleiner Nebeneffekt, der für Verlegenheit sorgen kann: Manchmal saugt die Scheide in dieser Stellung Luft ein, die dann mit einem dem Furz täuschend ähnlichen Geräusch austritt.

Die Löffelstellung.

Die Franzosen nennen diese Stellung *à la paresseuse*, was so viel wie „auf die faule Art“ bedeutet. Beide liegen auf der Seite, der Mann hinter der Frau, ihr Hintern befindet sich an seinem Bauch. Er kann auch ein Bein zwischen ihre Schenkel schieben. Bei einer anderen Variante liegt die Frau halb auf der Seite, halb auf dem Rücken; das Bein, auf dem sie liegt, ist angewinkelt. Der Mann liegt diesmal vor ihr, beide sind einander zugewandt. Eine Penetration ist dabei nur eingeschränkt möglich.
Die Löffelstellung eignet sich am besten für das letzte Drittel der Schwangerschaft; für die Nächte, in denen man eigentlich zu müde ist, aber trotzdem Sex haben möchte; wenn man am frühen Morgen miteinander schlafen will und sich beide noch nicht die Zähne geputzt haben; oder um die Frau zu stimulieren, bevor sie richtig wach ist – vorausgesetzt, sie mag es, gelegentlich auf diese Art geweckt zu werden.

Im Sitzen.

Der Mann sitzt beispielsweise auf dem Bett oder einem Stuhl, die Frau setzt sich auf ihn; er umfasst mit den Händen ihren Hintern, sie legt ihre Hände auf seine Schultern. Oder beide sitzen sich auf dem Bett gegenüber, jeweils die Beine um den anderen geschlungen. Auf diese Weise ist kein tiefes Eindringen möglich, außer wenn die Frau sich nach hinten lehnt, er sie fest am Hintern packt und kräftig zustößt. Liebe im Sitzen zu machen, eignet sich am besten für einen Mann mit einem außergewöhnlich großen Penis.

Im Stehen.

Wer das Bedürfnis nach heftigem, dramatischem Sex hat, der ist mit dieser Stellung gut bedient. Sie eignet sich gut für ein Quickie in der Toilette eines Zugs oder Flugzeugs, wenn man sich vorher gegenseitig durch Fummeln auf den Sitzen (unter einer Decke) ordentlich aufgeheizt hat. Um in die Frau eindringen zu können, muss der Mann in die Hocke gehen, damit sie sich auf seinen Schoß setzen kann. Oder sie umklammert mit ihren Beinen seine Hüfte, während er steht und er packt ihren Hintern, damit er kräftig zustoßen kann. (Das erfordert ziemlich viel Kraft.) Wenn beide etwa gleich groß sind, kann sie auch ein Bein um seine Hüfte schlingen und das Gewicht auf das andere Bein verlagern.

Diese Stellung eignet sich am besten für Durchtrainierte, die ein Quickie machen wollen – und für Frauen, die Strümpfe und String-Tangas anstelle von Miederhöschen tragen.

Die Stellung, in der beide einen simultanen Orgasmus bekommen können

Sextherapeuten behaupten seit Jahren, es sei unrealistisch zu glauben, dass man gemeinsam mit dem Partner zum Orgasmus kommen könne. Das neu erwachte Interesse am simultanen Orgasmus hat jedoch zur „Entwicklung“ zweier Stellungen geführt.

CAT. Die „Koitale Übereinstimmungs-Technik“ (*Coital Alignment Technique*, kurz CAT), die von dem amerikanischen Psychotherapeuten Edward Eichel entwickelt wurde, ist eine Variante der alten Missionarsstellung. Eichel behauptet, dass sich mit CAT hundertprozentig ein Orgasmus bei der Frau einstellt und ein simultaner Orgasmus für beide wahrscheinlich ist sowie ein „orgasmisches Erlebnis für beide Partner, das alles in den Schatten stellt, was ein Paar bis dato erlebt hat“. (Viele Sextherapeuten und Sexualwissenschaftler bestreiten dies jedoch vehement.) Die Stellung ist Folgende: die Frau liegt auf dem Rücken, der Mann mit seinem vollen Gewicht auf ihr, sodass sich sein Becken, wenn er den Penis ganz eingeführt hat, weiter oben befindet als ihres. Sie umklammert mit den Beinen seine Unterschenkel, ihre Fußknöchel liegen auf seinen Waden. Sie bewegen sich beide in einem gleichmäßigen Rhythmus, ohne die Geschwindigkeit zu ändern, bis beide gleichzeitig zum Höhepunkt kommen. Die Frau führt bei der Aufwärtsbewegung und drückt das Becken des Mannes nach oben, während er gleichzeitig mit seinem Penisschaft Druck auf ihre Klitoris ausübt. Er führt bei der Abwärtsbewegung und drückt ihr Becken nach unten, während sie einen Gegendruck ausübt, indem sie ihre Klitoris gegen die Peniswurzel presst.

CAT eignet sich am besten für Frauen, die nicht gern ihre Klitoris berühren und für Männer, die fest entschlossen sind, der Frau ohne Hände zu einem Orgasmus zu verhelfen. CAT eignet sich nicht gut für Frauen, die wesentlich kleiner sind als ihr Partner und für jeden, der sich beim Geschlechtsverkehr gern heftig bewegt.

Kommentar einer Frau: „Ich habe es probiert, aber es war ein ekelhaftes Gefühl, von meinem Mann fast zerquetscht zu werden. Auch konnte ich nicht lange genug durchhalten, um einen Orgasmus zu bekommen." Ein Mann sagte dazu: „Meine Frau und ich probierten diese Stellung aus und es hat auch geklappt, aber wir waren nicht gerade begeistert davon. Allerdings könnte sich die Stellung ganz gut dazu eignen, um sich nach heißem Sex langsam wieder zu entspannen."

DOG. Nein, gemeint ist nicht die Stellung, bei der man von hinten eindringt. Die Duale-Orgasmus (DOG)-Stellung wurde von der britischen Sexualwissenschaftlerin Diane Poitras als Antwort auf CAT entwickelt. Sie kombinierte dazu Techniken aus dem *Kamasutra* und aus alten Ausgaben der Zeitschriften *Forum* und *ForWomen*. Das Ganze ist etwas komplizierter, daher erläutere ich Schritt für Schritt:

Das Paar beginnt in der Missionarsstellung: sie spreizt ihre Beine weit, er liegt dazwischen. Mit dem Penis in der Scheide lässt er sich langsam zur Seite rollen, wobei er das Gewicht seines Oberkörpers auf einen Ellenbogen verlagert und seine Partnerin mit dem anderen Arm zu sich heranzieht.

Währenddessen legt die Frau ihr oben liegendes Bein über seinen Hintern und winkelt das Knie an, wodurch sie seinen Körper noch näher zu sich heranzieht. Ihr unten liegendes Bein dient dabei als eine Art Hebel, um ihm das Stoßen zu erleichtern.

Nach wie vor auf seinen Arm gestützt, ergreift er ihr angewinkeltes Bein mit der freien Hand am Knöchel und drückt es noch fester gegen seinen Hintern. Dadurch wird die Hebelwirkung größer und das Stoßen für ihn leichter.

Während er zustößt, drückt er seinen oben liegenden Schenkel fest gegen ihre Klitoris, um diese zu stimulieren. Seine langsamen Stöße sorgen für die not-

wendige Reibung an ihrer Klitoris und er kann sehen, wann ihr Orgasmus naht und seinen auf ihren abstimmen.
Eine einfachere Variante von DOG basiert auf der ebenfalls im *Kamasutra* beschriebenen Stellung „Das Schilf teilen". Der Mann kniet und beugt sich über die Frau, die auf dem Rücken liegt und ihr rechtes Bein auf seine Schulter gelegt hat. Ihr linkes Bein liegt auf der Seite, sodass er sich zwischen ihren Beinen befindet. Er legt seine linke Hand auf ihre Schulter, um sich abzustützen. Bei der Penetration richten sich seine Stöße gegen ihr angehobenes Bein, was wiederum den Druck auf die Klitoris vergrößert.
Kommentar einer Frau: „Bei DOG hat man eine größere Bewegungsfreiheit als bei CAT, aber wir kamen nicht beide gleichzeitig zum Orgasmus." Und ein Mann meinte: „Beide Stellungen eignen sich nicht sonderlich gut für Sex, wenn man sehr erregt ist. Sie sind nicht schlecht für Nächte, in denen man zwar miteinander schlafen möchte, aber nicht so geil ist, dass man sich gegenseitig die Kleider vom Leib reißt. In diesen Stellungen wächst die Erregung nur langsam."

Eine exotische Kamasutra-Stellung, die jedes Paar praktizieren kann

Die X- oder Scheren-Stellung wird im *Kamasutra* „Die Frau übernimmt den Part des Mannes" genannt. Stellen Sie sich vor, ihre Körper bilden ein X, mit den Genitalien als Schnittstelle. Der Mann sitzt dabei mit geradem Rücken auf der Bettkante, ein Bein ausgestreckt auf dem Bett, das andere Richtung Boden gestreckt oder, falls er dies vorzieht, auf einem Stuhl mit gerader Rückenlehne neben dem Bett. Die Frau sitzt auf ihrem Partner, ihre Beine sind in seinem Nacken überkreuzt, ihr Rücken wird von Kissen abgestützt.
Das hört sich ziemlich kompliziert an, ist aber sehr bequem. Ein Paar, beide über Sechzig und übergewichtig, testete für mich die X-Stellung. Er sagte: „Diese Stellung kann man leicht halten. Das war seit langem das erste Mal, dass wir guten Genitalkontakt hatten." Und sie: „Großartig! Wegen unserer Bäuche konnten wir in letzter Zeit nicht nahe genug aneinander herankommen. Aber dies hier hat sehr gut funktioniert. Er konnte meine Brüste streicheln und ich meine Klitoris. Welch eine Offenbarung!"

Die Technik, mit der man in jeder Stellung einen gleichzeitigen Orgasmus bekommen kann

Gleichzeitig zum Höhepunkt zu gelangen ist ein herrliches Gefühl, aber es geschieht nicht so häufig, wie uns Kitschromane glaubhaft machen wollen – und der Mythos wird noch von vielen Frauen unterstützt, die so tun, als kämen sie dauernd gleichzeitig mit ihrem Partner.

Ein Paar sollte sich nicht unnötig unter Druck setzen, nur um gleichzeitig den Höhepunkt zu erreichen. Solange beide Partner befriedigt werden, ist es gleichgültig, wer zuerst kommt. Allerdings ist allein schon die innere Zufriedenheit, die sich bei Männern und auch Frauen einstellt, wenn sie gleichzeitig mit dem Partner zum Orgasmus kommen, es wert, es ab und zu zu probieren. Alles hängt vom richtigen Zeitpunkt ab – deshalb werden jene diese Technik am wirkungsvollsten einsetzen können, die die Reaktionen ihres Partners ganz genau kennen.

Normalerweise braucht die Frau länger, um einen Orgasmus zu bekommen, vor allem beim Geschlechtsverkehr, selbst wenn sie zusätzlich manuell stimuliert wird. Ermitteln Sie anhand einer Uhr, wie lange Sie beide in der Ihnen am vertrautesten Stellung jeweils brauchen, bis bestimmte Reaktionen erfolgen. Dann wissen Sie ziemlich genau, wie lange es dauert, bis Sie beide einen Orgasmus bekommen. Wenn Sie bereits lange ein Paar sind, dann ist das Abstimmen der einzelnen Phasen bei Ihnen beiden wahrscheinlich nicht viel schwieriger, als ein Essen für eine große Gesellschaft zuzubereiten und gleichzeitig den Tisch zu decken.

„Mein Mann behauptet, er könne mit einem kurzen Blick in meine Augen feststellen, ob ich bereits im Endstadium der Erregung, also kurz vor dem Orgasmus bin“, erzählte mir eine Frau, die besonders auf simultane Orgasmen steht. „Wir beginnen mit dem Geschlechtsverkehr erst, wenn ich dieses Stadium erreicht habe. Er kommt schon zwei Minuten, nachdem er in mich eingedrungen ist, außer wir hören vorher auf und er zieht ihn wieder raus, damit das Ganze länger dauert.“

Ein Mann kann seine Erregung besser im Zaum halten, wenn er sich ganz der Stimulation der Frau widmet. Keine Fellatio. Kein Verkehr. Er sollte sie oral oder manuell stimulieren, bis sie kurz vor dem Orgasmus steht, damit beide gleich erregt sind, wenn der Geschlechtsverkehr beginnt. Kann sie mehrere Orgasmen hintereinander haben, ist die zeitliche Abstimmung natürlich nicht so wichtig. Und sollte er der langsamere von beiden sein, muss eben sie sich mehr seiner Stimulierung widmen als umgekehrt.

Wie oft sollte man die Stellung wechseln?

„Ich war einmal mit einem Mann zusammen, der hat beim Sex so oft die Stellung gewechselt, dass ich mich gefühlt habe, als sei ich Mitglied des olympischen Bodenturner-Teams", erzählte Susan. „Es war ziemlich stressig. Aber er kannte eine wirklich großartige Stellung, die ich vorher noch mit keinem Mann ausprobiert hatte und bei der wir beide in der Mitte des Bettes saßen, die gefiel mir am besten. Ich hatte in der sitzenden Stellung einige großartige Orgasmen, wenn er meine Klitoris stimulierte. Allerdings war es schwierig, ihn solange zum Stillsitzen zu bewegen, bis ich erregt war.
Andererseits kannte ich auch einmal einen Mann, der grundsätzlich die Stellung, in der wir anfingen, beibehielt. Er war im Bett wie ein Holzklotz."
Wenn man zu oft die Stellung wechselt, kann leicht das Gefühl aufkommen, man spiele im Bett „die Reise nach Jerusalem" – es ist einfach zu hektisch. Allerdings möchte man ja auch nicht so lange in einer Stellung bleiben, dass man einen Muskelkrampf bekommt.
Dr. Kothari meinte diesbezüglich: „Wechseln Sie die Stellung, sobald Sie die genitale Stimulation ändern wollen: Vielleicht muss er seinen Penis herausziehen, um nicht zu früh zu ejakulieren oder kräftiger zustoßen, damit er ejakulieren kann; vielleicht muss sie wiederholt stimuliert werden, um einen Orgasmus zu bekommen und er muss für eine Weile die Stellung halten, damit sie über einen längeren Zeitraum hinweg auf die gleiche Art und Weise stimuliert wird. Wechseln Sie nie einfach die Stellung, nur weil das ihrer Ansicht nach im Spiegel besser aussieht oder weil Sie glauben, Ihren Partner mit Ihrer Beweglichkeit beeindrucken zu können!"
Glaubt Dr. Kothari, dass einige Stellungen besser sind als andere? „Was besser ist, hängt davon ab, was Sie zu diesem Zeitpunkt wollen", antwortete er. „Die Stellungen, bei denen man Blickkontakt hat – wenn die Frau oben ist und die Missionarsstellung – sind sehr gut zum Reizen der Sinne und zur emotionalen Befriedigung geeignet. Alle fünf Sinnesorgane beider Partner kommen dabei miteinander in Kontakt: Zungen, Ohren, Augen, Münder, Nasen und die gesamte Haut.
„Manchmal wollen Paare auch mal etwas anderes. Von hinten einzudringen beispielsweise erregt Frau und Mann gleichermaßen stark. Die Stellung ist einmalig zum Stoßen. Es hängt alles von den jeweiligen Bedürfnissen des Paares in eben diesem Moment ab."

Stoßtechniken

Obwohl Sex sicherlich noch auf andere Art und Weise stattfinden kann als nur durch Geschlechtsverkehr, finden viele – wenn nicht sogar die meisten – Männer und Frauen den Verkehr körperlich und emotional viel befriedigender als alle anderen Arten von Sex. Wir wollen und brauchen es, uns auf diese bestimmte Weise mit dem Partner zu vereinigen. Fehlt in einer heterosexuellen Beziehung ohne Geschlechtsverkehr nicht etwas?

„Ich und meine Frau lieben es, miteinander zu schlafen", erzählte Jonathan. „Sie mag es, wenn ich mit ein oder zwei tiefen Stößen in sie eindringe und dann zu sanfteren, spielerischen Stößen übergehe. Manchmal lieben wir es beide schnell und heftig, manchmal gefällt uns langsames, tiefes Stoßen besser. Wenn ich meinen Penis herausziehe und ihn gegen den oberen Rand der Scheidenöffnung presse, wird ihre Klitorishaut zurückgeschoben und ihr kleiner Knopf stimuliert. Auf diese Weise kann ich sie zum Orgasmus bringen. Sie sagt, es fühlt sich so an, als würde ich ihre Klitoris ficken.

Wir haben herausgefunden, dass wir den Verkehr verlängern können, wenn wir Geschwindigkeit, Eindringwinkel und Tiefe der Stöße variieren oder die Stellung wechseln. Uns gefällt es, die Stellungen zu wechseln, ohne den genitalen Kontakt abbrechen zu lassen. Sie hat kräftige Muskeln, sodass sie mich in sich drin halten kann, während wir uns herumrollen, selbst wenn mein Penis dabei ein wenig schlaff wird. Sie sagt, sie liebt es, mich in sich drin zu haben, genauso wie ich es liebe, in ihr drin zu sein."

Beim Geschlechtsverkehr geht es nicht nur darum, die richtige Stellung zu finden. Nur selten wird in modernen Sexhandbüchern erwähnt, wie wichtig Stoßtechniken sind. Art und Weise sowie Tiefe der Penetration und Eindringwinkel des Penis bestimmen definitiv mit, welche Gefühle aufkommen. Wenn beide Partner die Hüften eng aneinander pressen und reiben ist die Stimulation völlig anders als wenn sie die Hüften kräftig – oder sanft – aufeinander stoßen lassen. Die „koitale Dynamik" oder die „Kunst des Stoßens" ist entscheidend.

Der Tao-Meister Mantak Chia hält in vielen Städten, unter anderem in San Francisco, Amsterdam, Tokio und Berlin, Workshops für Männer ab. Männer jeden Alters, schwule wie heterosexuelle aus allen möglichen Berufszweigen – Ärzte, Geschäftsmänner, Akademiker, Köche, Schneider und Ingenieure – besuchen seine Kurse. Ich traf mich mit Chia in Amsterdam. Er unterrichtete dort an der *New Ancient Sex Academy*, an der Gastdozenten die esoterischen Philosophien und Techniken des tantrischen und taoistischen Sex lehren, Studenten in der hohen Kunst des Stoßens. Chia beschäftigte sich schon früh mit diesen beiden Richtungen. Er wuchs in der Nähe eines buddhistischen Tempels in Thailand auf, wo er, wie er selbst es nennt, „bei den Mönchen herumhing" und studierte später bei taoistischen Lehrern.

Wir trafen uns in der historischen Altstadt in einem Straßencafé in der Nähe des Rotlichtbezirks, wo die Prostitution seit dem 13. Jahrhundert floriert. In diesem ältesten Teil der Stadt sitzen Prostituierte in beleuchteten Fenstern auf Straßenhöhe und preisen ihren Körper an – dies gehört ebenso zu Amsterdam wie die baumgesäumten Kanäle, die Tulpen, die Rembrandts und die van Goghs. In der berühmten „Stadt der offenen Gesinnung" erklärte Chia mir den Unterschied zwischen der tantrischen (in Indien und Tibet wurzelnd) und taoistischen (in China beheimatet) Herangehensweise an Sex.

„Der taoistische und der tantrische Weg unterscheiden sich primär in der Sprache und den praktizierten Techniken, mit denen eine Einheit von Geist, Körper und Seele angestrebt wird. Beide gehen davon aus, dass es nicht nur legitim, sondern notwendig ist, mit seiner eigenen Sexualität umgehen zu können, wenn man die höchste Stufe der Erleuchtung des Körpers erreichen möchte. Beide halten das Zurückhalten des Samens für außerordentlich wichtig.

Nur die Taoisten setzen die feinen Energieströme nicht mit göttlichen Wesen gleich. Deshalb würde ich sagen, dass sich der Tantrismus mehr für Leute eignet, die sich für die religiösen Archetypen – die Götter und Göttinnen, die Bodhisattvas und Dämonen – und die komplizierten Geheimrituale, Initiationen und Anrufungen mittels Mantras interessieren."

Als Vorbereitung für dieses Buch nahm ich unter anderem an einigen Workshops, Seminaren und Wochenendkursen teil, bei denen Sextechniken Teil eines Programms waren, das zu spiritueller Erleuchtung führen soll. Mantak Chia hat Recht, wenn er behauptet, dass Anhänger des tantrischen Sex komplizierte Geheimrituale lieben. Schließlich muss man bedenken, dass die Wurzeln des Tantra in der althinduistischen Vorstellung von einer heiligen Sexualität verankert sind. Auf einem Wochenendseminar zum Thema „Sexualmagie" empfahl ein selbst ernannter Guru aus Portland, Oregon, den Teilnehmern, ihre größten Wünsche – von mehr Geld bis hin zu besserem Sex – auf einen Zettel zu schreiben und diesen unter die Matratze zu legen. Er predigte, dass man mit Sex alles erreichen könne, was man sich wünsche, wenn man seine Wunschliste unter die Matratze lege, auf dieser Sex mache und dabei seine Wünsche noch einmal im Geist in rosa Ballons gen Himmel aufsteigen ließ. Dies ist für den durchschnittlichen, westlichen Menschen schon eine seltsame Vorstellung. (War ich enttäuscht! Ich hatte eine ganz andere Vostellung von „Sexualmagie".) Das einzige, was ich von dem Workshop mit nach Hause nahm, war ein guter Tipp, wie man den Geschlechtserkehr verlängern konnte – allerdings würde kein tantrischer oder taoistischer Lehrer dies jemals zum zentralen Anliegen einer Übung machen.

Relevant für dieses Kapitel ist jedoch Folgendes: Die Taoisten nehmen das Konzept des „Samenzurückhaltens" ernster als die Tantriker. Sie kennen mehr Methoden, um die Ejakulation hinauszuzögern und, da sie die männlichen und weiblichen Genitalien verehren, auch mehr Techniken für oralen Sex sowie verschiedene kleine Tricks, mit denen sich die emotionale Bindung zwischen zwei Menschen beim Verkehr noch vertiefen lässt.

„Viele Männer denken, es errege die Frau am meisten, wenn sie tief in sie eindringen", erklärte Chia. „Sie kennen nur eine Methode: in gleichmäßigem Rhythmus immer wieder tief zustoßen. Und dann wundern sie sich, wenn sie zu früh ejakulieren."

Chia lehrt Männer, wie sie den Geschlechtsverkehr verlängern können, indem sie die Stoßtechniken variieren. Art und Grad der Erregung werden während des Verkehrs entscheidend davon beeinflusst, wie man seine Genitalien einsetzt. Im westlichen Kulturkreis wird bevorzugt die Technik, bei der der Mann heftig und tief eindringt und rhythmisch zustößt, angewandt – und diese führt bereits nach Minuten, wenn nicht sogar Sekunden zur Ejakulation. Männer können den Verkehr verlängern, indem sie ab und zu den Penis herausziehen und ihre Partnerin weiter manuell oder oral stimulieren, es geht jedoch auch, ohne dass sich der Mann ganz oder teilweise aus der Frau zurückzieht – indem das Paar nämlich seine koitale Dynamik ändert. Abgesehen davon, dass der Akt dadurch länger wird – was die meisten Paare für sehr erstrebenswert halten, haben beide auch einmal ganz andere genitale Empfindungen als sonst.

Auch Frauen lieben es, wenn der Mann in sie eindringt. Selbst Frauen, die beim Verkehr nur selten zum Höhepunkt kommen, können sich Sex ohne Penetration nicht vorstellen.

„Ich mag Penetration", sagte Candy, die meist durch Cunnilingus oder manuelle Stimulation einen Orgasmus bekommt. „Beim Geschlechtsverkehr fühle ich mich als Frau bestätigt. Ich mag auch die anderen Phasen beim Sex, aber der Geschlechtsakt selbst gefällt mir am besten. Es gibt kein schöneres Gefühl, als einen Mann in sich drin zu haben und zu spüren, wie er kommt.

Beim Verkehr werden Körper und Seele befriedigt. Ich kann mich dabei mit der Hand noch zusätzlich stimulieren, bis ich einen Orgasmus bekomme. Manchmal tue ich das, aber oft reicht es völlig, wenn ich den Penis in mir drin spüre und auf einem anderen Weg zum Orgasmus komme."

Die koitale Dynamik des Mannes

„Ein guter Liebhaber variiert seine Stoßtechniken, um die weiblichen Genitalien an verschiedenen Stellen zu stimulieren", erklärte Chia. „Die Klitorisregion ist sehr sensibel und bei manchen Frauen auch der Gebärmutterhals. Bei den meisten Frauen reagiert die vordere Scheidenwand empfindlicher auf Druck und Reibung als die hintere. Der Eingang der Vagina ist nicht besonders reizempfindlich. Der Mann sollte daher seinen Penis jeweils so einsetzen, wie es zur Stimulierung der verschiedenen Stellen am sinnvollsten ist.

Eine der Lieblingsstellungen der alten Erotiker war das ‚Springende Wildpferd' (die Variante der Missionarsstellung, bei der die Frau die Beine anwinkelt und die Füße über die Schultern des Mannes legt), weil die Frau in dieser Stellung ihre Vaginalmuskeln nicht anspannen, der Mann aber ihre Klitoris mit dem Penisschaft stimulieren kann. Der Mann dringt dabei so in die Frau ein, dass die Unterseite des Penis Druck auf die Rückwand der Vagina ausübt und die Eichel die vordere Scheidenwand massiert."

Ich kann meine PC-Muskeln in dieser Stellung anspannen und die anderen Frauen, die ich befragte, können das auch. Vielleicht wollte er nur sagen, dass es in der „Springendes Wildpferd"-Stellung für Frauen allgemein schwieriger ist, diese Muskeln anzuspannen.

„Ich kann die Muskeln in dieser Stellung zusammenziehen", sagte eine Frau. „Wenn ich es aber nicht tue, bekomme ich manchmal auch nur durch die Stimulierung der Scheide einen Orgasmus. Das hängt davon ab, wie erregt ich bereits bin, bevor wir diese Stellung einnehmen." Und eine andere Frau meinte: „Diese Stellung ist sehr befriedigend für mich, ob ich nun meine Muskeln anspanne oder nicht. Manchmal muss man einfach ganz still daliegen, um spüren zu können, wozu der Penis imstande ist."

Aber unabhängig von der Stellung empfiehlt Chia auch, Stoßtechniken anzuwenden, bei denen Geschwindigkeit und Eindringtiefe variieren. Ob seine Schüler Erfolg haben, hängt davon ab, wie lange sie sich bereits mit den taoistischen Techniken befasst haben und wie weit sie mit dem Training kommen wollen. Die Ziele, die sich seine Schüler gesteckt haben, sind ganz verschieden – einige sind bereits zufrieden, wenn sie den Verkehr um einige Minuten bis zu einer halben Stunde ausdehnen können, andere erst, wenn sie verlängerte, multiple Orgasmen oder Orgasmen ohne Ejakulation erreichen können.

Hans, ein fünfunddreißigjähriger Journalist, erzählte mir, dies sei bereits sein zweiter Workshops bei Mantak Chia, den ersten habe er vor etwa einem Jahr gemacht.

„Ich wollte meinen Ejakulationsprozess besser steuern können", erklärte er. „Jeder Mann möchte insgeheim ein besserer Liebhaber werden. Meiner Meinung nach muss ein guter Liebhaber selbst bestimmen können, wann er ejakuliert, damit er und seine Partnerin länger Spaß am Sex haben. Ich gehörte nie zu jenen, die nach ihrem eigenen Orgasmus einfach aufgehört haben. Ich stimuliere meine Partnerin so lange, wie sie dies möchte und ich helfe ihr, so viele Orgasmen zu bekommen wie sie will und kann.

Trotzdem – für beide Partner ist es anders, nachdem der Mann seinen Orgasmus hatte. Irgendwie lässt die Intensität des Liebesspiels nach, auch für die Frau. Manche Frauen sind etwas verlegen, wenn man sie noch weiter stimulieren will, egal wie sehr man ihnen zuredet. Ich wollte also einfach länger ‚durchhalten' können. Ein Freund erzählte mir dann von diesem taoistischen Workshop und ich dachte, ich könnte es ja mal probieren. Ich merkte, dass sich mit den neuen Stoßtechniken sofort einiges verbesserte. Durch eine Änderung der koitalen Dynamik konnte ich den Verkehr auf die doppelte Zeit, das heißt auf bis zu fünfzehn Minuten, ausdehnen.

Jetzt habe ich sozusagen Blut geleckt. Ich will noch mehr erreichen. Beim ersten Workshop habe ich all die verschiedenen Trainingsmethoden nicht so aufmerksam mitverfolgt, weil ich nicht ganz glauben konnte, dass sie funktionierten. Aber nun halte ich alles für möglich und deshalb bin ich wieder hier – um noch mehr zu lernen."

Stoßtechniken

Die taoistischen Techniken

„Achtmal langsam, zweimal schnell". Bei dieser Stoßtechnik sollte der Mann beim Zustoßen aus- und beim Zurückziehen des Penis einatmen. Beim langsamen Hineingleiten ist es egal, wie tief er eindringt, die beiden schnellen Stöße jedoch sollten auf alle Fälle tief sein. (Für diese Übung ist jede beliebige Stellung geeignet.)
Mein Partner und ich hatten mehr Spaß dabei, Geschwindigkeit und Eindringtiefe zu variieren, ohne zu zählen. Er sagte zum Mitzählen Folgendes: „Ich fühlte mich dabei wie einer jener Männer, denen man geraten hat, beim Geschlechtsverkehr an Baseballstatistiken zu denken, damit sie die Ejakulation so lange hinauszögern konnten, bis die Frau einen Orgasmus hatte." Die anderen drei Paare, die diese Methode ausprobierten, sahen dies ähnlich. Nur einem Mann gelang es, das Zählen einige Minuten lang durchzuhalten.

„Neunmal flach, einmal tief". Die Zahl Neun hat in der taoistischen Philosophie einen besonderen Stellenwert, da man ihr ein mächtiges *Yang* – männliche Energie – zuschreibt. Bei der „Neunmal flach"-Technik dringt der Penis nur fünf bis sieben Zentimeter tief in die Vagina ein, so dass er gerade eben den G-Punkt (falls sie glaubt, sie habe einen) stimulieren und in der Scheide ein Vakuum erzeugen kann. Beim tiefen Eindringen wird die Luft aus der Scheide gepresst, so dass der Penis fester von den Scheidenwänden umschlossen wird. Der Mann sollte den Penis nie ganz herausziehen, da sonst das Vakuum zerstört wird. Wechseln Sie zu einer anderen Stoßtechnik, nachdem Sie die „Neunmal flach, einmal tief"-Technik neunmal hintereinander ausgeführt haben.
„Mein Partner und ich vergaßen das Zählen bereits nach dem ersten Durchlauf, aber wir stellten fest, dass die Art der Stimulation sich für uns beide änderte, wenn wir mehrere flache Stöße mit einem tiefen Stoß abwechselten. Zudem konnte er seine Ejakulation dadurch hinauszögern. Ich fand es erregender, wenn wir nicht zählten, da dann der tiefe Stoß immer überraschend kam." Ein anderes Paar berichtete: „Wir kamen gleich zu Anfang mit dem Zählen nicht mehr mit, aber wir haben verschiedene Stöße abgewechselt. Der Verkehr dauerte dadurch länger und war schöner. Wir haben von dem Vakuumeffekt nichts gemerkt. Vorher war uns auch gar nicht klar geworden, dass wir fast immer die gleiche Stoßtechnik angewandt hatten – bis wir dieses kleine Experiment hier machten."

Und eine Frau sagte: „Es ist erstaunlich, was eine so kleine Veränderung ausmachen kann. Wir haben mitgezählt, bis wir beide kurz vor dem Orgasmus standen. Es war ein sehr intensives Erlebnis. Der Verkehr dauerte länger – und wir glauben, die Orgasmen auch."

Die japanische Variante: Der Neuner-Zyklus. Der Mann dringt neunmal hintereinander mit flachen Stößen in die Frau ein. Dann zieht er den Penis heraus, macht eine Pause und dringt wieder ein; diesmal kommen acht flache Stöße, dann ein tiefer. Wieder zieht er sich zurück, macht eine Pause, dann kommen sieben flache Stöße, gefolgt von zwei tiefen. Das geht so weiter, bis er mit neun tiefen Stößen in sie eindringt – bei denen sie dann angeblich einen Orgasmus haben soll.
„Das war schon netter, aber mein Partner und ich verloren beim Zählen wieder den Faden." So erging es auch drei weiteren Paaren, denen das Ganze trotzdem viel Spaß machte. Einem Paar gelang es, das Zählen bis zum Ende durchzuhalten. „Ich bekam einen Orgasmus,", sagte sie, „aber ich habe dabei meine Klitoris stimuliert, wie sonst auch. Allerdings fing ich damit ziemlich spät an, sodass ich tatsächlich erst einen Orgasmus bekam, als er bei den neun Stößen angelangt war."

Der Korkenzieher. Hierfür ist die Missionarsstellung die am besten geeignete, wenn auch nicht die einzig mögliche. Der Mann stützt sich dabei auf die Unterarme und dreht sich beim Eindringen abwechselnd leicht nach rechts und nach links.
Alle Testpersonen fanden diese Technik sehr empfehlenswert – sowohl in der Missionarsstellung als auch in der Stellung, bei der der Mann von hinten eindringt. Eine Frau meinte: „Wir probierten den Korkenzieher in der Stellung von hinten aus. Ich bekam einen heftigen Orgasmus, wobei ich am ganzen Körper zitterte. Das hat uns beide überrascht." Ein Mann sagte: „Am Anfang fand ich es ein wenig schwierig, eine gleichmäßige, fließende Bewegung hinzubekommen. Aber als ich das geschafft hatte – und ich mir auch nicht mehr so blöd vorkam wie zu Beginn – gefiel es uns beiden gut. Zuerst mussten wir dabei lachen, aber wir sagten uns ‚Durchhalten!' und bald ging das Lachen in Keuchen über."

Die koitale Dynamik der Frau

„Ich kann die Art des Stoßes ziemlich beeinflussen, je nachdem, in welchem Winkel ich meinen Unterleib neige“, sagte Mindy, ein Mitglied meiner Testgruppe zur koitalen Dynamik. „Die meisten Leute glauben, dass die Frau sowieso nichts daran ändern kann, wie der Mann zustößt, aber das stimmt nicht. Ich kann den Eindringwinkel des Penis beeinflussen, wenn ich mein Becken kippe. Und ich kann die Geschwindigkeit variieren, je nachdem, ob ich seinen Stößen entgegenkomme oder nicht. Wenn er langsamer machen soll, werde ich langsamer. Er überlässt sich meiner Führung genauso oft wie ich mich seiner, selbst wenn er oben liegt.“

Eine Frau kann die koitale Dynamik am leichtesten beeinflussen, wenn sie oben sitzt, da sie dann den Eindringwinkel des Penis sowie Tiefe und Geschwindigkeit der Stöße steuern kann. Aber sie kann auch in fast jeder anderen Stellung die Stimulation beeinflussen, indem sie die Position ihres Beckens verändert, sodass der Penis jeweils in einem anderen Winkel eindringt (außer bei CAT).

Mantak Chia, der zusammen mit seiner Frau Maneewan auch Kurse über „Die weibliche koitale Dynamik“ gibt, empfiehlt bestimmte Techniken, die im Folgenden aufgezählt werden. Auch bei den Kursen für Frauen sind alle Altersklassen vertreten. Die Gruppe, an der ich teilnahm, bestand hauptsächlich aus heterosexuellen Frauen, aber auch viele Lesben praktizieren tantrischen Sex.

Die Techniken

Der „ovale Pfad“. Wenn die Frau oben sitzt, bewegt sie sich normalerweise nur auf und ab. Mit dem „ovalen Pfad“ kann sie den Bewegungen eine andere Richtung geben. Beugt sie sich bei der Abwärtsbewegung leicht nach vorn und drückt das Schambein etwas nach hinten, wird die Klitorisregion durch den Penis stimuliert. Lehnt sie sich bei der Aufwärtsbewegung leicht zurück und drückt ihr Schambein leicht nach vorn, können die vordere Scheidenwand und der G-Punkt von der Peniseichel stimuliert werden.

„Diese Technik könnte mich dazu bringen, an einen G-Punkt zu glauben“, berichtete eine meiner weiblichen Testpersonen. „Nichts konnte mich bisher davon überzeugen, bis ich den ‚ovalen Pfad‘ ausprobierte. Das beweist wieder einmal, dass wir mehr erogene Zonen haben, als uns bewusst ist.“

Die Pause. Packen Sie, egal in welcher Stellung Sie sind, genau in dem Augenblick, in dem er am tiefsten eingedrungen ist, seinen Hintern, so dass er der Penis nicht mehr zurückziehen kann. Das funktioniert noch besser, wenn Sie gleichzeitig Ihre PC-Muskeln anspannen, um seinen Penis festzuhalten. „Das habe ich die ganze Zeit schon instinktiv gemacht. Ich sehe ihm dabei fest in die Augen und drücke ihn an mich. Wenn man sich auf diese Art liebt, kommen sehr intensive Gefühle auf", berichtete eine Frau begeistert.

Zusammenziehen der PC-Muskeln. Die Frau stimmt die Kontraktionen ihrer PC-Muskeln auf die Stöße ihres Partners ab. Sie wartet so lange, bis der Penis sich in der Vagina befindet, dann spannt die ihre Muskeln an. Intensität und Dauer der Kontraktion kann sie variieren.

Eine Frau mit kräftigen PC-Muskeln kann auf diese Weise schnell zum Orgasmus kommen. Diese Methode ist vor allem dann empfehlenswert, wenn man allein durch Geschlechtsverkehr zum Höhepunkt kommen möchte. Ein Mann, dessen Partnerin ihre PC-Muskeln oft einsetzt, sagte: „Mit Kay macht mir Sex viel mehr Spaß als mit den Frauen, die ich vorher kannte – das liegt vor allem an der Art und Weise, wie sie mit ihren Scheidenmuskeln meinen Penis festhält. Sie will mich wirklich. Sie ist eine sehr aktive Partnerin. Mit Kay brauche ich mir nie darüber Gedanken zu machen, ob im Bett auch alles klappt."

Das „Schmetterlingsflattern". Bei den Franzosen heißt diese Technik, bei der die Frau wiederum ihre PC-Muskeln anspannt, *pompoir*, die alten Chinesen nannten sie „Schmetterlingsflattern". Sie galt als Spezialität von Priesterinnen und berühmten Kurtisanen. Die Frau spannt und entspannt dabei in regelmäßigen Abständen ihre PC-Muskeln, wenn ihr Partner kurz vor der Ejakulation steht – eine Bewegung, die an die Bewegung von Schmetterlingsflügeln erinnert. Am wirkungsvollsten ist diese Methode, wenn der Mann nicht zu fest zustößt, sondern das Bewegen primär der Frau überlässt. Wenn ihre Muskeln kräftig genug sind, kann er dabei das Gefühl haben, das Sperma würde aus ihm herausgezogen.

Diese Technik ist für beide Partner sehr befriedigend. Ich selbst fand sie sehr erregend. Eine Freundin von mir sagte: „Er hatte einen großartigen Orgasmus, als ich das ‚Schmetterlingsflattern' ausprobierte. Ich hatte ihn nicht vorgewarnt und hinterher fragte er: ‚Mein Gott, was war das? Das war großartig!' Als ich seinen Penis mit meinen PC-Muskeln festhielt, nachdem er ejakuliert hatte, bekam er gleich wieder eine Erektion. Nun hält er mich für eine Göttin."

Orgasmen

Der außerordentliche Orgasmus

Fünf Paare nahmen an einem Freitagabend an Jwalas Tantra-Workshop teil, den sie in einem abgelegenen Haus in einem Vorort Philadelphias abhielt:

„Wir saßen im Kreis, machten verschiedene Atemübungen und versuchten, mit gleichmäßigem Singsang die alten Geister heraufzubeschwören", erzählte Kate. „Bill und ich sahen uns an und verdrehten die Augen. Worauf hatten wir uns da bloß eingelassen? Jwala plapperte etwas von Chakren und erleuchteter Energie und verjüngendem Sex und ich dachte, ‚Die fünfhundert Dollar waren für die Katz.'
Sie ging reihum und sagte zu jedem, er solle eine Erklärung abgeben, warum er gekommen sei und welche Ziele er verfolge. Bill sagte, er müsse in der nächsten Woche fünfhundert Dollar extra mit Kommissionen verdienen, um das Geld für den Kurs wieder reinzubekommen. Gekicher wurde laut, aber wir waren mit Abstand die größten Skeptiker in der Gruppe.
Wir mussten jeder Person im Kreis nacheinander in die Augen sehen, noch mehr singen, ein paar Übungen machen und uns schließlich mit unserem Partner in ein bestimmtes Mudra begeben, eine Stellung, in der sexuelle Energie fließen kann. Beim ersten Mudra lagen wir eine Viertelstunde lang Kopf an Kopf auf dem Teppichboden, während im Hintergrund sanfte, fernöstliche Musik lief – jene Art von Geklimper, die in indischen Restaurants gespielt wird und die Bill so hasst. Jwala sagte, wir müssten tief atmen, um uns unseres Ichs bewusster zu werden.
Dann noch mehr Mudras. Fuß an Kopf. Herz zu Fuß zu Hand. Schließlich saßen wir beide in einem Mudra, von Angesicht zu Angesicht, ich auf ihm, unsere Beine jeweils um den Körper des anderen geschlungen, die rechte Hand in seinem Nacken, die linke Hand auf seinem Steißbein.
Bills Berührungen riefen ein herrliches Gefühl hervor. Er drückte eine Handfläche fest auf mein Steißbein, ließ die Hand dann nach Jwalas Anweisungen über den Rücken nach oben bis zum Nacken gleiten, wieder hinunter, wieder hoch und griff schließlich mit der Hand in mein Haar und zog sanft daran.
‚Ihr müsst spüren, wie die sexuelle Energie aus dem Wurzelchakra (dem Genitalbereich) nach oben fließt', sagte sie. Unglaublich, aber wahr – ich spürte, wie die Energie zu fließen be-

gann, Chakra hin oder her. Ich war noch nie so erregt gewesen. Er fuhr fort, mit der Hand meinen Rücken zu streicheln, während er seinen Penis in meine Vagina einführte. Wir sanken langsam gegeneinander. Es war eher eine Art sanftes Schaukeln als Stoßen. Unsere Erregung wuchs immer mehr, bis wir wild hin und her schaukelten, er immer wieder begeistert zustieß, das Mudra völlig vergessen hatte und ich schließlich in einer großen Explosion kam."

Jwala, eine hübsche Brünette Anfang vierzig, irischer Abstammung, ist eine von nur wenigen Tantralehrern auf der ganzen Welt und beschäftigt sich seit ihrer Jugend mit dem Tantra. Zwei riesige Lastwagen, beladen mit Räucherwerk, Kerzen, Kassetten, Stapeln von bunten Kleidern und ausgewählten „magischen" Gegenständen wie Kristallen und Talismanen begleiten sie durch die ganze Welt. Die Workshops enden selten wie dieser damit, dass die Teilnehmer Geschlechtsverkehr ausüben.
Tatsächlich behalten in den meisten tantrischen Workshops die Teilnehmer ihre Kleider an. Die Stellungen werden von vollständig bekleideten Lehrern vorgeführt, manchmal auch mithilfe von visuellen Medien wie Videos sowie anhand von Puppen und Bildern. Die Teilnehmer gehen anschließend auf ihre Zimmer und tun das, was man ihnen aufgetragen hat.
Kate und zwei andere Frauen meinten, sie hätten in jener Nacht des Workhops einen außerordentlichen Orgasmus gehabt, der anders war als sonst. War hier doch Magie im Spiel?

Orgasmus-Erfahrungen

„Der Orgasmus ist das intensivste, angenehmste Gefühl, das ich je erlebt habe – egal ob es nur eine kurze Ejakulation war oder eine Welle, die den ganzen Körper durchflutete", erzählte ein Mann bei einem Interview.
„Manchmal fühlt es sich so an, als spiele sich der Orgasmus nur in meinen Genitalien ab und manchmal ist er nicht genau lokalisierbar – aber es ist immer eine unglaubliche Erlösung, eine richtige Explosion, in deren Kielwasser kleine, konzentrische Kreise fröhlich auf und ab wogen", beschrieb eine Frau ihre Erfahrungen.
Für die meisten Menschen steht der Orgasmus auf der „Skala der erfreulichen Dinge" ganz oben. Dennoch werden mit dem Orgasmus auch Ängste in Verbindung gebracht. Männer haben Angst, sie könnten zu früh kommen,

während Frauen Angst haben, sie könnten zu viel Zeit brauchen. Das Wort „Orgasmus“ leitet sich von zwei griechischen Wörtern ab: *orgasmos*, was so viel wie „reif werden, schwellen, lustvoll sein“ bedeutet und *orge*, dem „Impuls“. In keinem dieser Wörter schwingt die Bedeutung „Angst“ mit.
In seinem 1940 erschienenen Buch *Die Funktion des Orgasmus* dehnte Wilhelm Reich die Definition von Orgasmus auch auf nicht die Genitalien betreffende Bereiche aus. Er war der erste Sexualwissenschaftler, der die These vertrat, dass die emotionale Ausgeglichenheit eines Menschen in direktem Zusammenhang stehe mit seiner Fähigkeit, einen Orgasmus zu bekommen. Reich sah im Orgasmus ein Geschehen, das den Körper in seiner Gesamtheit erfasste – dieser Ansicht waren auch die östlichen Sexualwissenschaftler, während die westlichen Autoritäten auf diesem Gebiet sie weitgehend ignorierten.

Der Orgasmus der Frau

Wenn eine Frau erregt ist, erhöht sich der Blutzufluss zur Vagina, wodurch die inneren und äußeren Schamlippen sowie die Klitoris anschwellen und die Scheidensekretion angeregt wird. Nach intensiver körperlicher und psychologischer Stimulierung kommt sie zum Orgasmus, bei dem sich Vagina, Schließmuskel und Gebärmutter gleichzeitig zusammenziehen, wobei das Blut, das sich in der Vaginalregion angesammelt hat, plötzlich wieder in den restlichen Körper zurückfließt.
Die ganze Serie von Kontraktionen dauert in der Regel lediglich drei bis zwanzig Sekunden, die Pausen zwischen den ersten drei bis sechs Kontraktionen dauern nur knapp eine Sekunde. Einige Frauen haben einen einzigen Orgasmus, der eine Minute oder länger andauert, während andere noch bis zu 24 Stunden später postorgasmische Kontraktionen, vor allem in der Gebärmutter spüren. Und manche Frauen spüren den Orgasmus im ganzen Körper.
Die Diskussion darüber, ob Frauen nun einen klitoralen oder einen vaginalen Orgasmus haben, dauert immer noch an. Sigmund Freud unterschied diese beiden, inem er ersteren als „unreif“ und „neurotisch“ bezeichnete. Das heranwachsende Mädchen konnte beim Masturbieren nur einen klitoralen Orgasmus bekommen, sobald sie mit einem Partner zusammen sexuell aktiv wurde hingegen einen vaginalen – so jedenfalls sah Freud das. Von der weiblichen Anatomie verstand er offenbar nicht viel.

1953 schrieb Alfred Kinsey in seiner aufsehenerregenden Studie *Das sexuelle Verhalten der Frau*, alle weiblichen Orgasmen würden direkt oder indirekt durch klitorale Stimulation ausgelöst. Seine Erkenntnisse wurden ein Jahrzehnt später von den Pionieren der Sexualforschung, William Masters und Virginia Johnson, bestätigt, die den Orgasmus zum ersten Mal im Labor isoliert, den Prozess bewertet und quantifiziert hatten. Die Theorie des klitoralen Orgasmus blieb bis 1980 unangefochten, bis Beverly Whipple und John Perry behaupteten, ihre Forschungen lieferten den Beweis für die Existenz eines G-Punktes und deshalb würde der weibliche Orgasmus doch in der Vagina stattfinden.
Ihre Forschungsergebnisse wurden von der Mehrheit der westlichen Sexualwissenschaftler nie anerkannt. Die kürzlich verstorbene Dr. phil. Helen Singer Kaplan, eine Pionierin auf dem Gebiet der Sexualtherapie und Gründerin der ersten amerikanischen Klinik für sexuelle Störungen, behauptete, dass 75 Prozent der Frauen während des Geschlechtsverkehrs ohne direkte Stimulation der Klitoris keinen Orgasmus bekommen könnten. Auch wissenschaftliche, in Fachzeitschriften veröffentlichte Studien zeigen immer wieder auf, dass 60 bis 75 Prozent der Frauen ohne Stimulierung der Klitoris nicht zum sexuellen Höhepunkt kommen können. Umfragen von nichtwissenschaftlichen Zeitschriften sowie den Forschungsergebnissen von Universitätswissenschaftlern zufolge haben weniger als 10 Prozent der Frauen bei sich den geheimnisvollen G-Punkt entdeckt. Die G-Punkt-Theorie hat durchaus etwas für sich, solange die Anhänger dieser Theorie den Punkt als eine zusätzliche erogene Zone akzeptieren und nicht darauf bestehen, eine Frau könne *nur* durch dessen Stimulierung zum Orgasmus kommen. Der Mythos vom „reifen vaginalen Orgasmus“ sollte eigentlich mit Freud begraben worden sein.

Der Orgasmus des Mannes

Die vorherrschende Meinung unter westlichen Sexualtherapeuten ist, dass der männliche Orgasmus und die Ejakulation ein und dasselbe seien. Einige Sexualwissenschaftler allerdings glauben wie ihre asiatischen Kollegen, der männliche Orgasmus sei wie der weibliche ein körperlich-psychisches Ereignis, bei dem zusätzlich meist, aber nicht immer, eine Ejakulation stattfindet. Diese Sexualwissenschaftler trennen die angenehmen Gefühle, die bei den rhythmischen Kontraktionen auftreten – als Folge davon, dass die innere An-

spannung nachlässt – von dem Ausstoß des Spermas. In beiden Fällen kommt es aufgrund einer Erweiterung der Blutgefäße bei zunehmender Erregung zu Kontraktionen im Penis und dem ganzen Genitalbereich, die als angenehm empfunden werden und dem weiblichen Orgasmus in Bezug auf zeitliche Abfolge und Länge ähneln.
Können Männer auch multiple Orgasmen haben? Auch hier herrscht unter Sexualwissenschaftlern keine Einigkeit. Diejenigen, die der Ansicht sind, Orgasmus und Ejakulation seien nicht identisch, behaupten, der Mann könne genau wie die Frau mehrere Orgasmen haben. Geht man hingegen von der Annahme aus, der männliche Orgasmus sei mit der Ejakulation gleichzusetzen, dann dürfte es für einen Mann schwierig werden, multiple Orgasmen zu bekommen, da nur wenige Männer innerhalb einer kurzen Zeitspanne mehr als einmal ejakulieren können.

Wie wichtig ist der Orgasmus?

„Wenn ich in Jwalas Workshop keinen so intensiven Orgasmus erlebt hätte, wären die fünfhundert Dollar für mich hinausgeworfenes Geld gewesen", meinte Kate. „Aber ich hatte einen und deshalb war es das nicht."
Man hält den westlichen Menschen oft vor, sie seien beim Sex zu zielorientiert. Wenn wir Sex sagen, meinen wir *Geschlechtsverkehr* – und das heißt, wir wollen uns hinterher befriedigt zur Seite rollen können. In anderen Kulturen geht man an Sex auf langsamere, sinnlichere Weise heran. Sex muss nicht unbedingt immer auf Verkehr hinauslaufen. Die asiatische Philosophie berücksichtigt sowohl die spirituelle als auch die körperliche Seite des Sex.
Der indische Guru Bhagwan Shree Rajneesh, der den tantrischen Kult in die USA brachte, wurde häufig mit dem Satz „das wahre Tantra ist nicht Technik, sondern Liebe, nicht kopf-orientiert, sondern ein sich Versenken ins Herz" zitiert. Er behauptete, der „normale sexuelle Orgasmus" sei Wahnsinn, Tantra hingegen „eine Quelle reiner Glückseligkeit". Wenn Ihnen diese Philosophie zusagt, können Sie sich näher mit den spirituellen Aspekten der östlichen Liebesideologie beschäftigen. Es gibt viele Bücher zu diesem Thema, aber nicht alle stimmen mit Bhagwans Interpretation überein.
Eine These im Tantrismus besagt, dass ein Orgasmus pro Tag den Arzt überflüssig mache. Ich habe beschlossen, mich dieser Ansicht anzuschließen und mich

hier auf die Techniken zu beschränken, die von einem normalen westlichen Paar problemlos praktiziert werden können, das seinen Sex verbessern möchte – und, ob nun gut oder schlecht, das bedeutet für die meisten von uns eben außerordentliche, größere und heftigere Orgasmen. Denn diese besondere Form von Wahnsinn ist Glückseligkeit.

Wie kommt man zu einem außerordentlichen Orgasmus?

Warum hatten Kate und zwei andere Frauen in Jwalas Workshop einen heftigeren Orgasmus als sonst oder als sie erwartet hatten? Und, ebenfalls interessant, warum war dieses Erlebnis für ihre Partner nicht ganz so befriedigend, wie für sie? Für sexuelle Befriedigung ist die richtige Kombination aus körperlichen, psychologischen und emotionalen Faktoren ausschlaggebend. In der Workshop-Umgebung fanden die Frauen, was sie brauchten: die fremde Umgebung und die neue Situation waren aufregend, die Erregung wurde langsam durch nichtgenitale Berührungen gesteigert, durch steten Blickkontakt wurde eine enge gefühlsmäßige Verbindung zum Partner hergestellt und schließlich kam noch eine Stellung hinzu, bei der zusätzlich die Klitoris stimuliert wurde. Die Männer jedoch bekamen nicht ganz das, was sie brauchten: die nötige koitale Dynamik.

Bill meinte: „Ich fand das Erlebnis ganz angenehm, aber es hat mich nicht umgehauen. Das passierte erst später, nachdem Kate und ich die Streicheltechnik, den Blickkontakt und die Stellung bis zu ihrem ersten Orgasmus durchgehalten hatten und dann in eine für mich befriedigendere Stellung wechselten. Zu jenem Zeitpunkt beherrschte ich einige taoistische Techniken, mit denen sich der Orgasmus hinauszögern lässt, bereits sehr gut, sodass meiner ebenso intensiv war wie ihrer."

Als Bill und Kate zu Hause die Workshop-Übungen noch einmal, auf ihre Bedürfnisse abgestimmt, wiederholten, erlebten sie beide außerordentlich intensive Orgasmen. Offensichtlich kann man auch unter anderen Bedingungen und in anderen Stellungen als den unten beschriebenen „außerordentliche" Orgasmen bekommen. Aber versuchen Sie diese trotzdem einmal – Sie könnten eine angenehme Überraschung erleben.

Eine Möglichkeit, zu einem außerordentlichen Orgasmus zu kommen

Die richtige Umgebung und Atmosphäre. Das soll kein Quickie werden. Lassen Sie sich viel Zeit. Zünden Sie Kerzen und Räucherwerk an, stellen Sie frische Blumen auf den Nachttisch und legen Sie sanfte Musik auf.

Steigern der Erregung. Nehmen Sie sich in die Arme. Streicheln und liebkosen Sie jeden Körperteil des Partners, außer den Genitalien. Nehmen Sie sich so viel Zeit wie nötig, um den Punkt zu erreichen, an dem Sie förmlich danach lechzen, den anderen an den Genitalien zu berühren.

Blickkontakt. Sehen Sie sich beim Streicheln tief in die Augen. Halten Sie den Blickkontakt möglichst lange und stellen Sie ihn wieder her, wenn er doch mal abbricht. Ihnen ist vermutlich noch nie aufgefallen, wie selten Sie beim Sex Ihrem Partner in die Augen sehen, bis Sie es einmal versuchen.

Die Yabyam-Stellung. Setzen Sie sich in die Mitte des Bettes einander gegenüber. Die Frau legt ihre Beine so um den Körper ihres Partners, dass sie auf seinen Beinen sitzt. Legen Sie beide die rechte Hand in den Nacken des Partners und die linke auf dessen Steißbein.
Drücken Sie mit Ihrer Hand fest auf den unteren Teil des Rückgrats Ihres Partners. Lassen Sie dann beide die Hand jeweils am Rücken des anderen hochgleiten bis in den Nacken und weiter bis zum Scheitel. Stellen Sie sich vor, Sie würden sexuelle Energie durch den Körper leiten, die ihn von den Genitalien über das Herz bis zum Kopf erwärmt. Streicheln Sie sich so lange auf die gleiche Art und Weise weiter, bis Sie beide sehr erregt sind.
Führen Sie den Penis so in die Vagina ein, dass er möglichst viel indirekten Druck auf die Klitoris ausübt. Bewegen Sie sich langsam im Gleichtakt, streicheln Sie sich weiter gegenseitig den Rücken und blicken Sie sich dabei tief in die Augen.
Wechseln Sie nach ihrem Orgasmus in andere Stellungen. Variieren Sie dabei den Eindringwinkel sowie Geschwindigkeit und Tiefe der Stöße, um seine Erregungsphase so lange wie möglich auszudehnen.

Den Orgasmus des Mannes hinauszögern

„Wenn ich jetzt beim Verkehr zu früh komme, fühle ich mich betrogen", erzählte Bill. „Im Vergleich zu dem Orgasmus, den ich durch die Verzögerungstaktiken bekommen kann, ist der frühe Orgasmus nicht viel mehr als ein Zusammenzucken." Doch wie kann man den männlichen Orgasmus hinauszögern? Durch Technik, Technik, Technik.

Manche Leute empfehlen das Tragen eines Schwanzrings. Das ist ein Ring aus Metall, Latex oder Leder, der um die Peniswurzel gelegt wird und der die Empfindsamkeit erhöhen, den Orgasmus hinauszögern und bei manchen Männern sogar die Erektion verlängern kann. Allerdings können Schwanzringe auch Verletzungen verursachen. Ihre Wirkung liegt darin begründet, dass sie den Blutabfluss aus dem Penis verhindern und das kann gefährlich werden, wenn man sie länger als zwanzig bis dreißig Minuten trägt.

Manche Leute behaupten, nur Leidenschaft und Begeisterung zählen. Das sind exakt jene Männer, die die Brüste einer Frau zusammenquetschen als wollten sie eine Orange auspressen oder jene Frauen, die ihre Zahnabdrücke auf dem besten Stück des Mannes hinterlassen. Sie überstürzen alles und sind deshalb keine besonders guten Liebhaber(innen). Ohne die Bedeutung von Leidenschaft und Begeisterung herabspielen zu wollen – es ist die Technik, die zählt.

Techniken sind beim Liebesspiel ein unschätzbares Hilfsmittel, um die „sexuelle Kluft" zwischen den Geschlechtern zu überbrücken. Es gibt zwar Ausnahmen, aber in der Regel erreichen Männer biologisch ihre sexuelle Hochphase zwischen sechzehn und zwanzig, Frauen hingegen erst viel später, zwischen dreißig und vierzig. Männer sind normalerweise viel schneller erregbar als ihre Partnerin, verschiedene Arten der Stimulierung benötigt, um erregt zu werden und einen Orgasmus zu bekommen. Es bedarf schon etwas Geschick oder Übung, um beiden Partnern zu einem außerordentlichen Orgasmus zu verhelfen. Und um seine Partnerin zu erregen und gleichzeitig eine Ejakulation zurückzuhalten, muss der Mann einige Techniken beherrschen.

Die Verzögerungstechniken

Masters und Johnson entwickelten die „Drucktechnik", bei der die Eichel des Penis zusammengedrückt wird, um eine Ejakulation hinauszuzögern, auf Grundlage der folgenden, etwas eleganteren taoistischen Methoden.

Die Drei-Finger-Methode. Diese Technik wird in China bereits seit fünftausend Jahren angewandt, ist einfach und laut Mantak Chia „erstaunlich wirkungsvoll“. Sie ähnelt sehr der Perineum-Massage, nur dass man bei dieser Methode kurz vor der Ejakulation mit drei gekrümmten Fingern auf eine bestimmte Stelle des Perineums drückt, statt die ganze Umgebung zu massieren, was eine andere Wirkung hat. Suchen Sie den richtigen Druckpunkt in der Mitte des Perineums – der Stelle zwischen After und Hodensack. Drücken Sie mit Mittel-, Zeige- und Ringfinger der rechten Hand – nicht zu leicht, aber auch nicht zu fest – auf diesen Punkt, sobald Sie den Orgasmus herannahen fühlen. Die Finger sollten immer leicht gekrümmt sein.
Die Männer, die diese Methode ausprobiert haben, berichteten, dass sie tatsächlich den Orgasmus hinauszögerte. Ein Mann empfahl: „Man sollte die Technik beim Masturbieren üben, denn es ist etwas knifflig, die richtige Stelle zu finden und genau den richtigen Druck herauszubekommen. Und es ist anders, wenn die Finger gekrümmt sind, auch wenn ich mir nicht erklären kann, warum.“ Und Bill sagte: „Meine Orgasmen sind definitiv stärker geworden, seit ich die Drei-Finger-Methode anwende.“

Die PC-Muskel-Technik. Für diese Technik braucht man kräftige PC-Muskeln. „Wenn man sie erst einmal beherrscht“, meinte Chia, „dann braucht man die Drei-Finger-Methode nicht mehr.“ Hören Sie beim Verkehr kurz vor der Ejakulation auf zu stoßen. Ziehen Sie den Penis so weit heraus, dass noch etwa zwei bis drei Zentimeter in der Scheide bleiben. Spannen Sie die PC-Muskeln an und zählen Sie bis neun. Oder spannen Sie sie neunmal hintereinander schnell an. Machen Sie dann mit flachen Stößen weiter.
Meine männliche Versuchsgruppe meinte, diese Technik sei schwieriger als die Drei-Finger-Methode. Ein Mann sagte: „Man muss seiner Partnerin sagen, was man gerade tut, damit sie sich ebenfalls zurückhält. Es funktioniert nicht, wenn sie kurz vor dem Orgasmus steht, denn dann ist es ihr lieber, wenn man heftiger zustößt und ejakuliert als den Orgasmus zurückhält.“

Wechselnde Stimuli. Hören Sie, wenn Sie bereits äußerst erregt sind, aber noch nicht direkt vor der Ejakulation stehen, auf zu stoßen und stimulieren Sie Ihre Partnerin oral oder manuell weiter. Die meisten Männer können den Orgasmus hinauszögern, indem sie Verkehr und andere Praktiken abwechseln. In der Sexualtherapie wird diese Methode auch „Stop-Start-Methode“ genannt.

Ein Mann kommentierte: „Die meisten Männer machen den Fehler, zu glauben, dass man, wenn man einmal damit angefangen hat, so lange weiterficken muss, bis beide einen Orgasmus bekommen. Doch wenn man zwischen Vorspiel und Geschlechtsverkehr keine klare Trennlinie mehr zieht, kann man den Liebesakt ziemlich lang ausdehnen."

Eine Frau, deren Mann behauptet, sie wende Verzögerungstaktiken sehr geschickt an, meinte: „Ich weiß, dass die alte Druck-Technik von Masters und Johnson etwas aus der Mode gekommen ist, aber sie funktioniert tatsächlich, wenn man sie zum richtigen Zeitpunkt anwendet. Wenn Sie spüren, dass Ihr Partner kurz vor der Ejakulation steht, legen Sie Ihre Hand um den Rand der Eichel und drücken Sie ihn einige Sekunden lang mit zwei Fingern zusammen. Machen Sie dann in einer anderen Stellung weiter. Mein Mann mag es, wenn ich das beim Verkehr drei- oder viermal mache, weil er sich dann länger zurückhalten kann und sein Orgasmus intensiver wird."

Das sanfte Ziehen am Hodensack. Legen Sie Daumen und Zeigefinger um den Hodensack Ihres Partners, wenn er kurz vor der Ejakulation steht. Drücken Sie kräftig zu und ziehen Sie die Hoden einige Sekunden lang sanft nach unten. Dadurch müsste sich sein Orgasmus hinauszögern lassen. Drücken Sie nicht zu fest und ziehen Sie den Hoden nicht zu heftig nach unten, denn das tut weh.

Meine Testpersonen meinten, diese Verzögerungstechnik sei nicht so verlässlich wie die anderen, da man der Partnerin genau mitteilen müsse, wann man kurz vor der Ejakulation stehe. Ein Mann sagte: „Bis ich ihr Bescheid gesagt und sie die Hand an der richtigen Stelle hatte, war schon alles vorbei." Und ein anderer meinte: „Meine Frau und ich mussten uns aufeinander abstimmen, aber es hat funktioniert."

Andere Möglichkeiten, einen außerordentlichen Orgasmus zu bekommen

„Die besten Orgasmen bekomme ich beim Masturbieren", erzählte mir eine verheiratete Frau Mitte dreißig. „Das würde ich meinem Mann aber nie sagen. Es ist schön und etwas Besonderes, miteinander zu schlafen und ich habe dabei auch Orgasmen. Aber die heftigen Explosionen, die lange nachwirken, bekomme ich nur beim Masturbieren."

Es passiert ziemlich häufig, dass jemand beim Masturbieren stärkere Orgasmen bekommt als beim Verkehr. Vor dem Partner zu masturbieren (siehe Seite 61)

bietet eine gute Gelegenheit, ihn an diesem Erlebnis teilhaben zu lassen. Auch ist es durchaus üblich, dass Frauen und Männer „stärkere“ oder „bessere“ Orgasmen bekommen, wenn beim Liebesakt sehr viele, sehr tiefe Gefühle mit im Spiel sind.
Ein Mann, ebenfalls verheiratet und Mitte dreißig, berichtete: „Den unglaublichsten Orgasmus erlebte ich in jener Nacht, als meine Frau und ich miteinander schliefen, nachdem sie mir gesagt hatte, dass ihr Schwangerschaftstest positiv ausgefallen war. Ich fühlte mich ihr so nahe, dass all meine Sinne hellwach waren. Wir hatten keinen wilderen Sex als sonst, aber unsere Gefühle waren außer Rand und Band. So etwas kann man nicht planen.“
Ähnliche „besondere“ Umstände sind: das erste Mal mit dem Partner schlafen, nach einer Trennung oder der Beseitigung eines lang anhaltenden Missverständnisses wieder miteinander schlafen oder zum ersten Mal nach der Schwangerschaft wieder Sex zu haben. Ein außerordentlicher Orgasmus ist offenbar leichter zu erreichen, wenn ein Paar in einer gefühlsmäßig aufgeladenen Atmosphäre miteinander schläft – und dann die richtigen Techniken anwendet. Und noch etwas: solch ein Erlebnis kann man, so sehr man sich auch anstrengen mag, nicht herbeizwingen.

Die weibliche Ejakulation

Die weibliche Ejakulation ist eigentlich keine Technik. Manche Anhängerinnen von Göttinnen-Kulten behaupten zwar, jede Frau könne lernen, bei einem Orgasmus zu ejakulieren, aber mit dieser Behauptung stehen sie ziemlich allein da. In der Regel fragt jeder, der davon hört, ungläubig: Frauen – ejakulieren?
„Ich war schon vierzig, als ich zum ersten Mal mit einer Frau schlief, die ejakulierte“, erzählte Jeff, „und ich dachte erst, sie würde mich anpinkeln.“
Die weibliche Ejakulation wurde früher von westlichen Sexualwissenschaftlern entweder als Mythos abgetan oder sie behaupteten, es handle sich dabei um den Ausstoß einer Flüssigkeit, die aus Urin und verschiedenen Scheidensekreten bestehe. Heute spricht man, wenn Frauen beim Orgasmus ejakulieren oder Flüssigkeit verspritzen von „weiblicher Ejakulation“, da die Flüssigkeit der männlichen Prostataflüssigkeit ähnelt. Schon in der Antike war dies bekannt. Hippokrates stellte eine „Zwei Samen“-Theorie auf und behauptete, sowohl Männer als auch Frauen könnten ejakulieren.

Männer ejakulieren Sperma. Sperma gelangt von den Hoden über die Harnröhre in die Prostatadrüse, wo es mit Prostataflüssigkeit vermischt wird. Frauen haben zwar keine Prostata, aber die Harnröhre ist von einem Drüsensystem umgeben, den so genannten urethralen Drüsen. Die Ärztin und Forscherin Josephine Lowndes Sevely behauptet, in diesen Drüsen würde eine Flüssigkeit produziert, die weder Urin noch Scheidensekret sei.

„Manchmal ejakuliere oder spritze ich oder es kommt ein ganzer Schwall Flüssigkeit heraus", berichtete eine Frau, „aber ich habe diese Flüssigkeit nie aufgefangen und ins Labor gebracht, um sie untersuchen zu lassen. Sie schmeckt und riecht nicht nach Urin. Und um die Wahrheit zu sagen – es fühlt sich eher so an, als käme diese Flüssigkeit tief aus meinem Inneren. Ich weiß schon vorher, wann es passieren wird, denn dann ist meine Scheide richtig nass – und normalerweise ist sie feucht."

Manchen Frauen ist es fürchterlich peinlich, dass sie ejakulieren. Fragen Sie als Mann also um Himmels willen nicht, ob sie Sie gerade angepinkelt hat.

Multiple Orgasmen

An einem wunderschönen Samstagnachmittag in Santa Barbara, Kalifornien, beschrieb Lisa vor einer Gruppe Frauen, die je 250 Dollar für einen Nachmittagsworkshop zu diesem Thema bezahlt hatten, ihre Erfahrungen mit multiplen Orgasmen.

„Den ersten von vielen Orgasmen, den ich normalerweise beim Sex bekomme, spüre ich unter der Zungenspitze meines Partners herannahen, wenn dieser die Seiten meiner Klitoris leckt", erzählte sie. „Den ersten bekomme ich immer durch orale Stimulation. Und ich kann buchstäblich fühlen, wie er ihn mit seiner Zungenspitze aus mir herauskitzelt. Erst umschmeichelt er meine Klitoris, dann reizt er sie mit leichten, kleinen Zungenschlägen und schließlich kitzelt er den Orgasmus mit langen, langsamen Leckbewegungen heraus.

Beim ersten Orgasmus habe ich immer die Augen zu, damit ich mich ganz auf das Gefühl in meiner Klitoris und meinen Fingern konzentrieren kann. Meine Finger krallen sich in sein Haar, damit ich seinen Kopf näher zu mir heranziehen kann, wenn ich seine Zunge härter spüren will. Ich hocke dabei über seinem Gesicht und wenn ich über seiner Zunge komme, fühlt sich der Orgasmus wie ein Funkenregen an. Dann lasse ich meine Hüften kreisen, so-

dass seine Zunge langsam weite Kreise um meine äußerst erregte Klitoris zieht, bis ich wieder so weit bin, erneut zu kommen.
Beim zweiten Mal lasse ich die Augen offen und beobachte ihn, denn dann kann mich nichts mehr ablenken. Es erregt mich noch mehr, ihm dabei zuzusehen, wie er mich leckt und an mir saugt. Nach ein, zwei weiteren Orgasmen will ich, dass er mich fickt, wobei ich mich zusätzlich selbst stimuliere, um zu kommen. Dann wechseln wir die Stellung. Manchmal liegt er auf der Seite und stimuliert mich mit der Hand, bis ich komme und noch einmal komme und immer wieder komme.
Den letzten Orgasmus habe ich dann am liebsten so nahe wie möglich an der Ejakulation meines Partners.“

Die sieben Frauen – alle mit blonden Haaren in verschiedenen Schattierungen und in ihren Dreißigern – lauschten wie gebannt. Erst später, als Lisa ihre Techniken noch einmal Schritt für Schritt wiederholte, zogen sie ihre Notizbücher heraus. Lisa, eine attraktive Frau Ende dreißig – die wie Madonna keinen Nachnamen verwendet – ist keine Therapeutin. Als „außerordentlich multi-orgasmische Frau“ wurde sie durch die Arbeit der Therapeutin Dr. phil. Gina Ogden, der Autorin von *Ich liebe Sex*, dazu angeregt, ihre Techniken, mit denen sie multiple Orgasmen erreicht, anderen Frauen zu lehren.
„Die meisten Frauen, die an dem Workshop teilnehmen, berichten mir später, dass sie nun ziemlich regelmäßig multiple Orgasmen bekommen können“, erzählte Lisa. „Das sind meist orgasmische Frauen, wir fangen also nicht bei null an. Ich frage sie danach, bevor sie sich zum Workshop anmelden, denn wenn sie nicht orgasmusfähig sind, benötigen sie andere Hilfe als ich ihnen geben kann. Und sie müssen sich nicht unter Druck setzen, indem sie sich über Nacht sozusagen von null auf hundert bringen.“
Der Workshop geht über zwei Tage: am Samstagnachmittag unterrichtet Lisa ihre Schülerinnen zwei Stunden lang und am Sonntagnachmittag noch einmal zwei Stunden.
„Dann können sie Samstagnacht schon mal üben“, meinte sie. „Wenn sie am Sonntag wiederkommen, stellen sie gezieltere Fragen und indem sie ihre Erfahrungen austauschen, können sie sich auch gegenseitig helfen.“
Die meisten Kurse, versicherte sie mir, seien nicht so einheitlich mit blonden Frauen in den Dreißigern besetzt. („Nun, das ist sowieso meist Wasserstoffperoxid“, meinte sie lachend. „Dadurch sind eben etwa siebzig Prozent der Frauen blond.“) In der Regel melden sich sechs bis zwölf Frauen für einen

Workshop an. Die meisten sind verheiratet, leben mit jemandem zusammen oder haben eine „ernsthafte Beziehung". („Die Multiplen hat man am liebsten mit einem regelmäßigen Partner", erklärte Lisa. „Es bedeutet Männern sehr viel.") Die meisten Frauen, die zu ihr kommen, sind zwischen zwanzig und Ende vierzig.

„Es kommen selten Frauen über fünfzig, entweder weil sie in diesem Alter bereits wissen, wie's funktioniert – oder weil es ihnen egal ist", meinte sie. „Die ganz jungen Frauen, Anfang bis Mitte zwanzig, haben am meisten Probleme damit. Ich sage ihnen immer, sie sollen sich in Geduld üben. Wenn Frauen erst einmal die dreißig überschritten haben, kommen sie mit ihrer Sexualität besser klar und es fällt ihnen darum leichter, Orgasmen zu bekommen.

Klappt es zwischen zwanzig und dreißig nicht, gebe ich ihnen immer den Rat, ihre Notizen in einem Ordner abzulegen, auf dem steht: ‚An meinem dreißigsten Geburtstag öffnen'."

Lisas Rat ist genau richtig. Unzählige Studien belegen, dass Frauen über dreißig leichter und schneller Orgasmen bekommen können.

Am Sonntagnachmittag, als sich die Gruppe zum zweiten Mal traf, berichteten vier von den sieben, sie hätten multiple Orgasmen gehabt; die restlichen drei waren zuversichtlich, dass sie den Sprung vom einzelnen zum multiplen in nächster Zeit schaffen würden.

„Er befriedigte mich oral und ich spürte, wie er den richtigen Punkt traf", erzählte eine Frau. „Ich hielt seinen Kopf fest, weil ich dieses Mal genau wusste, dass ich noch einen zweiten Orgasmus haben würde, wenn ich ihn an der gleichen Stelle halten konnte. Früher hatte ich meinen Orgasmus, dann schliefen wir miteinander, bis er einen bekam und das war's dann. Letzte Nacht bekam ich durch orale Stimulierung mehrere Orgasmen und war selbst überrascht, als ich beim Verkehr noch einmal kam."

Multiple Orgasmen bei der Frau

Lisa ist der Typ Frau, den die meisten Frauen beneiden. Sie hat selten nur einen Orgasmus. In körperlicher Hinsicht sind alle Frauen zu multiplen Orgasmen fähig, obwohl vermutlich nicht einmal 50 Prozent tatsächlich welche bekommen. Im Gegensatz zu Männern benötigen Frauen keine „Regenerationsphase", um nach einem Orgasmus einen weiteren bekommen zu können. Wenn eine Frau multiple Orgasmen haben will, dann kann sie das auch. Multiple Orgasmen lassen sich in vier Kategorien einteilen:

1. Mehrere einzelne Orgasmen. Jeder einzelne Orgasmus ist deutlich vom anderen abgesetzt, dazwischen liegt genügend Zeit, um Erregung und Spannung abklingen zu lassen.

2. Sequentielle Multiple. Die Orgasmen liegen ziemlich nahe beieinander und erfolgen etwa im Abstand von zwei bis zehn Minuten, wobei Stimulation und Erregungsphase kaum unterbrochen werden.

3. Multiple in Serie. Die einzelnen Orgasmen liegen nur einige Sekunden oder maximal zwei, drei Minuten auseinander. Die Stimulation wird nicht oder nur sehr kurz unterbrochen, die Erregung bleibt gleich stark.

4. Ineinander übergehende Multiple. Eine Mischung aus zwei oder mehr der oben beschriebenen Typen. Frauen, die multiple Orgasmen bekommen können, erleben sehr oft eine Kombination mehrerer Orgasmus-Typen, während sie Sex haben.

Was kann eine Frau tun, um multiple Orgasmen zu begünstigen?

Sich konzentrieren. Eine Frau muss sich ganz auf ihre Gefühle konzentrieren, wenn sie multiple Orgasmen bekommen will. Es ist wichtig, dass sie sich wohl fühlt. Es ist höchst unwahrscheinlich, dass sie mehr als einen bekommt, wenn sie gestresst oder wütend ist oder sich nicht sexy findet. Auch sollte sie störende Gedanken fernhalten – sich in diesem Moment nicht einmal erlauben, an die Gefühle ihres Partners zu denken.

„Darum schließe ich bei meinem ersten Orgasmus immer die Augen", sagte Lisa. „Um mich auf diese Gefühlsebene bringen zu können, muss ich mich ganz auf mich selbst konzentrieren und darf nicht abgelenkt werden. Vielleicht klingt das selbstsüchtig, aber das ist es nicht. Wenn man einem Mann multiple Orgasmen schenkt, gibt man ihm etwas Besonderes. Abgesehen davon muss ich mich nur beim ersten ganz auf mich konzentrieren. Danach öffne ich mich ihm gegenüber mehr als zu jedem anderen Zeitpunkt."

„Ich bekomme relativ leicht multiple Orgasmen, aber nie, wenn ich nicht in der richtigen Stimmung bin“, erzählte Alicia. „Diese Stimmung ist weniger davon abhängig, was der Mann tut, als Männer gemeinhin annehmen. Ich muss einfach in der richtigen Verfassung sein, um so viel Gefühl verkraften und genießen zu können. Gelegentlich schafft es mein Partner, mich so weit zu bringen, aber das geschieht sehr selten. Es muss in meinem Kopf anfangen.“

Alte Einstellungen über Bord werfen. Eine Frau wird vermutlich nie multiple Orgasmen haben, wenn sie an zwei längst überholten Gemeinplätzen festhält: dass man sich beim Verkehr nicht selbst berühren soll und dass der Liebesakt mit der Ejakulation des Mannes vorbei ist.

„Jahrelang glaubte ich, ich müsse mich beeilen, um vor ihm fertig zu werden“, erzählte Cynthia. „Aber ich war es, die mich unter Stress setzte, nicht die Männer, mit denen ich zusammen war. Sie wollten mich weiter stimulieren, nachdem sie gekommen waren, aber ich war zu verlegen, um weiterzumachen. Was stimmte mit mir bloß nicht?

Schließlich schlief ich eines Nachts in Spanien mit einem Mann, den ich auf einer Geschäftsreise kennen gelernt hatte. Anfangs war alles wie gehabt. Er achtete darauf, dass ich vor ihm kam, doch nach seinem Orgasmus fuhr er fort, mich zu küssen und zu streicheln und bevor ich merkte, wie mir geschah, hatte er begonnen, mich oral zu stimulieren. Ich hatte einen Orgasmus nach dem anderen. Er stimulierte mich weiter manuell und oral, bis ich völlig erschöpft war. In jener Nacht hatte ich etwas gelernt, denn er hat es genossen, mich zu befriedigen. Männer genießen es, uns zu befriedigen. Es verleiht ihnen eine Gefühl der Macht, wenn sie gute Liebhaber sind. Warum haben wir solche Schwierigkeiten damit, uns befriedigen zu lassen?“

Andere Frauen berichteten, sie hätten erst Orgasmen beim Geschlechtsverkehr oder multiple Orgasmen beim Liebesspiel bekommen, nachdem sie sich selbst sozusagen die Erlaubnis gegeben hatten, ihre Klitoris zu berühren. Manchmal braucht man eben diese zusätzliche Stimulation. Bevor Sie darauf warten, dass er Sie berührt – oder dass Sie ausreichend indirekte Stimulation erfahren – stimulieren Sie sich selbst!

Wenden Sie die Techniken der orgasmischen Frauen an, um sich mental einzustimmen (siehe Seite 13, „Warmstart“, sich erotischer Unterhaltung hingeben, Absichten vermitteln, mentale Einstimmung).

„Ich kann multiple Orgasmen haben, wenn bestimmte Voraussetzungen erfüllt sind", erzählte Carla. „Am wahrscheinlichsten ist es, dass es passiert, wenn ich mir vor dem Sex die Zeit nehme, zu baden, ein Glas Wein zu trinken und meine Fantasie schweifen zu lassen. Mein Mann weiß, dass ich in der Wanne allein sein will, wenn ich mit einem Glas Wein ins Bad gehe. Die Zeit brauche ich, um mich mental einzustimmen."
Wenn man dann in der richtigen Verfassung für multiple Orgasmen ist, muss man nur noch ein paar körperliche Tricks kennen – und schon kommen sie.

Techniken, die multiplen Orgasmen förderlich sind

Wechselnde Stimuli. Wechseln Sie beim Sex verschiedene Stimulierungstechniken ab. Am besten ist es, mit oraler oder manueller Stimulation anzufangen, denn Frauen, die multiple Orgasmen haben können, berichten, sie hätten selten welche, wenn sie gleich zu Beginn mit dem Mann schliefen. Ihr Partner kann ebenfalls dazu beitragen, indem er Sie zuerst mit einem Cunnilingus zum Orgasmus bringt. Oralsex stimuliert die weiblichen Genitalien am meisten, wodurch die Frau auch beim Verkehr leichter zum Orgasmus kommen kann. Er sollte sie nach dem ersten Orgasmus weiter manuell stimulieren und nicht sofort in sie eindringen. Wenn sie durch manuelle oder orale Stimulation noch einen zweiten Orgasmus bekommt, kann es vorkommen, dass der Höhepunkt beim Verkehr sich anfühlt, als würde er sich in ihrem ganzen Körper ausbreiten. Viele Frauen berichten, dass ihr Körper nach einem oder zwei durch Cunnilingus und/oder manuelle Stimulation herbeigeführten Orgasmen viel empfindlicher auf Berührungen reagiere und der Geschlechtsverkehr dadurch noch schöner würde.
„Ein oraler Orgasmus scheint die Tür zu weiteren Orgasmen zu öffnen und zwar auf eine Art und Weise, wie dies durch andere Stimulierungstechniken nicht möglich ist", erklärte Lisa. „Bei einem oralen Orgasmus ist es, als würden sich in meinem ganzen Unterleib konzentrische Kreise der Lust ausbreiten. Andere Orgasmen können zwar intensiver sein, aber sie breiten sich nicht so weit aus.
Wenn ich nach einem oder zwei oral herbeigeführten Orgasmen mit meinem Partner schlafe, habe ich irgendwie das Gefühl, er befinde sich nicht nur in meiner Scheide, sondern in meinem ganzen Körper."

Und Shelley, die nur multiple Orgasmen bekommt, wenn der erste durch Cunnilingus herbeigeführt worden ist, meinte: „Durch orale Stimulation bekomme ich schneller und leichter einen Orgasmus als auf jedem anderen Weg. Nach dem ersten Orgasmus kommen die anderen fast wie von selbst. Wenn ich nur manuell oder indirekt beim Verkehr stimuliert werde, komme ich zwar auch zum Höhepunkt, aber es dauert länger und es folgen keine nach."
Stimuliert man die Frau nach dem Cunnilingus mit verschiedenen Techniken weiter, dann klingt ihre Erregung nicht ab. Stellen Sie sich das Orgasmus-Muster einer Frau als ein Diagramm mit Spitzen und Tälern vor. Hört die Stimulation nach dem Orgasmus auf, sinkt ihr Erregungsniveau ab und sie muss beim zweiten Mal höher klettern, um den nächsten Gipfel zu erreichen. Verschiedene Arten kontinuierlicher Stimulation halten das Erregungsniveau stabil, ohne dass es zu einer Überreizung kommt.

Sich selbst berühren. Eigentlich ist dies für multiple Orgasmen fast unabdingbar. Für Frauen, die sich nicht gern selbst berühren, ist es sehr viel schwieriger, Multiple zu bekommen – weil sie von ihren Partnern abhängig sind und diese müssen genau wissen, wann und wie sie eine bestimmte Stelle stimulieren sollen, damit die Frau von einem Höhepunkt zum nächsten gelangt. Selbst den besten Liebhabern gelingt dies nicht immer.
Wenn sich eine Frau beim Cunnilingus oder Verkehr selbst streichelt, kann sie sicher sein, dass sie auch die verschiedenen Stimulationen bekommt, die sie braucht. Viele Frauen haben längere und intensivere Orgasmen beim Masturbieren, weil sie öfters die Art der Stimulierung ändern. Spüren sie, dass der Orgasmus naht, hören sie meist auf, die direkte Umgebung der Klitoris zu stimulieren und gehen zum Beispiel zu den äußeren Schamlippen über oder sie schieben die Finger tiefer in die Scheide. Sie kehren erst wieder zur Klitorisregion zurück, wenn das Verlangen nach einem Orgasmus etwas – aber nicht zu sehr – nachlässt.
„Wenn ich mit meinem Partner zusammen bin, wende ich die gleichen Techniken an, die ich auch beim Masturbieren gebrauche, um die Anzahl oder die Dauer der Kontraktionen beim Orgasmus zu erhöhen", sagte Cathy. „Ich habe nur selten multiple Orgasmen, wenn ich mich nicht selbst berühre. Ich kenne das Wann, Wo und Wie. Ich kenne den magischen Punkt und den magischen Augenblick. Ein Partner trifft beides höchstens bei einem von zehn Malen. Ich weiß, dass ich es jedesmal schaffe."

Und Angie meinte: „Ich kann gleich noch mal kommen – zum zweiten, dritten oder vierten Mal –, kurz nachdem mein Mann in mich eingedrungen ist, vorausgesetzt, er beginnt mit langsamen, flachen Stößen und stimuliert dabei die Umgebung meiner Klitoris mit einem Finger. Das ist für meine Klitoris der Auslöser für einen neuen Orgasmus. Wenn er merkt, dass ich bald komme, stößt er tiefer und schneller zu, so dass mein Orgasmus länger anhält und wenn ich Glück habe, sogar gleich in den nächsten übergeht."

Wiederholte direkte Stimulation. Manche Frauen wiederum berichten, sie bekämen am ehesten multiple Orgasmen, wenn ihr Partner die Stimuli nicht variiert, sondern die Klitorisregion wiederholt auf die gleiche Art und Weise stimuliert. (Keine Regel ohne Ausnahme!)
„Solange mein Partner seine Zunge an der gleichen Stelle lässt, kann ich immer wieder kommen", meinte Mary. „Bewegt er sich von ihr weg, verliere ich den Schwung."
Michel, der Gigolo, behauptet, die beste Technik für einen Mann zur Erzeugung gleichbleibender Stimuli sei:
Die Flamme. Stellen Sie sich vor, Ihre Zungenspitze sei eine Kerzenflamme, die im Wind flackert. Lecken Sie mit den Bewegungen einer flackernden Kerzenflamme die Seiten ihrer Klitoris sowie darüber und darunter. „Einige Frauen bekommen beim Cunnilingus nur multiple Orgasmen, wenn ich dabei die Seiten der Klitoris langsam und gleichmäßig lecke", erzählte Michel. „Wenn ich den richtigen Punkt erwische, haben diese Frauen sehr intensive, multiple Orgasmen – so intensiv, dass eine von ihnen einmal beinahe ohnmächtig geworden wäre."

Stimulation des G-Punktes. Manche Frauen bekommen nur multiple Orgasmen, wenn gleichzeitig die Klitoris und die Umgebung des G-Punktes in der Vagina stimuliert werden. Dies kann der Mann erreichen, indem er beim Cunnilingus mit den Fingern die vordere Scheidenwand, bzw. während des Verkehrs die Klitoris stimuliert.
„Ich brauche die totale Stimulation, um Multiple zu bekommen", sagte Karen. „Ich kann durch die Stimulation der Klitoris oder des G-Punktes allein einen Orgasmus bekommen, aber multiple nur, wenn beide gestreichelt und massiert werden." Sie fügte hinzu: „Am häufigsten bekomme ich Multiple, wenn mein Partner zuerst Cunnilingus mit manueller Stimulation kombiniert und dann

von hinten in mich eindringt, während er meine Klitoris streichelt. Vermutlich wird in dieser Stellung mein G-Punkt auf direktere Weise stimuliert."

Und schließlich gibt es noch Frauen, die nicht genau sagen können, was bei ihnen multiple Orgasmen auslöst. Es kann ihre Stimmung sein, ihre Fantasien vor dem Sex, ihr Partner oder sogar ihre hormonelle Ausgeglichenheit. Und manche Frauen berichten, sie könnten Multiple nur bei einem Partner bekommen, dem sie voll und ganz vertrauen. Können sie vorhersagen, wann sie beim Sex multiple Orgasmen bekommen?

„Wenn sich bei mir multiple Orgasmen ankündigen, bebt mein ganzer Körper", erzählte Michelle. „Ich spüre den Puls in meiner Klitoris. Ich weiß, dass es passieren wird, aber erst, wenn wir schon ziemlich weit gekommen sind."

Andere Frauen berichten von ähnlichen Gefühlen, die sie meist als Beben und Pulsieren beschreiben. Oder ihr ganzer Körper ist angespannt und die Klitoris fühlt sich an wie ein kleines Steinmonument. Ich beispielsweise weiß, dass ich mehrere Orgasmen haben werde, wenn nach dem ersten die Erregung nicht abklingt, das heißt, wenn ich so erregt bin, dass ein Orgasmus nicht ausreicht, um die Spannung im Körper vollständig zu aufzulösen."

Können multiple Orgasmen auch zu viel werden? Für die Mehrheit der Frauen nicht, aber für einige schon.

„Ja, manchmal reicht einer völlig", meinte Gail. „Je nachdem, wie lange mein Partner meine Klitoris stimuliert hat, können die Orgasmen richtig schmerzhaft sein, zu intensiv. Ich ziehe es meist vor, einen großen Orgasmus zu haben und dann nach einer gewissen Zeit, etwa nach fünfzehn Minuten oder so, erst den nächsten. Wenn sie zu nahe beieinander liegen, bin ich drauf und dran, bei einer Berührung aus der Haut zu fahren."

Eine andere Frau meinte: „Multiple Orgasmen sind sehr intensiv und ich bin nicht immer offen dafür. Irgendwie fühle ich mich danach sehr verwundbar und dieses Gefühl mag ich nicht immer."

Multiple Orgasmen bei Männern

Ein Mann machte aus der Idee vom männlichen multiplen Orgasmus eine ganze Selbsthilfe-Bewegung: Stan Dale, der am *Institute for the Advanced Study of Sexuality* (Institut für die weitergehende Erforschung der Sexualität) in San Francisco einen Doktor in „menschlicher Sexualität" gemacht hat. Er behauptet, er habe entdeckt, dass Ejakulation und Orgasmus nicht identisch sind, als er bei einem Test zur Überprüfung der Spermienzahl in ein kleines Glas ejakulieren musste. Nachdem er fünfzehn Minuten lang „so gefühllos masturbiert hat, wie noch nie in meinem Leben", hatte Dale schließlich die verlangte Probe zusammen. Als er zur Schwester zurückging, dachte er „das war eine Ejakulation ohne Orgasmus".

Ejakulation ohne Orgasmus? „Ja, ich hatte eine kaltblütige, sterile, rein *körperliche* Ejakulation ohne Orgasmus gehabt. Alarmiert rief ich meine Hausärztin an. Sie lachte und meinte: ‚Glückwunsch! Sie haben den Unterschied zwischen Ejakulation und Orgasmus entdeckt. Viel Spaß!'"

Damit begann seine Suche nach dem Orgasmus ohne Ejakulation, dem so genannten „trockenen Orgasmus" – die zu seiner ganz persönlichen Entdeckung führte, nämlich dass ein Mann multiple Orgasmen haben kann. Dieses Ziel hat er erreicht, indem er bewusst den Ejakulationsprozess steuern lernte. Und worin soll sich das vom einfachen Aufzählen von Baseballstatistiken unterscheiden, die empfohlen werden, um beim Verkehr die Ejakulation hinauszuzögern? „Wenn ich spürte, dass die Ejakulation kurz bevorstand, habe ich mir, anfangs ganz bewusst, gesagt: ‚Nicht jetzt, halte durch, vielleicht später.' Das hat nicht immer funktioniert, aber wenn, dann war das ein gewaltiger Willensakt. Aber Übung macht den Meister. Nach und nach begannen meine sexuellen Reflexe mehr und mehr automatisch auf die Anweisungen meines Gehirns zu reagieren. Ich dachte immer weniger dabei und fühlte immer mehr, bis zu jenem aufregenden Moment, als ohne bewusste Steuerung durch das Gehirn das Gefühl die Oberhand gewann und ich zum ersten Mal in meinem Leben die Ekstase eines „unwillentlich" herbeigeführten Orgasmus erlebte – und das ohne Ejakulation!"

Über das *Human Awareness Institute*, das er gegründet hat, bietet Dale seit fünfundzwanzig Jahren Workshops über „Sex, Liebe und Intimität" an – unter anderem in Nordkalifornien, Chicago und auch in Japan und Australien –, in denen er sein Credo, der Mann könne multiple Orgasmen haben, predigt. Dale war

früher Radiosprecher, er sieht sehr gut aus und hat Charisma. Aber in seinen Workshops bekommt man meist nur viel Psycho-bla-bla zu hören, über Techniken nur wenig.
Ein Mann, der bei einem seiner Nur-für-Männer-Workshops dabei war, nahm mit Dales Erlaubnis dessen Vortrag über den männlichen multiplen Orgasmus auf.
„Willkommen im Raum der Liebe", begrüßte er die Teilnehmer des Workshops mit seinem volltönenden Bariton. Eine nette Stimme – doch die „Techniken", die er erläuterte, bestanden nur aus drei unvollständigen Schritten:
„Lernen Sie den Schließmuskeln zu kontrollieren, indem Sie beim Stuhlgang den Stuhl erst zurückhalten und dann austreten lassen.
Um die PC-Muskeln zu kräftigen, stoppen Sie den Urinfluss nach kurzer Zeit, lassen ihn wieder laufen, dann wieder stoppen. Wiederholen Sie dies öfters und üben Sie regelmäßig.
Wenn Sie die Ejakulation herannahen fühlen, versuchen Sie, diese zu unterdrücken. Zuerst kann das etwas schmerzhaft sein, aber mit etwas Übung werden Sie bald imstande sein, den Samenerguss erstaunlich lange hinauszuzögern."
Warum nur diese wenigen, skizzenhaften Anweisungen? Zumindest könnte er für die 625 Dollar Workshop-Gebühr ausführlich auf die Beckenbodenübungen eingehen! „Es gibt keine Regeln, wie man auf neuem Terrain vorgehen soll, weil dieses ja noch nie von jemandem betreten worden ist!", erklärte mir Dale. Offensichtlich hat der Mann sich nie mit den Lehren der alten Erotiker beschäftigt. Denn diese hatten einige detailliertere und wirksamere Methoden parat.

Die Techniken

„Drei-Finger-Methode" oder „PC-Muskel-Technik". Wenden Sie beim Sex mehrmals die taoistischen Techniken an (siehe Seite 153). Ein Mann meinte: „Ich habe es nicht nur geschafft, das Liebesspiel auszudehnen, sondern auch einen trockenen Orgasmus gehabt – gelegentlich sogar mehrmals, während wir Sex hatten –, indem ich kurz vor der Ejakulation die „Drei-Finger-Methode" anwandte, bis zu drei- oder viermal. Am nächsten Tag spürte ich zwar ein Ziehen in meinen Eiern, aber das war es wert."

Männer, die einen Orgasmus ohne Ejakulation hatten, meinten, er fühle sich meist so an wie ein Orgasmus mit Ejakulation und sei nur manchmal etwas intensiver spürbar. Oft merkten sie erst als nach dem Orgasmus die Erektion nicht abklang, dass etwas Anderes mit ihnen passiert war.
„Ich habe die gleichen Kontraktionen", sagte ein Mann, „wie bei der Ejakulation. Aber diese scheinen sich nicht nur auf den Penis zu beschränken. Ich spüre sie in der ganzen Genitalregion, sogar in meinen Oberschenkeln und im Unterleib."
Einige Männer, die ihre Ejakulation zurückhalten können, meinten, sie hätten multiple Orgasmen bekommen, seit sie die Verzögerungstechniken anwendeten. „Ich versuchte gar nicht, multiple Orgasmen zu bekommen", erzählte mir ein Mann. „Bis ich plötzlich entdeckte, dass ich welche bekam – nachdem ich den Sex mithilfe der PC-Muskel-Technik verlängert hatte. Zuerst merkte ich, dass ich einen Orgasmus gehabt, aber nicht ejakuliert hatte – und mein Penis war immer noch steif."

Die Technik des äußersten Risikos. Manche Männer lernen mithilfe dieser Methode – erst in der allerletzten Sekunde vor der Ejakulation innehalten – relativ leicht, wie sie einen Orgasmus ohne Ejakulation bekommen können.
Üben Sie beim Masturbieren, weil Sie sich dabei ganz auf Ihren eigenen Erregungsprozess konzentrieren können.
Stimulieren Sie sich so lange, bis Sie kurz vor dem Orgasmus stehen und hören Sie dann auf.
Stimulieren Sie sich erst weiter, wenn Ihre Erregung etwas abgeklungen ist.
Wiederholen Sie die Übung so oft wie möglich. Mit etwas Übung sollten Sie in der Lage sein, die Kontraktionen beim Orgasmus auch ohne Ejakulation zu erleben.

„Ich habe den Geschlechtsverkehr bis zu einer halben Stunde lang ausdehnen können, bevor ich die ersten multiplen Orgasmen ohne Ejakulation bekam", berichtete Mark. „Ich habe mir beigebracht, erst kurz vor dem Orgasmus aufzuhören, damit der Verkehr länger dauert. Wenn ich kurz vor dem Höhepunkt stand, zog ich mich aus meiner Frau zurück und stimulierte sie mit der Hand weiter. Dann, wenn meine Erregung etwas abgeklungen war, drang ich wieder in sie ein. Auf diese Art konnte ich meine Erregung steuern und mich in immer größere Erregung versetzen, bevor ich den Penis herauszog. Nachdem ich eines Nachts mehrmals die Ejakulation hinausgezögert hatte, bekam ich einen trockenen Orgasmus. Es war eine außerordentlich intensive Erfahrung. In jener Nacht kam ich mehrere Male, bis ich schließlich ejakulierte und diese Ejakulation war heftiger als alles, was ich bis dahin erlebt hatte."

Das Tal – eine Multiple-Orgasmus-Technik für den Mann. Mantak Chia nennt einen Orgasmus mit Ejakulation „den Gipfel-Orgasmus – ein flüchtiger Moment intensiven, manchmal sogar qualvollen Gefühls und dann nichts mehr". Der Tal-Orgasmus hingegen sei „ein sich kontinuierlich ausdehnender, lang anhaltender Orgasmus, eine Art erhebender Ekstase" – wie eine ganze Reihe von trockenen Orgasmen.

Wenden Sie beim Sex mit Ihrer Partnerin die „Neunmal flach, einmal tief"-Stoßtechnik an (siehe Seite 153).

Hören Sie auf zu stoßen, wenn Sie den Orgasmus herannahen spüren.

Wenden Sie die „PC-Muskel-Technik" an (siehe Seite 165), um die Ejakulation hinauszuzögern.

Umarmen Sie Ihre Partnerin liebevoll. Machen Sie mit flachen Stößen weiter.

Wenden Sie immer dann, wenn die Ejakulation naht, die „PC-Muskel-Technik" an. Sie werden in etwa das gleiche Gefühl erleben wie sonst – nur ist der Orgasmus trocken und in einem größeren Teil Ihres Körpers spürbar.

Mark meinte: „Wenn man koitale Dynamik und die PC-Muskel-Technik kombiniert, kommt es zu einer ganzen Reihe von Orgasmen. Man darf sich erst kurz vor dem Höhepunkt mittels der PC-Muskel-Technik stoppen, dann durch koitale Dynamik die Erregung wieder steigern usw. Aber man braucht wirklich viel Übung, damit das klappt und die PC-Muskeln müssen gut durchtrainiert sein. Ich fand andere Methoden einfacher."

Der Perineum-Stop – Wie Sie ihm helfen können. Durch gezielten Druck auf das Perineum kann man einen Orgasmus beim Mann entweder auslösen oder hinauszögern. Ja, ich weiß, das klingt verwirrend. Doch ob man ihn hinauszögert oder auslöst hängt davon ab, wie der Mann auf die Stimulation reagiert, wann und wie stark man Druck ausübt und ob man den Daumen oder drei Finger verwendet. Lesen Sie die Techniken noch einmal nach (siehe Seite 127 und 165) und üben Sie sie. Einige Männer, die diese Methoden für mich getestet haben, behaupteten, durch Druck auf das Perineum sei die Ejakulation hinausgezögert worden, während andere schworen, dies hätte bei ihnen einen Erguss ausgelöst. Es handelt sich hier eben nicht um eine exakte Wissenschaft.

Sie können als Frau – manchmal – auch seinen Orgasmus aufhalten, indem Sie eine Fingerspitze auf seinen After legen, den Rest des Fingers fest gegen die Haut drücken, seinen Hodensack in die Hand nehmen und diesen vom Körper wegziehen. Das bedarf allerdings einiger Übung und der Partner muss es mögen – tun Sie es nicht, wenn Ihr Partner nicht will.

Eine Frau meinte: „Mein Freund und ich haben es manchmal geschafft, mit dieser Technik seinen Orgasmus hinauszuzögern. Er sagt ‚Stopp mich' und ich wende die Technik an, während er den Penis fast ganz aus meiner Scheide zieht. Wenn wir das mehrmals während des Verkehrs machen, bekommt er multiple Orgasmen. Noch ein Pluspunkt ist, dass er nach mehreren trockenen Orgasmen geradezu danach lechzt, zu ejakulieren – und er wird dann im Bett richtig wild.

Bis an die äußerste Grenze gehen

Verlängerte und Ganzkörperorgasmen

Sexuelle Ekstase oder „Hoher Sex", wie er in manchen tantrischen Zirkeln genannt wird, ist eine Form des Liebesspiels, bei der Erregung und Orgasmus nicht nur in den Genitalien stattfinden und durch die der Orgasmus verlängert wird. Dadurch bekommen beide Partner sowohl verlängerte als auch Ganzkörperorgasmen.

„Anfangs dachten wir, das würden wir nie schaffen", erzählte Danielle. „Aber wir haben sogar noch mehr gelernt als nur unsere Orgasmen zu verlängern. Wir haben den Orgasmus in eine höhere Dimension verlegt. Die Erregung beginnt in den Genitalien und breitet sich im ganzen Körper aus. Wenn der Orgasmus dann kommt, ist es, als würden riesige Wogen der Ekstase den ganzen Körper überfluten – im Gegensatz zu den normalen Orgasmen, die wie kleine Wellen an die Genitalien plätschern und sich dann verlaufen.
Wir haben dieses Seminar als Hochzeitsgeschenk von einem Freund aus London bekommen", erklärte Danielle, eine kleine, lebhafte, dunkelhaarige französische Malerin Mitte dreißig, die vor kurzem Piet, einen holländischen Geschäftsmann Ende zwanzig, geheiratet hat. Das Paar lebt in Amsterdam, Piets Geburtsstadt.
„Wir hätten nie gedacht, dass wir so weit kommen, obwohl wir beide neben anderem Sport auch etwas Yoga machen.
Die Leute, die sich damit intensiver befassen, sind Fanatiker. Für Piet und mich gibt es auch noch ein Leben außerhalb des Schlafzimmers. ‚Was bringt uns das?', fragten wir uns anfangs. Sexuelle Ekstase ist Sex auf einer höheren Ebene und sie bringt einem sehr viel. Aber man will ja auch nicht jeden Abend in der Woche eine Schlemmermahlzeit – und genauso wenig möchte man Sex immer auf diese Art und Weise machen. Tut man es dann, ist es ein sehr emotionales Erlebnis, bei dem sich der Orgasmus sehr lange hinzieht, in unserem Fall zehn bis fünfzehn Minuten. Manche Paare behaupten, sie hätten sogar noch längere Orgasmen.
Man langweilt sich irgendwann beim Sex, wenn man's immer auf die gleiche Art macht. Für uns ist dies eine Möglichkeit sicherzustellen, dass es uns nicht langweilig wird."

Die wahren Anhänger der Ganzkörperorgasmus-Technik sind Fanatiker. Es gibt nur wenige Seminare, an denen Außenstehende teilnehmen dürfen, die nur die Grundtechniken lernen wollen, um sie anschließend ihren eigenen Bedürfnissen anzupassen. Die meisten Kurse über „Hohen Sex“ sind ausschließlich Paaren vorbehalten, die bereits im tantrischen Sex erfahren sind und deren ganzes Leben sich mehr oder weniger um die Ausübung dieser Form von Sex dreht. („Haben Sie ‚Die Quelle‘?“ fragte mich ein bekannter kalifornischer Guru. „Wenn nicht, dann kann ich Ihnen das Geheimnis und die magische Technik, mit deren Hilfe man die ultimative sexuelle Vereinigung durch den Sieben-Chakren-Sex erreicht, nicht verraten.“)

Im Gegensatz zu jenen Dogmatikern – von denen viele bedeutend weniger Übung haben als sie – ist Margo Anand, die in Europa und Kalifornien Seminare über „die Kunst der sexuellen Ekstase“ abhält, gegenüber Nicht-Eingeweihten offener. (Sie leitet primär das „Das Liebe- und Ekstase-Training“, drei zehntägige Seminare, die sie über ein Jahr verteilt abhält. Von den Teilnehmern wird erwartet, dass sie zwischen den Seminaren üben.) Margo Anand ist eine attraktive, dunkelhaarige Frau in den Vierzigern, besitzt ein Diplom in Psychologie und Philosophie von der Sorbonne und kann tausende von Übungsstunden in Bioenergetik, Gruppensitzungen, Rolfing, Gestalttherapie und anderen esoterischen Fächern vorweisen. Sie studierte unter anderem Yoga bei dem berühmten Swami Satchitananda. In den Siebzigern besuchte sie die Fakultät des Arica-Institutes in New York, das von dem südamerikanischen Mystiker Oscar Ichazo gegründet wurde und an dem asiatische Kampfsportarten, Sufismus, die Lehren von Gurdjieff und andere spirituelle Traditionen gelehrt werden. Etwa zur gleichen Zeit entdeckte sie das Tantra.

„Im Gegensatz zu den meisten mystischen Lehren betrachtete der Tantrismus die Sexualität als ein Tor, das zu Ekstase und Erleuchtung führt“, sagte sie. „Ich war sofort davon fasziniert.“

Der Tantrismus entstand vor fünftausend Jahren in Indien. Er wandte sich vor allem gegen die Brahmanen (die hinduistische Priesterschaft), die predigten, dass man nur durch sexuelle Entsagung zu spiritueller Erleuchtung finden könne. Die Tantriker verehrten den Gott Shiva und seine Gemahlin, die Göttin Shakti, die ihrer Ansicht nach das Spirituelle und das Sexuelle in sich vereinigten. Die tantrische Lehre wurde im zehnten Jahrhundert nach Tibet gebracht. Angeblich gab es in fernen Ländern, zum Beispiel in Athen, vereinzelte Geheimkulte, die durchaus auf einige der Liebestechniken und -bräuche Einfluss ge-

habt haben können, mit deren Hilfe der Genuss beim Sex erhöht und der Orgasmus verlängert werden konnte und die heute noch in vielen Kulturen wie in China, bei den nordamerikanischen Indianern, in Polynesien, Ägypten, Skandinavien und Afrika weiterbestehen.
Doch egal woher diese Bräuche auch stammen mögen – sie kennen jedenfalls eine Reihe von Techniken, die in den westlichen Kulturen unbekannt sind. Bei einer alten polynesischen Methode beispielsweise wird empfohlen, dass sich Mann und Frau beim Verkehr stundenlang umarmen und sanfte Bewegungen mit Phasen absoluter Regungslosigkeit abwechseln, was zu einem langen und sanften Orgasmus führen soll. Die alten Araber praktizierten den so genannten *Imsak*, was auf arabisch so viel wie „Hinauszögern" bedeutet – der Mann zog seinen Penis aus der Scheide, wenn er die Ejakulation herannahen fühlte, stimulierte die Frau aber oral oder manuell weiter, bis er wieder mit dem Stoßen fortfahren konnte. Diese Methode wandte er wiederholt, bis zu zehnmal pro Nacht, an, um ihr zu multiplen und längeren Orgasmen zu verhelfen und selbst durch das Hinauszögern des Höhepunktes mehr Befriedigung zu erlangen.
In unserer westlichen Kultur hingegen eignen sich die meisten Männer in ihrer Jugend eine Technik an, die sie schnell zum Orgasmus bringt, damit sie nicht beim Masturbieren erwischt werden – und die meisten Frauen lernen, dass ein Orgasmus nicht annähernd so „wichtig" sei wie das Gefühl der Nähe, das beim Liebesakt aufkommt. Die Amerikaner haben ständig Schuldgefühle beim Sex – diese werden sozusagen schon mit der Muttermilch weitergegeben, sodass Männlein wie Weiblein eine gehörige Portion davon mitbekommt. Kein Wunder also, dass der Sex bei uns heute zielorientiert abläuft: Verkehr, Orgasmus und dann gute Nacht.
Uns erscheint die Möglichkeit, das Hochgefühl beim Orgasmus über einen längeren Zeitraum auszudehnen – und nicht nur einige Sekunden, wie Masters und Johnson uns glauben machen wollen – so unwahrscheinlich wie die Existenz von fliegenden Untertassen. Aber was ist, wenn jene Sex-Experten in weißen Laborkitteln unser Potential unterschätzt haben? Vergessen Sie für den Augenblick einmal Ihre Skepsis und lesen Sie einfach weiter.

Der Weg zu sexueller Ekstase

Acht Paare saßen in einem Hörsaal der *New Ancient Sex Academy* in Amsterdam und nickten einstimmig, als Margo Anand, die Seminarleiterin, fragte: „Haben Sie sich beim Sex nicht auch schon öfters gefragt, ob vielleicht nicht doch mehr dahinter stecken könnte? Haben Sie nicht auch schon einmal beim Sex keine Erfüllung gefunden, weil Ihr Partner bereits fertig war, bevor Sie überhaupt angefangen hatten?

Hatten Sie nicht auch schon einmal das Gefühl, dass in einer langjährigen Beziehung der Sex mit der Zeit etwas langweilig wird und sich bei dem Gedanken ertappt, wie schön es wäre, die alte Leidenschaft zwischen Ihnen wieder zu entfachen, damit der Sex wieder so aufregend wird wie damals?

Haben Sie nicht auch schon einmal beim Sex einen kurzen, ekstatischen Augenblick erlebt und hinterher nicht mehr nachvollziehen können, wie es dazu gekommen ist?"

Durch diese Fragen brachte Anand den Teilnehmern das Thema „sexuelle Ekstase" näher. Die meisten von uns suchen wohl nicht nach einem sexuell-spirituellen Training, bei dem die explosiven Orgasmen beim Genitalsex durch subtiler spürbare Ganzkörperorgasmen *ersetzt* werden, die Anand als „zeitlose Freude der Ekstase" bezeichnet. Offen gesagt werden die meisten von uns nie die Zeit haben oder sich nehmen, um sich stundenlang zu umarmen und dabei Geschlechtsverkehr zu haben. Wann sollte man denn dann Wäsche waschen, Sport treiben, die Kinder zum Fußballspielen fahren oder Freunde zum Essen einladen? Ja, wir wollen mehr Genuss und Spaß am Sex, aber wir wollen nicht explosive Orgasmen gegen tiefere, längere, stärkere Orgasmen eintauschen. Wir wollen beides. Und wenn ein Orgasmus explosiv beginnt und sich dann im ganzen Körper ausbreitet – umso besser. Können wir das in den knapp dreißig Minuten, die wir uns nachts für Sex reservieren, schaffen? Wenn man die Lehren des Tantra an unsere heutige Zeit anpasst, ja – wenn auch nicht immer. Zuerst sollte man beim Masturbieren üben, wie sich ein Orgasmus verlängern lässt.

Übung zur Verlängerung des Orgasmus beim Mann

Masturbieren Sie so lange wie möglich, ohne zu ejakulieren. (Angestrebt werden bei dieser Übung dreißig, realistischer sind allerdings zehn bis fünfzehn Minuten.) Wenn Sie kurz vor der Ejakulation stehen, hören Sie auf zu reiben oder gehen Sie zu einer anderen Technik über.

Zählen Sie die Kontraktionen bei der Ejakulation. Normal sind zwischen drei und acht. Achten Sie darauf, wann die Kontraktionen am intensivsten sind (normalerweise am Anfang).

Wiederholen Sie Ihre Bemühungen: Zögern Sie wieder die Ejakulation so lange wie möglich hinaus, wenn Sie das nächste Mal masturbieren.

Spannen Sie beim Ejakulieren die PC-Muskeln an. Ganz so, als wollten Sie den Samenerguss noch hinauszögern. Stimulieren Sie während der Ejakulatuion Ihren Penis ganz langsam weiter und drücken Sie ihn dabei, so dass der Orgasmus möglichst lange anhält.
Männer, die diese Technik ausprobiert haben, berichteten, dass mit einiger Übung ihr Orgasmus schließlich doppelt so lange andauern konnte. Ein Mann meinte: „Ich war überrascht, wie einfach es ist, auf diese Art den Orgasmus zu verlängern. Er ist ein wenig anders als sonst – weniger intensiv am Anfang, dafür aber am Schluss umso heftiger."

Übung, mit der sich der Orgasmus im Körper ausdehnen lässt (für die Frau)

Masturbieren Sie in einer bequemen Stellung. Sie können dazu die Techniken von Seite 58 anwenden.

Massieren Sie sich selbst. Sobald Sie äußerst erregt sind, massieren Sie zusätzlich mit leichten, sanften Bewegungen die Vulvaregion, die Innenseite der Oberschenkel und Ihren Unterleib. Stellen Sie sich vor, die Erregung würde sich dadurch auch auf diese Regionen ausdehnen. Massieren Sie sich während des Orgasmus weiter und stellen Sie sich dabei vor, Sie würden den Orgasmus im ganzen Körper „verteilen".

Hören Sie nicht zu früh auf. Fahren Sie nach dem Orgasmus fort, die Genitalregion mit rhythmischen Bewegungen zu streicheln. (Bei manchen Frauen ist die Klitoris nach dem Höhepunkt zu berührungsempfindlich, um weiter stimuliert zu werden.) Sie können spüren, wie sich der Orgasmus weiter im Körper ausbreitet – normalerweise wäre er bereits nach wenigen Sekunden abgeklungen.

Die Frauen, die diese Übung ausprobierten, berichteten von ihren Erfolgen. Eine meinte: „Während man sich massiert und sich vorstellt, der Orgasmus würde sich im ganzen Körper ausbreiten, hat man das Gefühl, dies geschehe tatsächlich. Aber ich fand die Übung noch befriedigender, wenn mich mein Partner massierte, während ich masturbierte."

Ausgedehnte Orgasmen

Wie Sie nun festgestellt haben, ist es relativ einfach, den Orgasmus während des Masturbierens zu verlängern – nun können Sie es auch mal beim Sex mit Ihrem Partner ausprobieren. Zeigen Sie ihm, wie er die Techniken bei Ihnen anwenden muss, die Sie vorher beim Masturbieren verwendet haben. Sie können natürlich auch andere Liebesspiele ausprobieren, mit denen sich der Orgasmus verlängern lässt.

Die „Gratwanderung"

Nehmen Sie zusammen eine kalte, keine heiße Dusche. Ihre Haut fühlt sich jetzt kühl an und Sie sind entspannt. Legen Sie sich in der X-Stellung (auch „Schere" genannt) aufs Bett (siehe Seite 145). Der Mann braucht noch keine Erektion zu haben, d.h., es wäre sogar besser, wenn er noch keine hat, denn dadurch verzögert sich auch die Ejakulation.

Führen Sie den schlaffen Penis in die Vagina ein. Deren Muskeln schließen sich automatisch um den Penis, solange beide still liegen. Vielleicht müssen Sie anfangs den Penis an der Wurzel festhalten, damit er nicht herausrutscht, bis die Scheidenmuskeln sich um ihn geschlossen haben und/oder er eine leichte Erektion bekommen hat.

Atmen Sie tief ein und aus und bleiben Sie dreißig Minuten lang still liegen. Schauen Sie sich in dieser Zeit öfters und länger in die Augen, streicheln Sie sich gegenseitig im Gesicht, im Nacken und am Oberkörper. Jetzt ist genau der richtige Zeitpunkt, um sich liebevolle Worte zu sagen.

Fangen Sie an, sich im Gleichtakt zu bewegen. Er sollte langsam und sanft stoßen während sie ihre Hüft- und Beckenbewegungen seinem Tempo anpasst. Küssen Sie sich dabei intensiv. Bewegen Sie sich gleichmäßig weiter und streicheln Sie sich gegenseitig, von den Genitalien ausgehend nach oben. Stellen Sie sich vor, Sie würden mit Ihren Händen feurige Glut verteilen.

Widerstehen Sie der Versuchung, sich schneller zu bewegen. Selbst dann, wenn Sie „kurz davor“ sind. Sie wollen so lange wie möglich auf dem schmalen Grat zwischen Erregung und Orgasmus weiterwandern – bis Sie plötzlich feststellen, dass Sie bereits einen Orgasmus haben, der gar nicht mehr aufzuhören scheint.

Wenn Sie sich für diese Übung genügend Zeit nehmen, werden Sie einen einzigartigen Orgasmus erleben. Als mein Partner und ich sie das erste Mal ausprobiert haben, konnten wir der Versuchung nicht widerstehen, eine andere Stellung einzunehmen und den Orgasmus einfach kommen zu lassen. Am nächsten Tag wiederholten wir die Übung, wobei wir uns diesmal beherrschten und tatsächlich den Punkt erreichten, wo wir nicht mehr sagen konnten, wann der Orgasmus begonnen oder wie lange er gedauert hatte. Es war anstrengend, aber auch belebend. Meine Versuchskandidaten meinten einstimmig, diese Art des Verkehrs sei etwas Besonderes, etwas, das sie sich nun für jene Nächte aufheben, in denen sie den anderen verwöhnen wollen oder, wie eine Frau meinte, „um nach einer hektischen Woche wieder zueinander zu finden“. Eine andere Frau erklärte: „Diese Methode ist nicht für solche Nächte geeignet, in denen man schlicht übereinander herfallen will. Man muss sich Zeit lassen können, um zu dem Punkt zu gelangen, an dem man das Gefühl hat, der Körper würde auf Glutwellen reiten und man den Unterschied zwischen Erregung und Orgasmus nicht mehr feststellen kann.“ Ihr Partner ergänzte: „Wir haben diese Technik ‚den Slowie‘ (den Langsamen) getauft, da er genau das Gegenteil von einem ‚Quickie‘ ist.“

Karezza

Karezza – was auf italienisch „Liebkosung" heißt – wird eine Technik genannt, die 1883 von der amerikanischen Ärztin Alice Bunker Stockham entwickelt wurde. Als Vorlage diente ihr eine Abhandlung über Geburtenkontrolle, verfasst von einem Gründungsmitglied der Oneida-Gesellschaft, einem Pfarrer, der wiederum Techniken aus alten Liebeslehren übernommen hatte. Stockham lehrte ihre Patienten – verheiratete Paare – wie der Mann mithilfe von Karezza einen vorzeitigen Samenerguss verhindern kann, damit die Frau mehr Zeit hat, um erregt zu werden. Ihr kleines, selbst verlegtes Büchlein *Karezza: Ethics of Marriage* wurde in mehrere Sprachen übersetzt, unter anderem ins Russische und zwar von keinem Geringeren als dem Schriftsteller Leo Tolstoi.

Diese Technik, mit deren Hilfe man den Verkehr verlängern kann, ist einfach und wirkungsvoll und kann in jeder Stellung angewandt werden. Man kann damit auch den Orgasmus ausdehnen – wenn man die esoterischen Abschnitte in Stockhams Anweisungen außer Acht lässt. Sie empfahl ihren Patienten, sich innerlich mithilfe von erbaulichen Schriften – beispielsweise von Ralph Waldo Emerson und Elizabeth Barret Browning – auf Karezza vorzubereiten. Sie empfahl weiter, das Paar solle eine Stunde lang ganz ruhig in der gleichen Stellung verweilen und dabei eventuell über die Schriften diskutieren, die es gerade gelesen hatte. In dieser Ruhephase sollte weder Mann noch Frau einen Orgasmus bekommen.

Über tausend Jahre, bevor Stockham Karezza „entwickelte", lehrte der große chinesische Arzt Meister Sun eine ähnliche Technik, mit deren Hilfe Männer ihren Frauen zu größerer Befriedigung verhelfen konnten – die Männer durften dabei gar keinen Orgasmus bekommen, die Frauen hingegen mehrere.

Die Karezza-Technik wird heute unter anderem von Xavier Hollander als eine Methode empfohlen, mit deren Hilfe sich der weibliche Orgasmus verlängern lässt.

Karezza für moderne Paare

1. Der Mann sollte seine Penisbewegungen drastisch einschränken, das heißt, sich in der Frau so lange nicht bewegen, bis sein Penis schlaff wird – erst dann darf er ein paar flache Stöße ausführen, um seine Erektion wiederzubeleben. Die Missionarsstellung eignet sich für Karezza nicht besonders gut, die Stel-

lungen, bei der die Frau oben sitzt oder beide nebeneinander liegen, hingegen besser.
2. Die Frau darf sich bewegen, zum Beispiel ihre Hüften gegen seine pressen oder ihre PC-Muskeln um seinen Penis herum zusammenzuziehen. Unabhängig davon, wie erregt die Frau ist, darf der Mann nur eben so viele Stöße ausführen, dass seine Erektion erhalten bleibt.
3. Unter Verwendung der weiter oben beschriebenen Masturbationstechnik versucht die Frau oder ihr Partner, bei ihr eine Ausbreitung des Orgasmus im ganzen Körper zu erreichen.
4. Der Mann hält die Frau die ganze Zeit über im Arm, bis sie einen oder mehrere Orgasmen bekommen hat. Anschließend kann er sich frei bewegen und einen Orgasmus bekommen, wenn er möchte.

Ein Mann, der laut eigener Aussage „immer zu früh ejakulierte" und diese Technik erfolgreich angewendet hatte, behauptete, mit ihrer Hilfe den Verkehr inzwischen auf eine halbe Stunde ausdehnen zu können – oder jedenfalls länger, als die meisten seiner Partnerinnen gebraucht hätten, um einen oder mehrere Orgasmen zu bekommen. „Bis jetzt habe ich keine Technik gefunden, mit der ich so lange durchhalten kann", meinte er. Ein anderer Mann, der bei dem Karezza-Meister J. William Lloyd Unterricht genommen hatte meinte: „Es geht nicht mehr primär um die Ejakulation. Meine Frau hat mithilfe von Karezza gelernt, wie sie ihre Orgasmen verlängern kann. Und ich kann so lange durchhalten, bis das Bedürfnis zu ejakulieren vorbei ist. Oft reicht es mir dann, sie befriedigt zu haben." Und eine Frau sagte: „Es ist ganz nett, es einmal mit einem anderen Tempo zu versuchen. Ich habe das Gefühl, dass der Orgasmus länger dauert, wenn wir diese Technik anwenden. Aber die großen, explosionsartigen Orgasmen, die mir am meisten gefallen, bekomme ich dadurch nicht. Für welche Art von Sex man sich entscheidet, hängt von der Stimmung ab, in der man sich gerade befindet. Mein Mann und ich sind aber froh, neue Möglichkeiten kennen gelernt zu haben, durch die unser Sex bereichert wird."

Das Neun-Gänge-Menü – Der verlängerte Orgasmus nur für Frauen

Ein männlicher Kollege von mir besuchte vor einigen Jahren ein Seminar in San Francisco, das von Dr. Stephen Chang geleitet wurde, einer weltweit anerkannten Autorität auf dem Gebiet alter, taoistischer Praktiken. Sein Seminar basierte auf dem *Su Nui Ching* oder *The White Madame's Classic*, einem Werk, das Kaiser Huang Ti, der China von 2697 bis 2597 v. Chr. regierte, zugeschrieben wird. Dieses klassische Werk der Liebeskunst war einige tausend Jahre lang verschollen und ist erst vor kurzem wiederentdeckt worden.

Im *Su Nui Ching*, sagte Dr. Chang, werde dem Mann empfohlen, seiner Frau ein erotisches Neun-Gänge-Menü zu servieren.

„Mir gefiel diese Idee", sagte mein Freund, „und ich wollte es gern mit meiner Frau ausprobieren. Für meinen Geschmack allerdings ist die Methode zu einseitig. Die Frau soll sich bei diesem Liebesspiel völlig gehen lassen, während der Mann die Aufgabe hat, ihr zu dienen und sie vollständig zufrieden zu stellen."

Die einzelnen Gänge orientieren sich daran, wie ihr Körper reagiert, also welche Zeichen er gibt. Der aufmerksame Tao-Liebhaber merkt, wann sie ein bestimmtes Stadium der Erregung erreicht hat und stimmt seine Aktivitäten darauf ab, sodass er sie jeweils auf die nächste Stufe heben kann. Er beginnt damit, sie zu küssen. Wenn ihre Erregung wächst, küsst er ihren Körper, ihre Brüste, dann wieder den Mund und schließlich wieder ihren Körper bis hinunter zu den Genitalien. Durch eine Kombination von manueller und oraler Stimulierung verhilft er ihr zu einem tiefen Orgasmus, den er mit einer oder beiden Händen in ihre ganzen Körper „einmassiert".

Das Buch nennt neun Schritte bzw. Zeichen ihres Körpers:

1. Sie stöhnt und ihr Atem geht schneller.
2. Ihr Herzschlag beschleunigt sich.
3. Sie produziert mehr Speichel.
4. Ihr Scheidensekret wird dickflüssiger.
5. Sie klammert sich an ihn.
6. Sie beginnt zu beißen oder zu knabbern.
7. Sie beginnt zu schwitzen.
8. Ihre Haut fühlt sich weicher an und ihre Muskeln beginnen sich zu lockern.
9. Sie hat einen totalen Orgasmus.

Ein Mann erzählte: „Meine Frau hat mich noch nie gebissen. Sie ist nicht der Typ, der so etwas tut. Ich glaube kaum, dass bei einer Frau alle Zeichen auftreten. Aber sobald ein Mann anfängt, bei seiner Frau auf diese Zeichen zu achten, wird er feinfühliger, erkennt plötzlich kleine Veränderungen während ihrer Erregungsphase, bemerkt Dinge, die er früher nie bemerkt hat. Er kann sich so in sie hineinversetzen, dass er automatisch das Richtige tut und sie zu einem Höhepunkt bringen kann, der so intensiv und lang anhaltend ist, dass er ihn fast selbst spüren kann. Tatsächlich bekomme ich immer einen Orgasmus, wenn ihrer langsam abklingt, obwohl ich vorher gar nicht merke, dass ich schon kurz vor der Ejakulation stehe." Und ein anderer Mann, der diese Methode ausprobiert hat, meinte: „Indem ich mich völlig auf meine Frau und ihre Befriedigung konzentriert und ihren Reaktionen viel mehr Beachtung geschenkt habe als jemals zuvor, habe ich sehr viel darüber gelernt, wie sie auf meine Zärtlichkeiten reagiert. Ich hätte das schon vor Jahren tun sollen. In den drei Jahren, die wir nun zusammen sind, habe ich mich zum ersten Mal beim Sex richtig vergessen."

Kabbazah – Der verlängerte Orgasmus nur für Männer

Kabbazah ist ein absoluter Geheimtip für Männer. Michael erzählt von seinem Erlebnis mit einer japanischen Prostituierten:

> *„Ich lernte Kabbazah in Japan kennen, als ich auf einem Heimaturlaub von Vietnam dort Station machte", erzählte Michael, der zweimal während seiner Dienstzeit als Kampfpilot im Vietnamkrieg eingesetzt wurde. „Die japanische Prostituierte behauptete, sie könne mir zu dem Sexerlebnis meines Lebens verhelfen, wenn ich ihr das Dreifache des üblichen Preises zahlte. Wir verhandelten. Ihr normaler Satz lag bereits über dem Durchschnitt, aber sie war wunderschön und ich geil. Ich sagte dann, ich würde die Hälfte im Voraus bezahlen und die andere Hälfte hinterher, wenn es wirklich das Erlebnis gewesen sein sollte. Sie bestand auf zwei Dritteln im voraus, einem Drittel danach. Da ich sowieso nicht viel mit meinem Geld anfangen konnte, sagte ich also: ‚Gib's mir, Baby.'*
>
> *Sie nahm meinen Schwanz in die Hand und er erwachte zum Leben. Dann befahl sie mir, mich auf den Rücken zu legen und mich nicht zu bewegen. In diesem Punkt war sie unerbittlich. ‚Ich übernehme jetzt die Arbeit des Mannes', sagte sie und setzte sich auf mich. Anfangs kam es mich ziemlich hart an, dass ich mich nicht bewegen durfte. Ich war geil wie der Teu-*

fel. Und auch sie bewegte ihren Körper kaum, nur die Muskeln in ihrer Vagina. Sie fickte mich mit diesen Muskeln, langsam und wirklich gut. Es war ein unglaubliches Gefühl – so etwas hatte ich in einer Frau noch nie gespürt. Sie brachte mich zu einem langen, langsamen Orgasmus, der unendlich lange dauerte.
Ich gab ihr schließlich das Sechsfache von dem, was sie sonst verlangte, so gut war es gewesen. Und jahrelang habe ich nach einer Frau gesucht, die mir das Gleiche noch einmal geben konnte."

Michaels Geschichte hatte ein Happy End: Vor kurzem las seine Frau in einem asiatischen Sexbuch von Kabbazah und lernte die Technik.
Vor weit mehr als tausend Jahren wurde im Nahen Osten – damals herrschten in jenem Teil der Welt noch keine religiösen Extremisten – eine Frau, die die Kunst des *pompoir* (die PC-Muskeln beim Geschlechtsverkehr gezielt einsetzen) beherrschte, *Kabbazah* genannt, „diejenige, die hält". Zu den *Kabbazahs* zählten in vielen asiatischen Ländern, unter anderem in China, Japan und Indien, die besten Prostituierten. In Indien war die Prostitution heilig und Tempelprostituierte waren davon überzeugt, dass sie einen Mann mittels Kabbazah nicht nur in sexuelle, sondern auch in religiöse Ekstase versetzten. Die asiatischen Prostituierten führten wohl ein ähnlich luxuriöses Leben wie heute die teuersten Callgirls.
Auf ihre Art führte Michaels japanische Prostituierte die heilige Sextradition der indischen Tempelprostituierten fort, die in dieser Technik von Kindesbeinen auf geschult wurden. Selbst heute noch werden in einigen Gegenden Afrikas junge Frauen in *Kabbazah* unterrichtet. Und die meisten Frauen, die einen Sexualtherapeuten aufsuchen, bekommen den Rat, Beckenbodenübungen zu machen, wenn sie ihren Sex verbessern wollen. Ich war höchst erstaunt, als ich bei den Recherchen für dieses Buch entdeckte, wie sehr sich die Sexualwissenschaftler und Sexualtherapeuten des 20. Jahrhunderts mit ihren Theorien und Techniken an den vor tausenden von Jahren von Sex-Experten entwickelten und praktizierten Techniken orientieren. Eine wirklich gute Idee ist eben unvergänglich.
Kabbazah eignet sich hervorragend für einen Mann, der nicht sonderlich in Stimmung oder zu müde ist, um im Bett die aktive Rolle zu übernehmen. Viele Männer geben heute zu, dass sie es genießen, gelegentlich die passive Rolle zu übernehmen. Und welche Chance bietet sich hier den Frauen? Dass sie auch einmal die Verantwortung übernehmen und dadurch die Situation unter Kon-

trolle haben können, da der Mann sich absolut passiv verhält – und natürlich die Freude, geben zu können.
Für diese Technik sind zwei Voraussetzungen nötig:
Er muss körperlich und geistig entspannt und aufnahmefähig sein. Es ist sehr wichtig, dass er absolut passiv ist. Um es noch einmal zu betonen: diese Art von Sex sollten Sie nicht anstreben, wenn Sie eigentlich danach lechzen, dem Partner die Kleider vom Leib zu reißen, sobald sich die Haustür hinter Ihnen geschlossen hat.
Sie muss über gut trainierte Scheidenmuskeln verfügen. Die Frau sollte ihre PC-Muskeln bereits etwa drei bis vier Wochen lang durch Beckenbodenübungen gekräftigt haben, damit sie sie gezielt einsetzen kann.
Einige Paare behaupten, durch Abstinenz (über zwei, drei Tage bis zu einer Woche) würde der Sex durch *Kabbzah* noch intensiver werden, während andere berichteten, nach einer Zeit der Abstinenz fiele es dem Mann zu schwer, passiv zu bleiben. Einige Stellungen eignen sich besser als andere. Versuchen Sie es mit jener, bei der die Frau oben sitzt oder mit verschiedenen Stellungen im Sitzen.
Und hier die Kabbazah-Anleitung:
1. Sie stimuliert den Partner so lange, bis er leicht erregt ist und eine Erektion bekommt und führt den Penis dann ein.
2. Er bewegt sein Becken nicht. Nie. Nicht ein einziges Mal.
3. Sie sollte ihr Becken ebenfalls nicht bewegen, sondern jegliche Aktivität oder wenigstens so viel wie möglich ihren PC-Muskeln überlassen.
4. Sie können sich gegenseitig streicheln und küssen.
5. Sie spannt ihre Muskeln in verschiedenen Abständen an, bis sein Penis zu zucken beginnt. Dies passiert meist etwa fünfzehn Minuten nach Beginn des Kabbazah und deutet darauf hin, dass er bereits sehr erregt ist.
6. Sie stimmt ihre Muskelkontraktionen (anspannen und loslassen) auf die Zuckungen seines Penis ab.
7. Nach weiteren zehn bis fünfzehn Minuten kommt er zum Orgasmus, der länger und intensiver ist als üblich. Dabei kann es, muss aber nicht, zu einer Ejakulation kommen.

Eine Frau berichtete: „Ich fühle mich wie eine Göttin, wenn ich bei meinem Partner die Kabbazah-Technik anwende. Hinterher liege ich in seinen Armen und er streichelt mich mit den Händen, bis ich einen Orgasmus – einen langen, heftigen Orgasmus – bekomme."

Eine andere Frau berichtete: „Am Ende des Kabbazah kontrahiere ich wie verrückt meine PC-Muskeln und bekomme einen unglaublichen Orgasmus. Es ist, als würde man ein Picknick mit einem Feuerwerk abschließen."

Ganzkörperorgasmen

Diejenigen, die Ganzkörperorgasmen erlebt haben, beschreiben ihre Erfahrungen immer ähnlich:

> *„Manchmal spüre ich beim Orgasmus ein Beben im ganzen Körper", erzählte Jane. „Als Erstes fühle ich eine große Anspannung. Es ist ein Gefühl, als würden meine Brüste, meine Brustwarzen und meine Scheidenwände sich ausdehnen. Mein ganzer Körper ist lebendig, erregt und fängt an zu beben. Der Orgasmus beginnt in den Genitalien, wie Wellen, die sich in meiner Klitoris, meinen äußeren Schamlippen und tief in den Wänden meiner Vagina ausbreiten. Die Wellen werden immer größer, bis ich sie sogar in meinen Fingerspitzen und Zehen spüren kann. „Farbblitze zucken vor meinen Augen, in leuchtenden Primärfarben. Es ist eine übersinnliche Erfahrung, die mich aus meinem Körper herausführt und wieder zurückholt."*

„Ich hatte beim Orgasmus das Gefühl, von den Haarspitzen bis zu den Zehenspitzen unter Strom zu stehen", sagte eine Frau. Ein Mann bezeichnete seinen ersten Ganzkörperorgasmus als „fast außerkörperliche Erfahrung, weil sie so intensiv war, dass ich währenddessen aus meinem Körper herauszutreten und wieder in ihn zurückzukommen schien". Manche vergleichen ihn mit einer Flutwelle, die sie mit sich reißt, andere mit einem Erdbeben, das sie erschüttert. Eine Frau meinte: „Diesmal hat sich wirklich die Erde unter mir bewegt."
Es ist natürlich möglich, intensive, multiple und verlängerte Orgasmen zu erleben, ohne einen Ganzkörperorgasmus zu haben. Und manche Menschen bekommen einen Ganzkörperorgasmus nur beim Masturbieren.
„Ich massiere eine Weile meinen Penis und variiere dabei die Reibetechniken. Dann spanne ich alle Muskeln von Kopf bis Fuß an, halte eine halbe Minute lang die Luft an und atme dann wieder aus", erklärte Michael. „Dieses gleichzeitige Ausatmen und Fließenlassen von erotischer Energie kann einen Ganzkörperorgasmus auslösen, den ich überall spüre."
Manche Menschen bekommen nur einen Ganzkörperorgasmus, wenn sie eine sehr starke emotionale Bindung zu ihrem Partner haben, andere, wenn sie sich

besonders sexy oder sinnlich oder beides fühlen. Der Ganzkörperorgasmus ist meistens das Ergebnis einer sehr intensiven Bindung auf drei Ebenen – der emotionalen, der sinnlichen und der sexuellen Ebene –, obwohl auch dies nicht auf jeden zutrifft.
Stellen Sie sich diese drei Ebenen als Türen vor, durch die man einzeln eintreten kann und die alle zu dem außerordentlichen Erlebnis des Ganzkörperorgasmus führen.

Die emotionale Ebene

Meister Meugi aus Singapur unterrichtet Kundaliani-Yoga, eine Art des Yoga, bei der es darum geht, die in jedem von uns schlummernde, gewaltige (sexuelle) Energie zu erwecken. Seine Schüler sind meist reiche Frauen aus der ganzen Welt, die in Singapur leben, weil ihre Männer dort arbeiten oder als Diplomaten dorthin entsandt wurden. Diese Frauen geben seinen Namen in ihren erlauchten Kreisen weiter, so wie sie auch Informationen über Friseure, Maniküresalons oder Privattrainer austauschen. Ich traf Meugi in Bombay, wo er auf seinem Weg zur Dritten Asiatischen Konferenz über Sexualwissenschaft Station machte.
„Kann man auch ohne Kundalini einen Ganzkörperorgasmus bekommen?", fragte ich ihn. „Ganzkörperorgasmen sind ganz einfach zu erreichen", antwortete er. Dann beschrieb er die komplizierten Stellungen, die eine solchen Orgasmus fördern – Stellungen, die man erst nach Jahren intensiven, ernsthaften Yogatrainings einnehmen kann.
Ich hatte gewisse Schwierigkeiten, mir diese Frauen aus aller Herren Länder mit ihren unzähligen familiären und gesellschaftlichen Verpflichtungen dabei vorzustellen, wie sie sich verrenkten, um eine solche Stellung einzunehmen – geschweige denn dabei einen Orgasmus zu bekommen. Als ich weiter nachhakte, gab Meugi zu, dass man einen Ganzkörperorgasmus auch in einer relativ einfachen Stellung, der *Yabyum* (siehe Seite 163) bekommen könne, aber nur unter der Voraussetzung, dass Mann und Frau dabei auch den tantrischen Yoga-Kuss praktizierten.
Wie der Blickkontakt (siehe Seite 162) führt auch der Yoga-Kuss zu einer engeren emotionalen und körperlichen Verbundenheit zwischen den Partnern. Der tantrischen Lehre zufolge geht während des Kusses die Seele des einen in die Seele des anderen über und die Energie des einen wird zur Energie des an-

deren. Lässt man die Seele einmal beiseite, kann die Intimität eines tantrischen Kusses bei beiden den Orgasmus intensivieren und sicherlich auch zu einem Ganzkörperorgasmus führen – wenn beide in Stimmung für diese Art von Sex sind.

Der tantrische Yoga-Kuss. Der Mann sollte dabei eine der auf Seite 165 – 166 beschriebenen Techniken anwenden, um seine Ejakulation und seinen Orgasmus hinauszuzögern. Wenn die Frau spürt, dass sie kurz vor dem Höhepunkt ist, sollte sie dies dem Mann signalisieren und dann hören beide auf, sich gegenseitig zu stimulieren, egal in welcher Stellung sie sich gerade befinden. Sie setzen sich beide mitten aufs Bett und legen ihre Beine um den Körper des anderen (*Yabyum*-Stellung); sein Penis bleibt in ihr und beide bewegen sich so wenig wie möglich. Legen Sie die Stirnen aneinander und atmen Sie sich gegenseitig in den Mund. Wenn er ausatmet, atmet sie ein und umgekehrt. „Küssen" Sie sich so, wenn möglich, mindestens zehn Minuten lang. Ab einem gewissen Punkt wird es Ihnen unmöglich sein, sich nicht zu bewegen – und dann wird höchstwahrscheinlich die kleinste Bewegung einen Orgasmus auslösen.

Eine meiner Testpersonen kommentierte: „Es hat sowohl bei meinem Mann als auch bei mir funktioniert. Wir hatten beide einen Orgasmus, der uns beinahe die Schädeldecke gesprengt hätte." Ein anderes Paar berichtete: „Wir hatten beide keinen Ganzkörperorgasmus, jedenfalls nichts, was wir dafür halten würden, aber die Orgasmen waren definitiv stärker. Er sagte, der Orgasmus hätte sich in seinem ganzen Genitalbereich ausgebreitet, er wäre viel tiefer gegangen als sonst und er hätte ihn sogar tief im Unterleib gespürt. Und mein Orgasmus war stärker, wenn auch auf Klitoris, Vagina und After beschränkt, mit einer Ausnahme: Er strahlte über die Innenseite meiner Oberschenkel bis in die Kniekehlen aus."

Die sinnliche und die sexuelle Ebene

Strange de Jim aus der Karibik – der sich selbst als „Masseur extraordinaire" beschreibt – behauptete, er hätte den „metasexuellen Verkehr erfunden", der in Wirklichkeit nichts anderes ist, als eine Variante des Ganzkörperorgasmus.
Es ist äußerst schwierig, Strange tatsächlich zu treffen. Er verspricht, einen Kurs oder ein Seminar abzuhalten und dann erscheint er gar nicht – wie beispiels-

weise in der *New Ancient Sex Academy* in Amsterdam, wo ich geplant hatte, eines seiner Seminare zu besuchen. Dann wiederum taucht er plötzlich im Workshop eines anderen auf und gibt eine Spontanvorstellung seiner Massagetechniken. Ich traf ihn schließlich mehr oder weniger zufällig im Amsterdamer Sex-Museum, wo er die metasexuelle Massage einer norwegischen Touristengruppe erklärte, die gleichermaßen fasziniert wie beunruhigt zu sein schien.
„Man muss erst die richtige, professionelle Massage lernen und einhundert kostenlose einstündige Massagen geben, bevor man überhaupt die nötige Sensibilität, Energie und die richtige Einstellung bekommt, die zu außergewöhnlichem Sex führen", erklärte er. „Wahrer Sex bedeutet, das stille, exquisite Wesen in unserem Innern zu wecken. Der Orgasmus kommt von innen."
Später, als ich ihn bat, mir einen kurzen Tipp zu geben – einige nützliche Ratschläge für den sexuellen Abenteurer, der keine hundert Stunden fürs Massieren erübrigen kann – gab er zu, dass man mithilfe eines Buches über erotische Massage-Techniken, etwas Übung im Masturbieren und der Beherrschung der „drei Spiele" annähernd an das herankommen könne, was er mit außergewöhnlichem Sex bezeichnete.
Das erste „Spiel" ist eine erweiterte Version der PC-Muskel-Technik, mit der sich die Ejakulation hinauszögern lässt.
„Die anderen beiden Spiele setzen voraus, dass der aktive Partner hundertprozentig konzentriert und der passive Partner völlig entspannt und aufnahmefähig ist", erklärte Strange. „Beim ersten Spiel stimuliert der aktive den passiven Partner so lange, bis dieser einen so genannten extragenitalen Orgasmus bekommt." – das heißt, ohne dass die Genitalien berührt worden sind. Schließlich erwähnte Strange eine weiterführende Methode.

Die „Alle-Muskeln-Technik". Befolgen Sie zunächst die Anweisungen für die PC-Muskel-Technik (Seite 165) Ziehen Sie den Penis nur so weit heraus, dass er noch etwa zwei bis drei Zentimeter in der Scheide bleibt. Spannen Sie nicht nur die PC-Muskeln an, sondern alle Muskeln von Kopf bis Fuß und zwar etwa eine Minute lang. Halten Sie gleichzeitig die Luft an. Atmen Sie dann aus und entspannen Sie die Muskeln. Das gleichzeitige Ausatmen und Entspannen der Muskeln kann einen Ganzkörperorgasmus auslösen.
Ein Mann, der diese Technik ausprobiert hat, meinte: „Ich glaube, der Trick dabei ist, den Atem anzuhalten. Das hat dieselbe Wirkung wie Hyperventilieren. Es führt einen sozusagen an einen anderen Ort." Und ein anderer Mann sagte:

„Es hat bei mir funktioniert und zwar, nachdem wir lange Sex gemacht hatten und ich dabei mehrmals die Ejakulation zurückgehalten habe. Das Ergebnis ist das Warten und die Mühe wert. Es ist eine Erfahrung, die das Bewusstsein verändert und die mir die Tränen in die Augen getrieben hat."

Der extragenitale Orgasmus. Stimulieren Sie die Genitalien des Partners/der Partnerin oral und manuell (siehe dazu die Techniken auf Seite 93 – 95), bis er/sie kurz vor dem Orgasmus steht und machen Sie dann an anderen Körperstellen weiter. Wechseln Sie genitale und nichtgenitale Stimulierung ab, bis der andere so erregt ist und so sensibel auf Berührungen reagiert, dass Sie ihn allein dadurch zum Orgasmus bringen können, dass Sie mit einem Finger über die Innenseite seiner Schenkel streichen. Der Orgasmus fühlt sich an, als beginne er in den Genitalien und breite sich dann im ganzen Körper aus.
Mein Partner und ich probierten diese Technik aus. Er brachte mich einmal zum Orgasmus, indem er nur an meinen Brustwarzen saugte und ein andermal, indem er die Innenseite meiner Oberschenkel leckte. Es waren sehr intensive Orgasmen – wenn auch nicht mehr im ganzen Körper spürbar als die Orgasmen, die ich sonst nach intensiver Stimulation bekomme. Er konnte durch extragenitale Stimulation keinen Orgasmus bekommen, wurde des Spiels überdrüssig und bat mich, ihn oral zu befriedigen. Andere Paare berichteten, sie hätten mit dieser Methode ebenfalls Erfolg gehabt. Eine Frau sagte: „Ich bekam einen Ganzkörperorgasmus, als er an meinen Brüsten saugte. Der Orgasmus begann in den Brustwarzen und breitete sich in konzentrischen Kreisen in meinem Inneren und an der Hautoberfläche aus." Und ihr Partner? „Nein, er hatte nicht so viel Glück."
Strange de Jims zweites Spiel erfordert eine geschickte Zunge und Kenntnis der genauen Lage des Perineums Ihres Partners, dem Punkt zwischen After und Genitalien, der beim Mann auch „Prostata-Punkt" genannt wird. Und – wie schon zuvor erwähnt – kann die Stimulation des Perineums bei verschiedenen Leuten zu unterschiedlichen Resultaten führen, manchmal sogar zu verschiedenen Resultaten bei derselben Person, je nach Situation. Von allen in diesem Buch beschriebenen Techniken stifteten bei den Testpersonen diejenigen, bei denen das Perineum mit einbezogen wurde, am meisten Verwirrung, riefen Bestürzung hervor oder führten nur zu geringen Reaktionen. Allerdings berichteten die Testpersonen auch, dass diese Techniken – wenn sie einmal funktionieren – tatsächlich gut funktionieren.

Der Perineum-Orgasmus. Stimulieren Sie Ihren Partner wie zuvor manuell und oral, bis er kurz vor dem Orgasmus steht. Platzieren Sie dann die Zungenspitze genau in der Mitte seines Perineums und lassen Sie sie schnell vor und zurückschnellen. Aufhören. Saugen. Wieder züngeln. Der darauffolgende Orgasmus wird den gesamten Körper regelrecht zum Vibrieren bringen.
Diese Technik funktionierte weder bei mir noch bei meinem Partner. Er meinte, er könne manchmal auch „ohne Spiele" einen Orgasmus im ganzen Körper spüren, je nachdem, wie erregt er vorher gewesen sei und wie sehr er sich in dem Moment emotional mit mir verbunden fühle. Ein anderes Paar berichtete, diese Methode hätte zwar bei ihm funktioniert, aber nicht bei ihr. Er hatte einen Orgasmus, der sich „mehr in seinem Körper ausgebreitet hat" als sonst üblich. Sie meinte: „Mein Orgasmus wurde so lange hinausgezögert, dass ich schließlich nicht mehr kommen konnte und den Rest der Nacht völlig überreizt war."
Ein drittes Paar berichtete von „eingeschränktem Erfolg" für beide: „Ich bin nicht sicher, ob wir beide wirklich einen richtigen Ganzkörperorgasmus hatten, aber wir haben definitiv ein Zucken in anderen Körperteilen gespürt. Ich in den Schenkeln, den Beinen und im Bauch und bei ihm schien sich der Orgasmus vom Unterleib bis zur Brust auszudehnen."

Elektrischer Sex

„Ich liebe diese ‚Fuckerware'-Partys", sagte Marsha und jeder lachte bei dem Vergleich von „Fantasiespielzeugen" und Tupperware, beides Artikel, die man auf den traditionellen Verkaufspartys in der Nachbarschaft kaufen kann. Sie hielt einen kleinen, weißen Gegenstand in der Hand, der aussah wie ein Stabmixer. „Ist das das, was ich glaube, das es ist?", fragte sie. Ja, das war es tatsächlich: ein „Sunbeam Spiral-Vibrator" mit zwei Geschwindigkeitsstufen und einem Griff, den man gut umfassen kann – von der gleichen Firma, die auch Mixer herstellt. Vicki, die Verkäuferin bzw. „Partyorganisatorin", nahm ihn Marsha aus der Hand, legte einen Hebel um und hielt das Gerät hoch. *Summ. Sirr.* Kichern – die typischen Geräusche auf einer „Sex-Toys-Party" wie dieser hier in einem Vorort von St. Louis, die allerdings auch in jedem anderen Vorhäuschen hätte stattfinden können.

Vicki, im Hauptberuf Lehrerin an einer Gesamtschule, verdiente im letzten Jahr mehr als 12 000 Dollar auf Provisionsbasis mit dem Verkauf von Vibratoren, Gleitmitteln, Anal-Toys, Dildos, Unterwäsche, Handschellen, vibrierenden Manschetten und Schwanzringen sowie anderen „Spielzeugen", wie beispielsweise dem „Klatscher", einer Art ledernen Fliegenklatsche, der mit dem Satz „er bellt mehr als er beißt" beworben wurde.

„Heben Sie bitte die Hand, wenn Sie schon einmal in einem Swimmingpool mit jemandem Sex hatten", sagte Vicky. Vier Hände hoben sich. „Nun, ‚Joy Jell' ist ein Gleitmittel, das man auch im Wasser gut einsetzen kann. Es ist in der Zusammensetzung unserem Scheidensekret ähnlich, aber es wird in einem chlorierten Pool nicht dünnflüssiger. Man kann es natürlich auch im Schlafzimmer verwenden, wenn man mal nicht ganz so feucht ist wie man es gern wäre."

Joy Jell und eine Packung Batterien waren an diesem Abend die Geschenke, die unsere Gastgeberin verteilte.

„Vibratoren und Wäsche verkaufen sich am besten", erklärte Vicki, als die Frauen die Artikel und Snacks im Kreis herumgehen ließen. An diesem Abend hatte sie fünf Vibratoren verkauft – nicht schlecht, bei nur zwölf Teilnehmerinnen.

„Ich habe bereits einen Stab-Vibrator", sagte Marsha, als sie einen Scheck über dreißig Dollar für den Spiral-Vibrator ausstellte. „Aber eine Frau hat immer Verwendung für einen zweiten."

Wenn Sie schon einmal eine Sex-Toy-Party oder einen Sexshop besucht haben, dann wissen Sie, dass es für experimentierfreudige Leute viele Sexspielzeuge und andere Artikel gibt. Nur wenige bedürfen einer ausführlichen Bedienungsanleitung. Ich mag „Honigstaub" am liebsten. Er wird wie loser Tee in hübschen Dosen verkauft, inklusive einem Pinsel, der so aussieht wie mein Make-up-Pinsel, mit dem ich Rouge auftrage. Man verteilt den Staub auf dem Körper des Partners und leckt ihn dann ab.

Sexspielzeuge kannte man in Japan bereits vor tausenden von Jahren. In alten Sexhandbüchern findet sich eine verblüffende Fülle von Hilfsmitteln, die beim Masturbieren oder beim Sex mit einem Partner verwendet werden können. Die klassischen Ben-Wa-Kugeln beispielsweise stammen aus Japan. Sie waren zur Unterhaltung einsamer Geishas und Kurtisanen bestimmt, wenn deren reiche Kunden und Geliebte nicht bei ihnen waren. (Ehefrauen besaßen keine solchen Mittel, auf die sie zurückgreifen konnten.) Diese Metallkugeln werden in die Vagina eingeführt und wenn man sich bewegt, reiben sie aneinander und vibrieren.

Vibratoren sind natürlich eine Klasse für sich. Man verwendet sie, um sich schneller zu erregen oder einen Orgasmus herbeizuführen. In ihrem Fall können wir nicht auf alte Quellen zurückgreifen, um nach Verwendungsmöglichkeiten zu suchen. Und selbst in den meisten modernen Sexhandbüchern findet sich kaum ein Hinweis darauf. Wenn man bedenkt, wie beliebt diese Geräte sind, ist es erstaunlich, dass man nur so wenig gedruckte Informationen dazu bekommt.

Kurz nach der Jahrhundertwende gab es bereits kleine, batteriebetriebene Vibratoren, die Ärzte ihren weiblichen Patienten verschrieben, wenn diese an „Hysterie" litten. (Die Genitalmassage war bei „Weiblicher Hysterie" die Standardbehandlung aufgeklärter Ärzte. Man versuchte dadurch einen „hysterischen Anfall", sprich Orgasmus, herbeizuführen – der die Patientin vermutlich auch „heilte" ... bis sie wieder geil wurde.) In den Zwanziger Jahren wurden Vibratoren der breiten Öffentlichkeit als „Massagestäbe" angeboten. In den Sechzigern – nachdem die „Weibliche Hysterie" von der Amerikanischen Ärztevereinigung „entlarvt" worden war – wurde behauptet, Vibratoren könnten jenen Frauen helfen, die beim Geschlechtsverkehr selten oder nie zu einem Orgasmus kommen. Gleichzeitig wurde davor gewarnt, dass sie „süchtig" machen könnten. Kann man sich tatsächlich so an einen elektrisch herbeigeführten Höhepunkt gewöhnen, dass man nicht mehr auf andere Art und Weise kommen kann? Experten halten dies für ziemlich unwahrscheinlich.

Männer wie Frauen genießen jedenfalls die vielfältigen Möglichkeiten, die ein Vibrator beim Masturbieren und auch beim Sex mit einem Partner bietet. Vibratoren sind in vielen Formen und Größen erhältlich, unter anderem als riesige Objekte, die aussehen wie King Kongs Penis, die man tunlichst nicht benutzen sollte, wenn man King Kong nicht tatsächlich eine ebenbürtige Partnerin ist. Dildos, die wie Vibratoren in Penisform und auch in Übergrößen erhältlich sind, unterscheiden sich von diesen nur darin, dass sie nicht vibrieren. Dildos haben keinen eigenen Antrieb und müssen deshalb mit der Hand bewegt werden.

Manche Vibratoren haben einen Netzanschluss und laufen auf 110 Volt. Die meisten jedoch funktionieren mit Batterieantrieb. Die besten Geräte werden von den Herstellern herkömmlicher Massagegeräte vertrieben und in Kaufhäusern, Drogerien und Supermärkten in der Abteilung für Kleingeräte angeboten. Normalerweise ist Zubehör dabei, zum Beispiel ein Aufsatz, mit dem man den G-Punkt massieren kann.

„Jede Frau sollte einen Viobrator zu Hause haben", sagte eine Frau. „Dabei ist es egal, ob man verheiratet oder Single ist. Es gibt Zeiten, in denen nur das stetige, beruhigende Summen eines Vibrators einen dahin bringen kann, wo man hinwill. Wenn ich müde und gestresst bin, ist der Vibrator genau das, was ich brauche."

„Ich kann nicht glauben, dass ich so lange gewartet habe", meinte eine achtunddreißigjährige Frau, die ihren ersten Vibrator auf einer Reise nach Japan gekauft hat. In Amerika ist das von ihr erstandene Modell, der „Pink Pearl -Vibrator", über den Bestellkatalog von *Good Vibrations* erhältlich. Er ist wie eine Gewehrkugel geformt, läuft mit zwei Batterien und ist zum Einführen gedacht. „Ich musste erst die Bedienungsanleitung lesen, um zu begreifen, dass man ihn wie einen Tampon einführt. Sobald er drin war, wusste ich, was ich zu tun hatte: mich vor Verzückung winden. Was für ein Erlebnis!"

Die Basistechnik zum Masturbieren (für Frauen)

Die meisten Frauen kommen durch einen Vibrator zum Orgasmus, indem sie ihn gegen die Klitoris pressen und nicht, indem sie ihn in die Vagina einführen. Experimentieren Sie ein wenig – variieren Sie Geschwindigkeit und Druck, während Sie den Vibrator um Ihre Genitalien kreisen lassen. Wenn die Vibrationen selbst bei der langsamsten Geschwindigkeitsstufe zu stark für einen direkten Kontakt mit der Klitoris sind, dann setzen Sie ihn seitlich neben der Klitoris an. Verlängern Sie die Erregungsphase, indem Sie den Vibrator vor und zurück bewegen. Stimulieren Sie sich so lange, bis sie einen stärkeren Orgasmus bekommen.

Viele Frauen haben mir im Laufe der Jahre in Interviews gestanden, dass sie mit einem Vibrator immer zum Orgasmus kommen können, selbst wenn andere Methoden bei der Masturbation oder beim Sex mit einem Partner manchmal nicht zum Erfolg führen. Manche haben Angst, sie könnten vom Vibrator abhängig werden und auf anderem Weg nicht mehr zum Höhepunkt kommen, doch diese Angst ist nach Ansicht der Sextherapeuten weitgehend unbegründet. Eine Frau meinte: „Mit dem Vibrator kann ich leicht zum Orgasmus kommen, aber ich ziehe es vor, ihn nur wenig zu benutzen. Es macht Spaß, sich mit dem Vibrator zu stimulieren, aber den Orgasmus selbst möchte ich mit den Fingerspitzen spüren. Kurz bevor ich komme, schalte ich ihn ab."

Die Basistechnik zum Masturbieren (für Männer)

Fangen Sie langsam an. Gleiten Sie mit dem Vibrator am Schaft entlang und pressen Sie ihn dann gegen die Wurzel, den Hodensack und das Perineum. Experimentieren Sie mit höheren Geschwindigkeiten und mehr Druck. Sie können einen stärkeren Orgasmus bekommen, wenn Sie nicht dem Bedürfnis nachgeben, mit der Hand weiter zu masturbieren. Wenn man den Vibrator richtig benutzt, dauert es mit ihm länger.
Ein Mann, der nie einen Vibrator benutzt hat, bis er über vierzig war, berichtete: „Ich habe mich beim Masturbieren nie selbst aufgeheizt oder an mir herumgespielt, bis meine Freundin mir zum Valentinstag einen Vibrator schenkte. Beim Masturbieren wollte ich immer möglichst schnell ans Ziel kommen. Ich glaube, durch dieses kleine technische Spielzeug bin ich ein besserer Liebhaber geworden. Ich kann mich jetzt beim Verkehr besser kontrollieren und mich zurückziehen, wenn ich kurz vor der Ejakulation stehe."

Paarspiele mit dem Vibrator

1. Massieren Sie sich abwechselnd gegenseitig mit dem Vibrator. Lassen Sie ihn über den Körper Ihres Partners gleiten, zu den Genitalien, von ihnen weg und wieder zurück. Benutzen Sie den Vibrator wie sonst Ihre Hände und Lippen zur Stimulation des Partners.
2. Benutzen Sie den Vibrator, um die Art der Stimulation zu variieren, während Sie die Genitalien Ihres Partners liebkosen. Eine Frau kann den Vibrator an ihren Handrücken halten, wenn sie die Hoden oder den Penis in der Hand hält. Ein Mann kann den Vibrator an seinen Handrücken halten, während er ihre Schamlippen und die Seiten ihrer Klitoris streichelt.
3. Stimulieren Sie bei Oralverkehr oder Petting sein (oder ihr) Perineum mit dem Vibrator.
4. Verwenden Sie den Aufsatz zur Stimulierung des G-Punktes, während Sie einen Cunnilingus machen.
5. Ein Analvibrator kann beim Mann eingesetzt werden, während die Frau ihn oral befriedigt oder seine Genitalien streichelt oder bei einer Frau, während er einen Cunnilingus macht oder ihre Genitalien streichelt. Wählen Sie zunächst einen Vibrator von mittlerer Größe aus und fangen Sie mit der niedrigsten Ge-

schwindigkeitsstufe an. Verwenden Sie ein Gleitmittel und lassen Sie Vorsicht walten.

Ein Analvibrator ist sehr erregend. Ein Mann meinte: „Als meine Frau einen Analvibrator an mir ausprobierte, spritzte mir das Sperma bis ans Kinn."

6. Legen Sie beim Geschlechtsverkehr einen Vibrator zwischen sich. Er kann dann die Vibrationen über seinen Penis, der sich in der Vagina befindet spüren, während bei ihr die Klitoris stimuliert wird.

Sexationelle Geheimnisse

Dieses Buch soll Ihnen helfen, Ihre Techniken zu verbessern und gleichzeitig Ihren Spieltrieb und Ihre Leidenschaft fördern. Ich hoffe, Sie benutzen es immer wieder, so wie ein exquisites Kochbuch. Suchen Sie sich ein „Rezept" aus und probieren Sie es. Versuchen Sie es noch einmal, wenn Ihnen das Ergebnis gefallen hat. Wenn nicht, blättern Sie ein wenig und suchen Sie sich etwas anderes aus. Sexationeller Sex soll ein angenehmer Zeitvertreib sein, keine Herausforderung. Und obwohl ich viel auf Techniken eingegangen bin, möchte ich doch nicht, dass Sie nun denken, Technik sei alles.

Michel, der Gigolo, sagte: „Frauen fühlen sich von meiner Verletzlichkeit und meiner Fähigkeit zuzuhören angezogen und weil ich sie auch in vielerlei anderer Hinsicht brauche. Wenn ich sie nicht anziehen würde, könnten sie nie wissen, wie gut ich im Bett bin."

Und Monique, die französische Kurtisane bemerkte: „Die Männer bezahlen für alles, was man ist und kann, nicht nur für die Geschicklichkeit im Bett."

Mit anderen Worten: ein guter Partner, selbst einer, der dafür bezahlt wird, kombiniert bestimmte Fähigkeiten im Bett mit anderen Qualitäten. Ein Zitat von Anaïs Nin, der Verfasserin erotischer Tagebücher, die Leidenschaft in Leben und Werk zelebrierte, bringt dies sehr gut zum Ausdruck:

„Sex verliert alle Macht und allen Zauber, wenn er zu direkt oder übertrieben ist, wenn er zu einer rein mechanischen Betätigung wird. Sex muss man mit Gefühlen, Hunger, Begierde, Lust, Launen und verrückten Einfällen würzen, man muss persönliche Bande und tiefgehende Beziehungen zulassen, damit Farbe, Geschmack und Rhythmus variieren können ..."

Sexationen entstehen aus dieser berauschenden Mischung vieler verschiedener Komponenten.

Der Widder und die Liebe
ISBN: 3-8068-**1901**-7
Die anderen Sternzeichen dieser Reihe:

1902-5 Stier
1903-3 Zwilling
1904-1 Krebs
1905-X Löwe
1906-8 Jungfrau
1907-6 Waage
1908-4 Skorpion
1909-2 Schütze
1910-6 Steinbock
1911-4 Wassermann
1912-2 Fisch

Liebeshoroskope für Verliebte: Wer mehr über seinen Partner oder die Partnerin erfahren will, bekommt hier das Charakterbild der Erwählten analysiert und die Beziehungschancen dargestellt – einfühlsam, liebevoll und nicht mit astrologischen Begriffen überfrachtet.

Alle Bücher haben 80 Seiten, sind durchgehend vierfarbig, gebunden und kosten **DM 14,90**.

Liebes-Horoskop
Von W. Noé, 120 S., kartoniert
ISBN: 3-635-**60297**-3
Preis: DM 12,90

Die Sterne prägen die erotische Anziehung und sie können der Schlüssel zu tieferer Einsicht in Bezug auf sexuelle Bedürfnisse und Vorlieben sein. Dieser astrologische Ratgeber zeigt Ihnen den Weg zu einer befriedigenden und erfüllten Partnerschaft. Finden Sie heraus, bei welcher Sternzeichenkombination prickelnde Erotik sich von selbst einstellt und bei welcher mehr Verständnis und Toleranz nötig sind.

Der immerwährende Kalender der Mondkraft
Von S. Heideweg, 160 S., kartoniert
ISBN: 3-635-**60301**-5
Preis: DM 14,90

Die Kraft des Mondes wirkt und hilft. Wie Sie davon im täglichen Leben am besten profitieren, verrät Ihnen dieser Ratgeber.

Kraft der Sonne, Kraft des Mondes
Von S. Heideweg, 208 S., kartoniert
ISBN: 3-635-**68009**-5
Preis: DM 29,90

Im Einklang mit Sonne und Mond leben – Dieser astrologische Ratgeber bietet eine umfassende Orientierungshilfe für die Zeitplanung mit den kosmischen Kräften im Alltag.

Chinesisches Horoskop
Von G. Haddenbach, 88 S., kartoniert
ISBN: 3-635-**60006**-7
Preis: DM 9,90

Im uralten chinesischen Horoskop steht jedes Jahr unter dem Zeichen eines von insgesamt 12 Tieren, die Charakter und Schicksal des Menschen beeinflussen.
In diesem Buch finden Sie Antworten zu Charakter, Liebe und Schicksal.

Die 12 Sternzeichen
Von G. Haddenbach, 144 S., kartoniert
ISBN: 3-635-**60032**-6
Preis: DM 12,90

Es gibt eine Verbindung zwischen Ihrem Charakter und den Gestirnen. Überprüfen Sie mit diesem Ratgeber, inwiefern die Ihrem Sternzeichen zugeschriebenen Eigenschaften auf Sie persönlich zutreffen.

Esoterik

Das Horoskop der Druiden
Von C. Ludwig
144 S., kartoniert
ISBN: 3-635-**60335**-X
Preis: DM 16,90

Das Horoskop der keltischen Druiden ist eine Verbindung aus Naturhoroskop und praktischer Psychologie, das die Menschen mit Bäumen vergleicht. Dieser Ratgeber verrät Ihnen, welchem Baum Sie ähneln und wie Sie Ihre Potentiale besser nutzen können.

Pendeln
Von N. Schreiber, 112 S., kartoniert
ISBN: 3-635-**60332**-5
Preis: DM 12,90

Pendeln kann ein faszinierendes Werkzeug für die Bewältigung des Alltags sein. Dieses Buch gibt Anleitung für eine intuitive Nutzung des magischen Pendelns, sei es zur Selbsterkenntnis oder für konkrete Probleme.

Lexikon der Esoterik
Von W. Bogun, N. Straet
304 S., kartoniert
ISBN: 3-635-**60430**-5
Preis: DM 19,90

Endlich Antworten auf über 700 Fragen zu klassischen und aktuellen esoterische Themen. Dieses Lexikon bietet eine Fülle von Wissen zu Esoterik, Astrologie, Spiritualität und Ganzheitsmedizin.

Traumdeutung
Von G. Haddenbach 172 S., kartoniert
ISBN: 3-635-**60045**-8
Preis: DM 12,90

Träume sind aufschlussreiche Spiegelbilder der Seele. Dieser Ratgeber ist eine hilfreiche Einführung in die Welt des Traumes – u.a. mit einem integrierten Lexikon der Traumsymbolik.

Unerklärlich!
Von J. Clark
224 S., kartoniert
ISBN: 3-635-**68006**-0
Preis: DM 29,90

Geisterlichter, UFOs und Riesenkraken: Es gibt sie doch, die unerklärlichen Phänomene. Ein bestinformierter Wissenschaftler erläutert Erklärungsversuche für mysteriöse Beobachtungen.

Die Kunst, in Gesichtern zu lesen
Von C. An Kuei
160 S., kartoniert
ISBN: 3-635-**68020**-6
Preis: DM 24,90

Der entlarvende Blick, wer möchte den nicht beherrschen? Dieser Ratgeber gibt tiefe „Einblicke" in die chinesische Gesichtlesekunst Siang mien und zeigt, wie man einzelne Gesichtsmerkmale deuten kann.

FALKEN Taschenbuch